全国高等职业院校报关与国际货运专业系列教材

全国职业院校关务技能大赛备赛参考书

全国报关职业教育教学指导委员会推荐教材

U0781342

国际货运及代理实务

（第五版）

院校主编◎赵加平

企业主编◎张益海

 中国海关出版社有限公司

中国·北京

图书在版编目（CIP）数据

国际货运及代理实务/赵加平，张益海主编. —5 版. —北京：
中国海关出版社有限公司，2020.8
ISBN 978-7-5175-0431-3

Ⅰ.①国…　Ⅱ.①赵…　②张…　Ⅲ.①国际货运—货运代理—高等职业教育—教材
Ⅳ.①F511.41

中国版本图书馆 CIP 数据核字（2020）第 077344 号

国际货运及代理实务（第五版）

GUOJI HUOYUN JI DAILI SHIWU（DI-WU BAN）

主　　编：赵加平　张益海	
责任编辑：史　娜	
助理编辑：衣尚书	
出版发行：中国海关出版社有限公司	
社　　址：北京市朝阳区东四环南路甲 1 号	邮政编码：100023
网　　址：www.hgcbs.com.cn	
编 辑 部：01065194242-7538（电话）	01065194231（传真）
发 行 部：01065194221/4227/4238/4246（电话）	01065194233（传真）
社办书店：01065195616（电话）	01065195127（传真）
www.customskb.com/book（网址）	
印　　刷：北京铭成印刷有限公司	经　　销：新华书店
开　　本：787mm×1092mm　1/16	
印　　张：20.5	字　　数：475 千字
版　　次：2020 年 8 月第 5 版	
印　　次：2020 年 8 月第 1 次印刷	
书　　号：ISBN 978-7-5175-0431-3	
定　　价：52.00 元	

"货代大神修炼记" 在线交互
数字课程介绍

　　"货代大神修炼记"是中国海关出版社有限公司自主研发的基于实际工作场景的在线交互数字课程，创新性地以动画、游戏竞技的方式制作教学课程，且以实际工作场景和人物形象为蓝本，真实还原货代全流程作业，让学生在校学习时，即可体验到真实的业务操作和工作系统。

　　课程共分为"海运出口""海运进口""空运出口""空运进口"四个场景。使用微信扫描封面二维码，完成用户验证、注册，进入"海关学库"公众号，即可免费学习"海运出口"课程。

　　用户如需购买后续更多课程内容，可致电编辑部。咨询电话：010-65194242-7535/7538。

全国高等职业院校报关与国际货运专业系列教材编委会

主任委员：

葛连成　中国报关协会

副主任委员：

白凤川　中国报关协会

郑俊田　全国关务职业教育教学指导委员会

武　新　辽宁经济职业技术学院

裔大陆　淮安信息职业技术学院

委　员：

朱昱铭　中国报关协会

严玉康　上海东海职业技术学院

王建民　北京劳动保障职业学院

黄　蘋　重庆城市管理职业学院

王瑞华　辽宁经济管理干部学院

赵加平　天津商务职业学院

章艳华　淮安信息职业技术学院

王燕萍　江西外语外贸职业学院

罗银舫　武汉软件工程职业学院

李洪运　天津津通报关股份有限公司

寇　毅　天津市永诚世佳国际货运代理有限公司

张益海　天津中铁青源国际货运代理有限公司

张延伟　广州市昊链信息科技股份有限公司

《国际货运及代理实务》 编写组

主　编：

赵加平　天津商务职业学院国际物流学院

张益海　天津中铁青源国际货运代理有限公司

副主编：

屠立昆　天津商务职业学院

范　蕾　天津商务职业学院

纪新霞　天津商务职业学院

金　凤　河北建材职业技术学院

赵　阔　辽宁经济职业技术学院

参　编：

邢承剑　天津商务职业学院

杜金莉　天津中铁青源国际货运代理有限公司

白　静　天津商务职业学院

姚玉兵　沧州职业技术学院

芮宝娟　浙江经济职业技术学院

常文欣　天津利和集团

高学威　天津荣通国际货运代理有限公司

特约审稿：

王智强　中外运天津有限公司

序

"全国高等职业院校报关与国际货运专业系列教材"由中国报关企业的业务专家和报关职业院校长期从事关务教学与科研的骨干教师联合编写，从内容到形式上，既贴近行业实际，又符合教学规律。本套教材作为"全国职业院校关务技能大赛备赛参考书"，结合大赛实际，不断吸取各方意见，不断优化，将大赛成果融入书中。同时，本套教材也是"报关与国际货运"专业教学资源库的配套用书。教材包含大量由一线业务高手提供的具有代表性的、贴近业务和实际的真实案例，同时还提供了丰富的习题训练以辅助老师教学，帮助学生学习。

本次编委会组织专家在 2017 版基础上进行了修订，结合最新行业动态，更新了相关知识点。将高等职业教育与现代报关职业的最新要求紧密结合，将"互联网+"的思维全程融入教材，使教材内容兼备了系统性、专业性和可操作性。

高职院校是报关后备人才的重要培养基地。抓好后备人才培养，有利于行业的发展。在此，也希望参与系列教材建设的各方专家，再接再厉，把握行业发展新动态，对接报关职业新标准，体现教材编写新形态，把本次再版工作做好，为职业院校提供更好的精品教材。

中国报关协会副会长

2020 年 6 月

前　言

对外贸易的发展，势必促进国际货物运输的发展。作为货方与承运人之间的纽带，国际货运代理行业的蓬勃发展则是顺理成章的事。这种发展催生了市场上对国际货运代理从业人员的持续需求。

2013年，在习近平总书记的倡导下，中国政府提出建设丝绸之路经济带和21世纪海上丝绸之路的倡议。这是在新形势下扩大全方位开放的重要举措，是中国今后相当长的时期对外开放和对外经济合作的总纲领，也是中国推动国际政治、经济治理体系，国际秩序变革的一次主动作为。"一带一路"贯穿亚、欧、非大陆及沿海国家与地区，惠及近60个国家与地区。国际间互联互通的发展，势必带动国际货运代理行业的迅猛发展。

针对这种人才需求，作为高素质高技能型人才培养摇篮的高等职业院校，纷纷开设了相关专业和课程。然而，传统的教材仅注重知识层面的传授，缺乏技能培养及货运代理具体业务操作方法的讲授，教材的内容也与货运代理行业的实际做法有一定的距离，难以满足高职院校人才培养目标的需要。

鉴于此，本书编委与行业协会合作，旨在推出一本全新体例的货运代理实务教材。

本教材是校企合作、工学结合的产物。在编写过程中，作者走访了多家国际货运代理公司，并邀请了来自货运代理企业一线的专家参与教材的编写。本教材具有如下特点：

1. 理论够用为度，注重技能训练。本教材对教学内容进行了科学的取舍。针对高职学生初入职场所需的基本知识与技能做文章，舍弃了一些理论性综述，加推了货代常用英语内容，使得教材的实用性极为突出。

2. 教材的编写体例体现高职课程改革成果。本书以国际货运代理公司主要工作岗位为单元进行编写，侧重岗位应知应会的内容。对于最体现操作技能的货代操作单元，编者又安排了若干个学习情境，以实际工作任务为引领，以工作过程为线索，指导学生在做中学，教师在做中教。基本知识及技能点均分解在各学习情境中，随业务进程而展开。

3. 注重教材的时效性。书中介绍的工作流程、引用的数字、所附的政策法规等均为最新资料，避免了教学内容与工作实际的脱节。在此最新版本中，结合"一带一路"倡议和海关总署对舱单及运输工具的监管规定，我们与时俱进，专设章节介绍了海铁联运操作流程及舱单管理系统。

4. 以职业技能竞赛为风向标，以信息化、国际化为追求目标。本书为中国报关协会与全国报关职业教育教学指导委员会推荐教材及关务技能大赛指导参考用书。

鉴于上述特点，本书既可以作为高职高专及本科层次相关课程的教材，又可作为企业培训或员工自学的参考用书。

对于教材中不可避免的错误与不足，欢迎广大师生批评指正。

本教材的编写得到中国报关协会及中国国际货运代理协会有关领导及专家的大力支持，还得到了多家货代企业的帮助，特此鸣谢。

编　者

2020 年 6 月

再版说明

承蒙广大师生厚爱，《国际货运及代理实务》自出版以来被许多院校选用，并多次加印、再版。在本教材第四版即将售罄之际，应出版社邀请，编写组对教材进行了再版修订。

本教材以典型国际货运代理企业的岗位职责为总序，各岗位职责中又根据典型工作任务设置教学情境，将学生应知应会的内容及技能训练嵌入工作流程。据使用本教材的教师反馈，这样的章节编写顺序符合认知规律，便于实现"教、学、做"一体化教学模式设计，故此次再版修订对全书体例不做重大调整。

此次再版修订继续秉承校企合作传统，企业专家对教材内容进行了认真审核，并提供了宝贵的工作资料。

本次再版修订主要做了如下变动：

1. 根据我国"一带一路"建设的大好形势，增设"中欧班列"章节，既便于学生了解这一新的运输选择及其操作方式，又借用此章节内容，以点带面宣传我国"一带一路"倡议及新时代中国特色社会主义建设步伐，为"课程思政"建设提供了抓手。

2. 即时体现国际航运市场的风云变幻，对国际班轮公司的规模、排名等内容更新至2020年5月，并重新编写了班轮公司介绍。

3. 就国际航运市场的变化原因及趋势，增设专门章节，以提高学生分析研判市场的能力，体现高素质技能人才培养的目标。

4. 根据海关总署"关检合一"等最新便捷通关政策，对货代操作流程进行了与时俱进的调整。

5. 增加了"积载因数"的讲解篇幅。

最后，再次感谢广大师生对编者的信任，敬请广大师生将本教材的使用体会及建议及时反馈，以便日后对教材做进一步修订。

编　者
2020年6月

目　录

销　售　岗

操 作 岗

制 单 岗

客 服 岗

销售岗

XIAOSHOUGANG

当今社会，贸易的范畴已经从传统的商品交易发展到既有有形贸易又有无形贸易，即商品交易与服务交易共存，且服务贸易的增幅逐年加大。国际货运代理公司的主营业务就是为进出口货物的收发货人提供与国际货运相关的服务。对外宣传自己的服务优势，使进出口货物收发货人接受公司的服务，从而将潜在的客户发展为真正的客户，这便是国际货运代理公司销售部（有的称业务部）的工作任务。销售部的业绩直接关系到国际货运代理公司业务的发展规模。

　　销售人员的主要工作是开发客户，接受询价及对外报价，并说服客户委托订舱。作为一名合格的销售人员，除应具备良好的沟通与表达能力等基本职业素质外，还必须具备扎实的业务基础。因此，了解并掌握本篇所述的知识及技能是销售岗位从业人员的必修课。

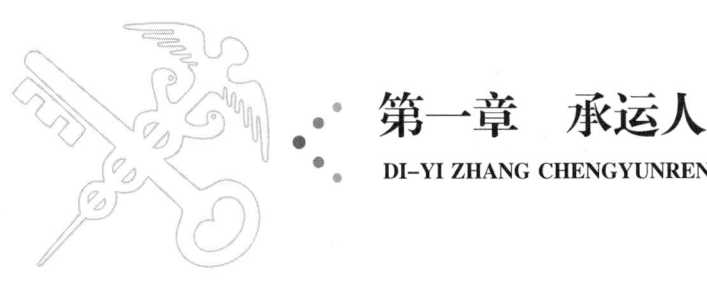

第一章　承运人
DI-YI ZHANG CHENGYUNREN

◇ **知识目标**

　　熟悉班轮运输与租船运输各自的特点。

　　了解租船运输的分类。

◇ **能力目标**

　　迅速辨认世界主要班轮公司的标志，知晓其中英文名称及总部所在地。

　　熟记各大城市及机场的英文代码。

第一节　班轮运输

一、班轮运输的定义

班轮运输（Liner Shipping），也称定期船运输，是指船公司将船舶在特定航线的各既定挂靠港口之间，按事先公布的船期表和运费率往返航行，从事客货运输业务的一种运输方式。班轮运输适合于货流稳定、货种多、批量小的杂货运输。

最早的班轮运输是杂货班轮运输。杂货班轮运输的货物以件杂货为主，还可以运输一些散货、重大件等特殊货物。20世纪60年代后期，随着集装箱运输的发展，班轮运输中出现了以集装箱为运输单元的集装箱班轮运输方式。由于集装箱运输具有运送速度快、装卸方便、机械化程度高、作业效率高、便于开展联运等优点，到了20世纪90年代，集装箱班轮运输已经逐渐取代了传统的杂货班轮运输。

二、班轮运输的特点

1. 具有"四固定"的特点，即固定航线、固定港口、固定船期和相对固定的费率。这是班轮运输的最基本特征。

2. 班轮运价内包含装卸费用，即货物由承运人负责配载装卸，承托双方不计滞期费和速遣费。

3. 承运人对货物负责的时段是从货物装上船起，到货物卸下船止，即"船舷至船舷"（Rail to Rail）或"钩至钩"（Tackle to Tackle）。

4. 承托双方的权利义务和责任豁免以签发的提单为依据，并受统一的国际公约制约。

三、班轮运输的优势

1. 有利于一般杂货和不足整船的小额贸易货物的运输。班轮只要有舱位，不论数量大小、挂港多少、直运或转运都可接受承运。

2. 由于"四固定"的特点，时间有保证，运价固定，为贸易双方洽谈价格和装运条件提供了方便，有利于开展国际贸易。

3. 班轮运输长期在固定航线上航行，有固定设备和人员，能够提供专门的、优质的服务。

4. 由于事先公布船期、运价费率，有利于贸易双方达成交易，减少磋商内容。

5. 手续简单，货主方便。由于承运人负责装卸和理舱，托运人只要把货物交给承运人即可，省心省力。

第二节 世界主要船公司介绍

相对而言，班轮运输是个垄断程度较高的行业。尽管世界上有大大小小数百家船公司，但主要运力集中在少数公司手中。表 1-1 为法国 Alphaliner 海运咨询机构 2020 年 5 月 31 日统计发布的船公司 100 强名单。

表 1-1 Alphaliner Top 100/31 May 2020

Global figures	**6,148** active ships including 5,358 fully cellular	**23,780,106** TEU 23,406,646 TEU fully cellular	**287,316,429** DWT

Figures are consolidated	Regional Trades weekly capacities	Trans-Atlantic **141,401** TEU Trans-Pacific **412,748** TEU Feast-Europe **463,251** TEU

Rank	Operator	Total		Owned		Chartered			Orderbook		
		Teu	Ships	TEU	Ships	TEU	Ships	% Chart	TEU	Ships	% existing
1	APM-Maersk	4,006,165	659	2,364,356	315	1,641,809	344	41%	37,058	16	0.9%
2	Mediterranean Shg Co	3,665,706	550	947,622	136	2,718,084	414	74.1%	202,500	12	5.5%
3	COSCO Group	2,869,970	469	1,551,249	173	1,318,721	296	45.9%	115,000	5	4%
4	CMA CGM Group	2,671,177	484	987,791	125	1,683,386	359	63%	449,640	27	16.8%
5	Hapag-Lloyd	1,704,099	237	1,052,321	112	651,778	125	38.2%			
6	ONE (Ocean Network Express)	1,575,013	213	514,170	71	1,060,843	142	67.4%			
7	Evergreen Line	1,215,280	189	568,522	107	646,758	82	53.2%	537,914	63	44.3%
8	Yang Ming Marine Transport Corp.	596,641	91	184,335	41	412,306	50	69.1%	196,560	23	32.9%
9	HMM Co Ltd	551,732	67	227,192	19	324,540	48	58.8%	311,024	16	56.4%
10	PIL (Pacific Int. Line)	350,390	111	152,249	66	198,141	45	56.5%			
11	Zim	277,216	57	4,992	1	272,224	56	98.2%			
12	Wan Hai Lines	248,302	92	164,888	67	83,414	25	33.6%	48,744	20	19.6%
13	Zhonggu Logistics Corp.	168,581	115	101,689	38	66,892	77	39.7%	1,140	1	0.7%
14	KMTC	157,999	66	63,332	26	94,667	40	59.9%	12,500	5	7.9%
15	IRISL Group	152,419	48	94,387	44	58,032	4	38.1%			
16	Antong Holdings (QASC)	144,376	114	114,353	61	30,023	53	20.8%	14,780	9	10.2%
17	SITC	116,958	81	91,366	65	25,592	16	21.9%	12,900	5	11%
18	X-Press Feeders Group	104,118	70	50,633	28	53,485	42	51.4%	5,564	2	5.3%
19	UniFeeder	94,444	61			94,444	61	100%			
20	TS Lines	90,624	41	21,551	11	69,073	30	76.2%	7,592	4	8.4%
21	Sinokor Merchant Marine	86,526	69	37,463	36	49,063	33	56.7%	30,498	22	35.2%
22	Arkas Line / EMES	60,780	35	51,826	32	8,954	3	14.7%	12,400	4	20.4%
23	Sinotrans	58,703	36	27,703	17	31,000	19	52.8%	1,140	1	1.9%
24	RCL (Regional Container L.)	55,185	30	28,726	23	26,459	7	47.9%			
25	Global Feeder Shipping LLC	52,926	19	4,884	2	48,042	17	90.8%			
26	Matson	51,819	26	39,529	20	12,290	6	23.7%	2,750	1	5.3%
27	Salam Pacific Indonesia Lines	51,105	51	51,105	51				558	1	1.1%
28	Swire Shipping	42,530	26	29,476	17	13,054	9	30.7%	18,263	7	42.9%
29	SM Line Corp.	42,103	10	29,070	7	13,033	3	31%			
30	Grimaldi (Napoli)	40,556	39	40,556	39				3,600	12	8.9%
31	Emirates Shipping Line	38,777	7			38,777	7	100%			
32	Tanto Intim Line	37,093	56	37,093	56						
33	Meratus	35,922	50	35,304	49	618	1	1.7%			
34	Ningbo Ocean Shg Co	35,588	44	25,100	29	10,488	15	29.5%			
35	Seaboard Marine	34,712	20	2,418	3	32,294	17	93%			
36	NileDutch	34,519	11			34,519	11	100%			
37	Transworld Group	31,953	16	24,679	13	7,274	3	22.8%			
38	Linea Messina	29,793	13	23,860	9	5,933	4	19.9%			
39	Samudera	29,207	25	10,317	13	18,890	12	64.7%			
40	Great White Fleet	28,055	12	9,238	4	18,817	8	67.1%			
41	Dalian Trawind Marine Co	26,399	10	20,554	7	5,845	3	22.1%			
42	Namsung Shipping	23,414	22	18,501	17	4,913	5	21%	2,022	2	8.6%
43	Temas Line	23,109	32	23,109	32						
44	Interasia Line	22,008	11	7,156	4	14,852	7	67.5%			
45	Sea Lead Shipping	20,385	9			20,385	9	100%			
46	Far Shipping	19,778	10			19,778	10	100%	3,056	2	15.5%
47	Transworld Group Singapore	18,844	13	16,002	11	2,842	2	15.1%			
48	MACS	18,832	10	9,842	5	8,990	5	47.7%			
49	Crowley Liner Services	18,766	16	7,340	5	11,426	11	60.9%			
50	Shipping Corp. of India	18,225	5	8,800	2	9,425	3	51.7%			

表 1-1　续

Rank	Operator	Total		Owned		Chartered			Orderbook		
		Teu	Ships	TEU	Ships	TEU	Ships	% Chart	TEU	Ships	% existing
51	DAL	18,082	7	4,536	2	13,546	5	74.9%			
52	Tropical Shg / TOTE Maritime	16,992	21	15,592	19	1,400	2	8.2%			
53	Dole Ocean Liner	16,980	15	13,798	13	3,182	2	18.7%	5,000	2	29.4%
54	Shanghai Jin Jiang	16,478	16	11,900	12	4,578	4	27.8%			
55	FESCO	16,460	15	12,364	12	4,096	3	24.9%			
56	Caribbean Feeder Services	16,350	14			16,350	14	100%			
57	Westwood	15,848	7			15,848	7	100%			
58	Log-In Logistica	15,462	6	15,462	6						
59	Chun Kyung (CK Line)	13,624	12	3,050	3	10,574	9	77.6%			
60	Turkon Line	13,154	6	7,512	4	5,642	2	42.9%			
61	Shanghai Hai Hua (HASCO)	12,628	19	12,628	19						
62	Peel Ports (BG Freight)	12,438	14			12,438	14	100%			
63	MTT Shipping	12,077	9	12,077	9				3,600	2	29.8%
64	Taicang Container Lines	12,001	9			12,001	9	100%			
65	Boluda Lines	11,956	13	492	2	11,464	11	95.9%			
66	Marfret	11,912	6	4,641	4	7,271	2	61%			
67	Pasha Hawaii Transport Lines	11,570	6	11,570	6				5,050	2	43.6%
68	Independent Container Line	11,291	4			11,291	4	100%			
69	Oman Container Line	11,005	5			11,005	5	100%			
70	Baltic Reefers Ltd	10,232	31	3,151	12	7,081	19	69.2%	2,428	4	23.7%
71	Eimskip	10,093	12	3,881	6	6,212	6	61.5%	2,148	1	21.3%
72	King Ocean	9,900	11			9,900	11	100%			
73	EAS Datong	9,816	8	5,947	4	3,869	4	39.4%			
74	Samskip	9,439	18	4,202	7	5,237	11	55.5%			
75	Pan Continental Shg	9,390	8	5,840	5	3,550	3	37.8%	1,011	1	10.8%
76	Pan Ocean (Container)	9,129	9	1,717	2	7,412	7	81.2%			
77	Philippines Span Asia Carrier Corp.	8,885	21	8,885	21						
78	Qatar Navigation (Milaha)	8,683	6	3,045	3	5,638	3	64.9%			
79	Borchard Lines	8,473	9	3,648	3	4,825	6	56.9%			
80	Melfi Marine	7,860	4			7,860	4	100%			
81	ADNATCO	7,813	4	4,987	3	2,826	1	36.2%			
82	Dongjin Shg	7,696	8	6,961	7	735	1	9.6%	1,011	1	13.1%
83	Shin Yang Shipping Sdn Bhd	7,543	14	7,543	14						
84	Kambara Kisen	7,054	8	5,100	5	1,954	3	27.7%			
85	Stream Line (Seatrade BV)	7,018	25	1,798	10	5,220	15	74.4%			
86	Grupo Sousa (PCI + ENM + Boxlines)	7,008	7	3,580	4	3,428	3	48.9%			
87	Neptune Pacific Line	6,920	7	6,401	6	519	1	7.5%			
88	Imoto Lines	6,755	28	3,489	13	3,266	15	48.3%			
89	Interworld Shipping Agency	6,585	3	6,585	3						
90	Oceanic Cargo Lines	6,437	16	6,437	16						
91	TCI Seaways Ltd	6,418	7	6,418	7						
92	Tarros	6,266	4	1,604	1	4,662	3	74.4%			
93	SASCO (Sakhalin Shipping Co)	6,051	10	6,051	10						
94	Asean Seas Line	6,039	5			6,039	5	100%			
95	Bengal Tiger Line	6,024	4			6,024	4	100%			
96	Pendulum Express Line	6,008	1			6,008	1	100%			
97	Hai An Transport	5,934	5	5,934	5						
98	Guangxi Hongxiang Shipping Co	5,790	14	5,790	14						
99	Dalian Jifa Bohai Rim Container L.	5,784	10	1,990	4	3,794	6	65.6%			
100	Harbour-Link Group Bhd	5,732	8	4,716	7	1,016	1	17.7%			

　　通过对表 1-1 进行分析，可以看出，全球排名前 20 位的船公司所拥有的班轮运力约占全球班轮总运力的 87.2%。其中，排名前三的 3 家公司，运力超过千万箱，占 100 家船公司班轮总运力的 44.3%。分析结果见图 1-1。

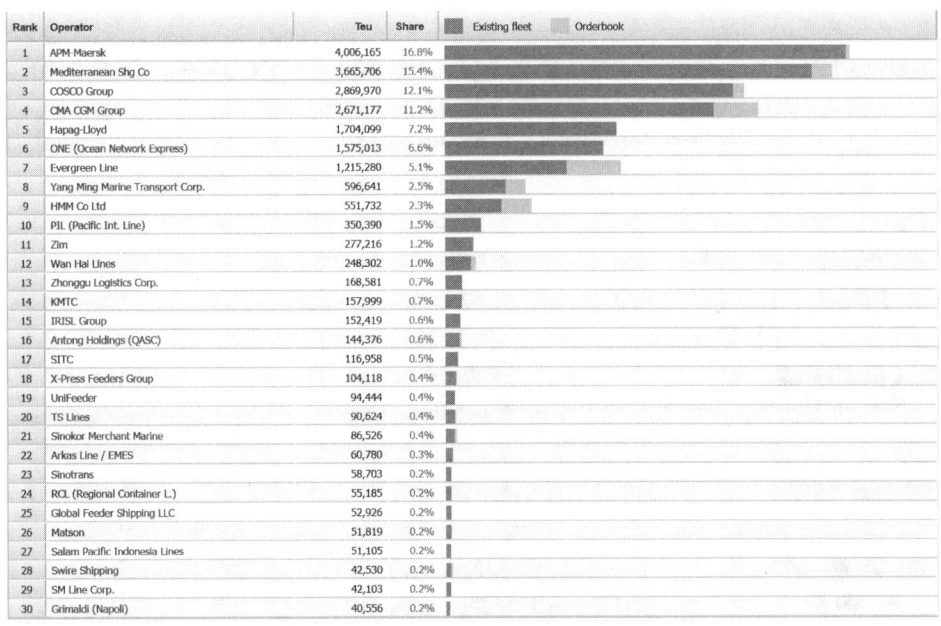

Rank	Operator	Teu	Share	Existing fleet	Orderbook
1	APM-Maersk	4,006,165	16.8%		
2	Mediterranean Shg Co	3,665,706	15.4%		
3	COSCO Group	2,869,970	12.1%		
4	CMA CGM Group	2,671,177	11.2%		
5	Hapag-Lloyd	1,704,099	7.2%		
6	ONE (Ocean Network Express)	1,575,013	6.6%		
7	Evergreen Line	1,215,280	5.1%		
8	Yang Ming Marine Transport Corp.	596,641	2.5%		
9	HMM Co Ltd	551,732	2.3%		
10	PIL (Pacific Int. Line)	350,390	1.5%		
11	Zim	277,216	1.2%		
12	Wan Hai Lines	248,302	1.0%		
13	Zhonggu Logistics Corp.	168,581	0.7%		
14	KMTC	157,999	0.7%		
15	IRISL Group	152,419	0.6%		
16	Antong Holdings (QASC)	144,376	0.6%		
17	SITC	116,958	0.5%		
18	X-Press Feeders Group	104,118	0.4%		
19	UniFeeder	94,444	0.4%		
20	TS Lines	90,624	0.4%		
21	Sinokor Merchant Marine	86,526	0.4%		
22	Arkas Line / EMES	60,780	0.3%		
23	Sinotrans	58,703	0.2%		
24	RCL (Regional Container L.)	55,185	0.2%		
25	Global Feeder Shipping LLC	52,926	0.2%		
26	Matson	51,819	0.2%		
27	Salam Pacific Indonesia Lines	51,105	0.2%		
28	Swire Shipping	42,530	0.2%		
29	SM Line Corp.	42,103	0.2%		
30	Grimaldi (Napoli)	40,556	0.2%		

图 1-1 国际船公司运力对比图

国际货运代理企业的业务员应该熟悉世界排名居前的船公司，既要知道船公司的中英文名称，又要知道其英文缩写名及标志。世界排名居前的船公司名称及标志见表1-2。

表 1-2 世界排名居前的船公司名称及标志

船公司标志	船公司英文名称	船公司中文名称	英文缩写名	总部所在地
MAERSK LINE	Maersk Line	马士基航运公司	MSK	丹麦
msc	Mediterranean Shipping Company S. A	地中海航运公司	MSC	瑞士
COSCO SHIPPING	Cosco Container Lines CO., Ltd.	中远海运集装箱运输有限公司	COSCO	中国
CMA CGM	CMA CGM France	法国达飞海运集团	CMA CGM	法国
Hapag-Lloyd	Hapag-Lloyd	赫伯罗特公司	HPL	德国
ONE OCEAN NETWORK EXPRESS	Ocean Network Express PTE. Ltd.	海洋网联船务有限公司	ONE	日本

表1-2 续1

船公司标志	船公司英文名称	船公司中文名称	英文缩写名	总部所在地
	Evergreen Marine Corp.	长荣海运股份有限公司	EMC	中国台湾
	Yang Ming Marine Transport Corp.	阳明海运股份有限公司	YML	中国台湾
	Hyundai Merchant Marine	韩国现代商船株式会社	HMM	韩国
	Pacific Int. Line	太平船务有限公司	PIL	新加坡
	ZIM Integrated Shipping Services	以星综合航运有限公司	ZIM	以色列
	Wan Hai Lines Ltd.	万海航运股份有限公司	WHL	中国台湾
	Zhonggu Logistics Corp.	中谷物流有限公司	ZGL	中国
	Korea Marine Transport Co., Ltd.	高丽海运株式会社	KMTC	韩国
	Islamic Republic of Iran Shipping Lines	伊朗伊斯兰共和国航运公司	IRISL	伊朗
	Antong Holdings Co., Ltd.	安通控股股份有限公司	ANTONG	中国

表1-2　续2

船公司标志	船公司英文名称	船公司中文名称	英文缩写名	总部所在地
SITC	SITC International Holdings Co., Ltd.	海丰国际控股有限公司	SITC	中国
X-PRESS FEEDERS	X-Press Feeders Group	（无）	X-Press	新加坡
UNIFEEDER	Unifeeder Group	联合支线公司	UNFD	丹麦
T.S. LINES	T. S. Lines Co., Ltd.	德翔海运股份有限公司	TSL	中国台湾

◇　**知识链接**

全球 20 大船公司简介①

1. 马士基航运公司

马士基集团成立于 1904 年，创始人是当时年仅 28 岁的阿诺得·穆勒和他的父亲马士基·穆勒。马士基航运公司成立于 1928 年，是马士基集团旗下最大的子公司，也是世界上最大的集装箱航运公司，其航运能力约占世界集装箱航运市场的 17%。该公司总部设在丹麦哥本哈根市的埃斯普拉纳登，并在世界 100 多个国家设有 325 家分支机构。马士基航运公司的船队的 600 多艘集装箱船舶可以确保可靠、全面的全球航线覆盖。

除航运业外，该公司还经营物流、石油和天然气的勘探开发、造船业、航空运输业、工业、零售业及信息产业。该公司是一家综合性经营的大型跨国集团公司，集团还拥有航空公司和集装箱码头，在丹麦商界和政界均有较大的影响力。

马士基航运公司在"2019 年《财富》世界 500 强排行榜"中排名第 294 位，在世界品牌实验室发布的"2019 世界品牌 500 强"中排名第 304。

---

① 部分内容来源于"百度百科"及船公司官网。

2. 地中海航运有限公司

地中海航运有限公司（简称地中海航运），1970 年成立于意大利，在世界十大集装箱航运公司中排名第二，业务网络遍布世界各地。20 世纪 70 年代，地中海航运专注发展非洲及地中海之间的航运服务。至 1985 年，地中海航运将业务拓展到欧洲，之后又开启泛大西洋航线。地中海航运虽然在 20 世纪 90 年代才踏足亚洲地区，但在这个朝气蓬勃的市场内，已经占有重要的地位。1999 年，地中海航运的泛太平洋航线正式起航，并广泛地受到寄货人的欢迎。从投资规模亦可看到地中海航运对航运业的热忱及它的发展速度。由开业初期只有几艘普通货船发展至今日，地中海航运无论依据船只数目，还是依据载运能力，都稳居全球第二位。

3. 中远海运集装箱运输有限公司

中远海运集装箱运输有限公司（简称中远海运集运），是一家专门从事国际、国内集装箱班轮运输及其相关产业服务的企业。公司总部设在中国上海。中远海运集运隶属于中国远洋海运集团有限公司，由中国远洋运输（集团）总公司（简称中远集团）旗下原"中远集装箱运输有限公司（简称中远集运）"整合中国海运（集团）总公司（简称中海集团）旗下原"中海集装箱运输股份有限公司（简称中海集运）"的集装箱业务及其服务网络组建而成。中远海运集运于 2016 年 3 月 1 日正式运营。

中远海运集运系中远海运控股有限公司（简称中远海控）全资子公司，公司主要经营国际、国内海上集装箱运输服务及相关业务。

2017 年 7 月，中远海控及上海国际港务（集团）股份有限公司联合收购了时为全球排名第七的集装箱航运公司"东方海外（国际）有限公司"（简称东方海外），收购交易完成后，仍保留东方海外品牌。重组后的中远海运集运的经营规模进一步扩大，行业地位进一步巩固，服务网络进一步完善。截至 2019 年 12 月底，公司自营船队包括 403 艘集装箱船舶，运力达 2234352 标准箱。公司共经营 401 条航线，其中 255 条国际航线（含国际支线）、58 条中国沿海航线及 88 条珠江三角洲和长江支线。公司所经营的船舶，在全球约 105 个国家和地区的 356 个港口均有挂靠。

按照经营需要，中远海运集运在中国设大连、天津、青岛、上海、宁波、厦门、华南、海南、武汉等 9 个口岸分部，在欧洲、北美、东南亚、西亚、南美、大洋洲、日本、韩国、非洲设 9 个海外分部，拥有境内、境外营销服务网点 400 余家。

4. 法国达飞海运集团

法国达飞海运集团的英名称文缩写是"CMA CGM"，名字由法文得来。"CMA"全称是"Compagnie Martime d'Affretement"；"CGM"是由"Compagnie des Messagenes Marltines"（CMM）与"Compagnie Generale Transatlanonque"（CGT）合成得来。

达飞海运集团的总部设在法国马赛，始建于 1978 年，经营初期主要承接黑海地区业务。进入 20 世纪 90 年代后期，达飞海运集团不仅开通了地中海至北欧、红海、东南亚、东亚的直达航线，还分别于 1996 年、1999 年成功收购了法国最大的国营船公司——法国国家航运公司（CGM）和澳大利亚国家航运公司（ANL），正式更名为"CMA CGM"。2005 年，达飞海运集团又成功并购了达贸轮船、安达西非航运、森特马，成为法国第一、世界排名第三的集装箱全球承运人。

5. 赫伯罗特公司

赫伯罗特是德国运输公司组成的一个货柜航运公司，成立于1970年，由哈帕格公司（成立于1847年）和北德意志劳埃德（NDL）公司（成立于1856年）合并而成。1998年，赫伯罗特被途易股份公司收购，并在2002年成为其全资子公司。2005年途易以每股21.5美元的现金，比股价高出28%的溢价，总计约20亿美元的代价将加拿大太平洋航运有限公司购入赫伯罗特。2008年，德国途易集团将赫伯罗特的绝大部分股权（56.67%）出售。2013年底，赫伯罗特与南美轮船（CSAV）的洽谈进入最后阶段并于2014年12月起接手其下的集装箱航运业务。赫伯罗特亦成为当时全球第四大班轮公司。作为回报，南美轮船得到了赫伯罗特30%的股份，而后因现金资产增加而使得其股份增至34%。

赫伯罗特拥有253艘现代化船舶，提供总承载量为170万国际标准箱的船队，以及超过250万国际标准箱的集装箱库存，包括世界上最大和最现代化的冷藏集装箱船队。在全球共有121个班轮服务，确保在全球600多个港口之间建立快速可靠的连接。其优势航线为跨大西洋、中东、拉丁美洲及美洲近洋航线。每年运输量约为1200万国际标准箱，在全球129个国家设有392个办事处。

6. 海洋网联船务有限公司

2018年4月1日，日本商船三井（MOL）、川崎汽船（KLINE）、日本邮船（NYK）三大船东联合成立的控股和运营公司"海洋网联"宣布正式开始集装箱运输业务。

海洋网联是日本三大航运公司商船三井、川崎汽船、日本邮船集装箱业务整合的产物。通过整合和加强三大航运公司的集运业务，海洋网联寻求在全球集运网络和服务结构方面提供优质、具有竞争性的集运服务，以满足用户的需求。

海洋网联通过整合日本三大航运公司的集装箱业务，拥有144万TEU运力，将充分发挥三大航运公司的经验优势和合并后的船队实力。在世界各地高水平、全球链接的组织支持下，海洋网联将提供85个服务环线，和一个连接世界上200多个主要港口的全面网络。

7. 长荣海运股份有限公司

长荣海运股份有限公司（简称长荣海运）创立于1968年9月1日，成立之初，仅以一艘15年船龄的杂货船刻苦经营，虽创业维艰，但长荣海运凭借着"创造利润、照顾员工、反馈社会"的经营理念，缔造了许多航运史上的佳绩。发展至今，共经营约120艘全货柜轮，不论是船队规模，还是货柜承载量，皆位居全球领先地位。

长荣海运的服务网络遍布全球80多个国家，服务据点多达240余处，所经营的远洋、近洋全货柜定期航线涵盖全球五大区块。除了主要航线外，亦开辟了区域性接驳船的服务网，缩短了运送时间，协助货主掌握商机。

8. 阳明海运股份有限公司

阳明海运股份有限公司（简称阳明海运）成立于1972年。阳明海运总公司设立于我国台湾基隆市，并于台湾北部的台北市、中部的台中市及南部的高雄市设有分公司或办事处，同时阳明海运在世界各重要地区均设有代理行，提供强有力的全球性海运服务。阳明海运主营国际定期货柜运输，包含亚洲至北美西岸、亚洲至地中海及欧洲、亚洲至大洋洲、欧洲至北美等东西向主航线、北美洲航线、亚洲区间航线及欧洲区间航线等。

9. 现代商船株式会社

现代商船株式会社（简称现代商船）成立于 1976 年 3 月 25 日，总部位于韩国首尔。成立之初，仅有 3 艘特大型油轮。40 余年来，现代商船通过增加集装箱船、散货船、不定期船、重吊船和特殊产品运输船等各种类型的船舶，增强自身竞争能力，发展成为世界级的综合物流服务供应商，同时还承担着运输韩国国家战略物资的角色，如：原油、煤炭、铁矿石、各种特种货物以及进出口货物。

现代商船拥有超过 100 艘先进的船舶、各种物流设施、跨越世界各地的港口网络以及业界领先的 IT 系统。如今，现代商船已进入多样化的发展领域，特别是在多式联运经营方面发挥重要作用。

2019 年 5 月，现代商船公布了新的企业标识。新企业标识中蓝色字母"HMM"代表一艘正横渡海洋的大船船头，海水蓝代表着海洋，最上方的红线则代表地平线，"先锋红"象征着缓缓升起的红日。

10. 太平船务有限公司

太平船务有限公司（简称太平船务）于 1967 年在新加坡成立。自成立以来，太平船务从经营散货运输发展成为东南亚颇大的集装箱船东之一，其核心业务覆盖亚洲、非洲和中东地区。目前，太平船务在世界集装箱班轮公司中名列第 10 位，其集装箱班轮和散货运输服务网络覆盖全球 100 个国家 500 多个地点，并在全球拥有 18000 多名员工和船员。

公司成立初期，以经营区域性的散杂货运输为主，自 1983 年起，首次推出了集装箱运输服务。中国改革开放前，许多中国的船运都是通过太平船务来开展业务。中国改革开放之后，该公司是第一个拿到中国经营资质，且很早进入中国市场的外国船运公司。

目前，太平集团的业务已涵盖相关物流领域，例如，供应链管理、整合/配送设施、仓储、多式联运服务、集装箱堆场/码头业务，以及全球业务网点的船务代理、集装箱制造/修理、船舶拆解、其他海事服务和房地产。通过胜狮货柜，太平集团已在中国投资了 11 个集装箱制造设施。

11. 以星综合航运有限公司

以星综合航运有限公司（简称以星航运），原名 ZIM 以色列航运有限公司和以星美以色列航运有限公司，是以色列最大的货物运输公司，也是世界著名集装箱航运公司。该公司的总部设在海法，还有一个北美总部在美国弗吉尼亚州的诺福克。

以色列由于其特殊的地理位置，陆、海、空运业都很发达，其中陆地运输占一半，船舶和航空运输各占 1/4。成立于 1945 年的以星航运，直到 1947 年才购买了第一艘货船——"东方号"，但很快以星航运就真正把船队航线扩展到全球。20 世纪 70 年代初期，以星航运作出重大决策，调整公司的发展方向，发展更适合现代运输的集装箱，并从意大利和德国订了 6 艘集装箱船，开始大力发展集装箱运输，并开辟了 3 条重要航线，即亚洲航线、美国航线和欧洲航线，初步形成全球运营网络。已经畅行全球的集装箱运输"门到门"服务，就是在以星航运当时创造的"港到港"服务的基础上演进而来的。

目前，以星航运的全球航运服务网络覆盖了所有主要的国际贸易航线，并通过广泛的区域航运线阵列，由 10 个主要枢纽连接并补充。

12. 万海航运股份有限公司

万海航运股份有限公司（简称万海航运）创立于 1965 年，初期以从事中国台湾、日本、东南亚间的原木运输为主要营业范围。尔后鉴于国际海运有逐渐迈入集装箱化服务之趋势，乃于 1976 年购置全货柜轮，开展至日本货柜运输服务，而从此树立了该公司集装箱化服务的里程碑。往后数年，万海航运公司陆续扩充船队、船舶设备，并积极开辟新航线，进而成为东亚地区航次密集、服务网络完整的航运公司之一。其经营理念是"顾客至上、全员参与、环境保护、永续经营"。

1999 年，万海航运开辟越太平洋航线；2002 年，成立印度子公司并先通过与其他航商合作的方式开辟红海线，隔年即自行派船以扩大该航线的经营规模；2003 年，强化越南线，更于日本东京承租大井五号专用码头，以满足不断增长的客户需求；2004 年，开辟欧洲线，航线停靠安特卫普、鹿特丹及汉堡。截至目前，万海航运共开辟了 22 条航线，55 个直靠港，同时拥有 60 艘货柜轮，航点更涵盖了欧洲、美国、日本、韩国、菲律宾、泰国、马来西亚、印度尼西亚、新加坡、越南、缅甸、柬埔寨、印度、巴基斯坦、斯里兰卡及中东等地区，几乎整个亚太地区皆在其营运范围内。

13. 中谷物流有限公司

中谷物流有限公司（简称中谷物流）是中国较早专门经营内贸集装箱航运的企业之一。自成立以来，中谷物流承载着"用集装箱改变中国物流方式"的企业使命，以标准化集装箱为载体，以互联网大数据为依托，为工农商贸提供安全、高效、绿色的多式联运全程物流服务，并始终保持快速、健康的发展态势，年均复合增长率超过 30%，连续多年被评为纳税强企。目前，中谷物流业务辐射中国近 30 个省市 150 座港口。

在内贸集装箱航运领域，中谷物流投入的集装箱运输船舶超过百艘，开设的内贸航线网络已覆盖沿海所有枢纽港及长江流域干线近百个港口，各条航线均已形成稳定的班轮航次，构建起由长江与中国沿海航线连接形成的"T 字形"大海运、大物流体系，在上海、厦门、青岛、太仓、日照等沿海及长江沿岸几十个港口均名列内贸集装箱吞吐量第一。在业内，中谷物流的市场开拓、运力发展、港口吞吐量、营业额、文化建设等各项指标均处于行业领先地位。

目前中谷物流拥有 SQ 箱、煤炭箱、特种箱、冷冻箱等多类箱种，运输商品种类超万种。除水路运输外，中谷物流整合了铁路、公路等资源，集装箱铁路班列现已通达新疆、内蒙古、东北、华北、西北、山东、华南、西南等地区，可全方位提供海陆联运、江海联运、水水中转、海铁联运等多式联运服务以及冷链运输服务。

14. 高丽海运株式会社

高丽海运株式会社（简称高丽海运）成立于 1954 年，总部设在韩国首尔，主营中国、韩国、日本、东南亚及中东之间的海运业务。自 1954 年成立以来，高丽海运一直引领韩国的集装箱海运业务。半个世纪以来，高丽海运运用不断积累的物流知识，向客户提供一流的服务，并坚持不懈地通过扩大船队、发展自我，来满足客户的需求。

1994 年 2 月起，高丽海运分别在上海、天津、青岛、大连、厦门和深圳等地开办了代表处，提供中国航线服务。2009 年 1 月 1 日，高丽海运（上海）有限公司正式成立，这也是高丽海运在中国的第一家具有独立法人资格的分支机构，标志着高丽海运的发展空间得到进一步提升。

15. 伊朗伊斯兰共和国航运公司

伊朗伊斯兰共和国航运公司（简称伊朗国航），英文名为 Islamic Republic of Iran Shipping Lines，简称 IRISL。伊朗国航成立于 1967 年，总部位于伊朗首都德黑兰。该公司初期以两艘载重 2500 吨的货轮翻开了其在航运业的第一页，截至 1978 年，货轮数量已经达到 42 艘。伊朗国航是伊朗的国家航运公司，属于公会船，是中东最大的航运公司。1993 年，伊朗国航上海代表处成立；2004 年，伊朗国航在中国成立独资公司伊航船务有限公司。

伊朗国航的服务区域为中东线和印度线，伊朗国航也是目前为数不多的可以挂靠伊朗主要港口和城市的航运公司。其基本港是迪拜港和阿巴斯港，可承接经由阿巴斯港由拖车运输到内陆城市德黑兰的业务。

16. 安通控股股份有限公司

安通控股股份有限公司扎根于中国集装箱多式联运物流产业，布局"海上丝绸"和"陆上丝绸"商贸物流通道，现已发展成为多层次、广覆盖、独具特色的现代综合物流服务企业，旗下包括两家主要全资子公司泉州安通物流有限公司和泉州安盛船务有限公司，服务范围涵盖综合运输、仓储物流、冷链物流、国际物流、驻厂物流、供应链金融、船舶服务、物流园区、投资管理等领域，为客户提供具有特色的"运、贸、融+科技"一体化综合服务。

其旗下全资子公司中的泉州安盛船务有限公司经营集装箱船队，提供"港到港"的内贸集装箱海运装船运输；泉州安通物流有限公司以"海上丝绸之路"起点、东亚文化之都——泉州为中心，业务辐射全国 30 多个省市及部分东南亚国家。

17. 海丰国际控股有限公司

海丰国际控股有限公司（简称海丰国际）是一家领先的航运物流企业。截至 2019 年 12 月 31 日，公司共运营 82 艘集装箱船舶、6 艘散货船。其中自有集装箱船舶 57 艘；经营 68 条航线，网络覆盖中国、日本、韩国、越南、泰国、菲律宾、柬埔寨、印度尼西亚、新加坡、文莱和马来西亚等 13 个国家和地区的 69 个主要港口。根据 Alphaliner 的统计，以运力计，截至 2019 年 12 月 31 日，海丰国际在全球集装箱航运企业中排名第 17 位；2019 年海上集装箱运量超过 248.3 万标准箱（不含空箱）。

目前，海丰国际已在中国青岛、上海、宁波、天津、大连，越南海防、胡志明市及泰国曼谷、林查班建成经营堆场、仓储业务的物流园。同时，与丹马士环球物流有限公司等企业保持着长期的合资合作关系。

18. X-Press Feeders Group

X-Press Feeders Group 于 1972 年在东南亚开始运营，总部在新加坡，没有中文名。X-Press Feeders 是全球最大的独立公共承运人，拥有悠久的公司历史，致力于成为"全球公共承运人"的首选。

作为独立的公共承运人，该公司不拥有、租赁或经营任何集装箱，仅向集装箱运营商提供运输服务，而不是为专有货物利益或一般公众提供运输服务。在不与客户竞争的情况下，这使得该公司可以充当可信赖的、公正的承包商。

19. 联合支线公司（Unifeeder Group）

联合支线公司（简称联合支线）是一家成立于1977年综合性物流公司，总部位于丹麦。运营集装箱支线和近海短途航线，是北欧最大、连接网络十分完善且仍在不断扩充的短途运输经营商。目前，该公司运营60艘短期租赁船舶，可触及100个港口，每年完成320万TEU箱量，年均挂靠港口约12000次。

联合支线为国际集装箱班轮公司提供高效、可持续的运输方案，在国际和区域港口以及短途航线之间为货主提供多式联运"门到门"服务，整合海运运输和铁路、公路运输，在25个国家有代表处，拥有员工约400人。

20. 德翔海运股份有限公司

德翔海运股份有限公司（简称德翔海运）于2001年7月6日正式创立，公司总部位于我国台湾地区。创立时便组织了完整的经营团队，包含业务人员、运务人员及财务管理人员等，故能在短短的时间内，从新创立的公司一跃成为我国台湾地区第四大的货柜船东。

德翔海运在经营方向上以货柜船班轮运输为主要经营方式，如此策略一方面在于货柜运输为现代模式，且货柜船主要为定期定点航线，可确保收入稳定及营运单纯化，努力朝向经济规模、稳健经营。

德翔海运的营运奠基在近洋航线的布局上。2001年，德翔海运与其他航商合作，开辟了第一条营运航线。2002年后，陆续经营菲律宾、印度尼西亚、印度、新加坡、马来西亚等航线并且陆续开启仰光、泰国、中东等航线。

鉴于中国与大洋洲相互贸易的扩张，自2010年起，德翔海运的航线触及大洋洲线。随着美国经济复苏力道强劲，于2010年底与策略伙伴开展美国线，更于2011年扩大客户服务。

第三节　国际集装箱航运市场发展趋势

集装箱班轮业所具有的全球化、规模化、网络化、大船化等特征，决定了规模化经营是班轮公司适应市场发展趋势的必然选择。

自20世纪末至今，在不到30年的时间里，全球集装箱航运市场一幕幕并购、重组的"大戏"令人眼花缭乱。英国铁行航运与荷兰渣华航运合并，韩进海运购买德国胜利航运大部分股权，东方海皇收购总统轮船，马士基航运收购南非航运、兼并美国海陆公司，加拿大太平洋轮船并购一系列区域船公司，达飞集团收购APL，马士基航运并购汉堡南美，中远集运与中海集运的合并，赫伯罗特对UASC的兼并，中远海控收购东方海外，日本国际航运三大公司三分归一统，加之韩进海运的"覆灭"，全球集装箱航运市场经历了一场翻天覆地的变化。五年前集装箱班轮公司排名前20位中的一些公司如今已看不到它们的名字。航运巨头之间的兼并重组，令航运企业的规模再次扩张。

并购的目的是快速促进业务规模增长，以更充足的总体运力部署、更合理的运营网络、更全面的地理覆盖、更灵活的全球运力调控来实现对全球客户全方位集运服务的保障。

除并购重组外，为了更好地协调运价、优化航线、共享运力，航运巨头之间的战略联盟进一步垄断了航运市场，且这种联盟随着时间的推延形成各种你中有我、我中有你的重组，形成现在的三大联盟，即马士基航运（MSK）与地中海航运（MSC）的"2M"联盟，中远海运集运（COSCO）、法国达飞海运集团（CMA CGM）、长荣海运（EMC）和东方海外（OOCL）的"Ocean Alliance"联盟及由赫伯罗特（HPL）、阳明海运（YML）、商船三井（MOL）、日本邮船（NYK）、川崎汽船（KLINE）、韩进海运（HANJIN）等六家班轮公司组成的"The Alliance"联盟（韩进海运破产后，由赫伯罗特旗下的阿拉伯轮船替代）。

战略联盟在航线设计、资源优化、成本控制等方面形成优势，并以其松散、灵活及法律手续简便等特点获得成功。联盟成员以接运、舱位租用、舱位互换、联合派船等形式实现航线互补、舱位互租、码头共享，在更大范围内实现专业化，使生产成本得以降低，通过战略协调节省了交易费用，享受到规模效益，并通过战略联盟扩大了市场份额。以业务繁忙的亚洲—欧洲航线为例，根据 Alphaliner 2019 年 12 月的数据分析，行业内排名前四位的班轮公司的运力市场份额集中度达 65%，排名前十位的运力市场份额集中度达 95.8%，集中度等级已经达到高集中寡占型，三大联盟的运力占比更达到 100%，其他非联盟公司在此航线已无立足之地。与此类似，在亚洲—北美航线，三大联盟的运力占比达到 81%，其中 Ocean Alliance 占比 39%，The Alliance 占比 23%，2M 占比 19%。

表 1-3　前 10 大班轮公司分航线运力市场份额及集中度情况

排名	班轮公司	欧洲—北美	亚洲—北美	亚洲—欧洲	中东/南亚次大陆相关	撒哈拉以南非洲相关	拉丁美洲相关	澳新/大洋洲相关	亚洲区域内	欧洲区域内
1	马士基航运	12.3%	15.5%	18.6%	14.9%	28.4%	25.0%	18.0%	6.7%	12.1%
2	地中海航运	27.9%	4.7%	19.5%	12.6%	20.4%	15.3%	15.3%	2.3%	30.9%
3	中远海控	6.0%	16.1%	15.4%	15.1%	6.4%	7.1%	16.4%	18.6%	5.9%
4	达飞海运	5.3%	14.3%	11.4%	8.6%	15.5%	14.3%	23.3%	5.2%	10.4%
5	赫伯罗特	23.7%	5.0%	9.1%	8.0%	1.8%	12.0%	5.6%	1.1%	5.0%
6	海洋网联	9.7%	14.8%	9.4%	2.9%	3.4%	5.5%	3.5%	3.7%	1.6%
7	长荣海运	1.2%	9.4%	8.0%	3.6%	1.3%	3.4%	1.4%	5.3%	1.2%
8	阳明海运	1.9%	5.0%	4.3%	2.6%	0.0%	0.4%	1.4%	2.1%	1.3%
9	太平船务	0.0%	1.5%	0.0%	2.0%	6.6%	1.5%	3.7%	1.0%	0.0%
10	现代商船	0.0%	2.7%	0.0%	4.1%	0.0%	0.4%	0.8%	1.5%	0.0%
CR4		73.6%	60.5%	65.0%	51.2%	71.1%	66.7%	73.0%	35.9%	59.3%
CR10		88.0%	89.9%	95.8%	74.4%	84.0%	84.9%	89.4%	47.6%	68.4%

表1-3 续

排名	班轮公司	欧洲—北美	亚洲—北美	亚洲—欧洲	中东/南亚次大陆相关	撒哈拉以南非洲相关	拉丁美洲相关	澳新/大洋洲相关	亚洲区域内	欧洲区域内
	集中度等级	高集中寡占型	中（上）集中寡占型	高集中寡占型	中（上）集中寡占型	高集中寡占型	高集中寡占型	高集中寡占型	中（下）集中寡占型	中（上）集中寡占型

数据来源：Alphaliner（2019年12月），上海国际航运研究中心整理。

第四节　租船运输

一、租船运输的概念

租船运输（Tramp Shipping）是与班轮运输相对应的一种营运方式。它不是按预定的时刻表、固定的航线、固定的港口和事先规定的运费费率表等固定形式进行的，而是按承托双方达成的有关运输航线、运输货物种类及数量、停发地点、起运与终到时间、运价或租金等运输合同来进行的，适用于运输批量大、能组织整船运输的货物。

租船运输的基本特点是：

1. 属于不定船期，没有固定的航线、装卸港及航期。

2. 没有固定的运价。

3. 租船运输中的提单不是一个独立的文件。船方出具的提单一般是只有正面内容的简式提单，并注明"All terms and conditions as per charter party"，或"Freight payable as per charter party"。根据《跟单信用证统一惯例（2007年修订本）》第600号出版物第22条，租船合约提单条款中没有规定银行对租船合约提单的态度，因此，当受益人提交租船合约提单时，银行不会加以干涉。当信用证规定要求受益人交付的单据中包含租船合约时，银行也不审核该合约的内容。这表明银行对这项内容在管理上的放宽，也说明租船合约提单在应用上将日渐增多。

4. 租船运输中的船舶港口使用费、装卸费及船期延误，按租船合同规定划分及计算。

5. 租船主要是用来运输国际贸易中的大宗货。

二、租船运输的分类

租船运输主要有程租、期租和光船租船3种。

（一）程租

程租（Voyage Charter）又称"航次租船""航程租船"，是船舶所有人按双方事先议定的运价与条件向租船人提供船舶全部或部分舱位，在指定的港口之间进行一个或多个航次运输指定货物的租船业务。程租船运输的特点为：

1. 船舶的经营管理由船方负责。

2. 规定一定的航线和装运的货物种类、名称、数量及装卸港。

3. 船方除对船舶航行、驾驶、管理负责外，还应对货物运输负责。

4. 在多数情况下，运价按货物装运数量计算。

5. 规定一定的装卸期限或装卸率，并计算滞期速遣费。

6. 当事双方的责任义务，以定程租船合同为准。

程租船根据当事人的运作要求与签约内容，又可分为：

1. 单航次程租（Single Voyage Charter），即只租一个航次的租船。船舶所有人负责将指定货物由一港口运往另一港口，货物运到目的港卸货完毕后，合同即告终止。

2. 来回航次租船（Round Voyage Charter），即洽租往返航次的租船。一艘船在完成一个单航次后，紧接着在上一航次的卸货港（或其附近港口）装货，驶返原装货港（或其附近港口）卸货，货物卸毕，合同即告终止。

3. 连续航次租船（Consecutive Voyage Charter），即洽租连续完成几个单航次或几个往返航次的租船。在此方式下，同一艘船舶，在同方向、同航线上，连续完成规定的两个或两个以上的货运航次，合同才告履行完成。

4. 包运合同（Contract of Affreightment，COA），又称"大合同"，即只确定承运货物的数量及完成期限，不具体规定航次数和船舶艘数的一种租船方式。在此方式下，船东针对合同约定的待运货物，在约定的期限内，派若干条船，按照同样的租船条件，不计航程次数，将一大批货物由一个港口运到另一个港口。

包运合同租船可以减轻租船压力，对船东来说，营运上比较灵活，可以用自有船舶来承运，也可以再租用其他的船舶来完成规定的货运任务；可以用一条船多次往返运输，也可以用几条船同时运输。包运合同运输的货物通常是大宗低价值散货。

（二）期租

期租（Time Charter），也称定期租船，是船舶所有人把船舶出租给承租人使用一定时期的租船方式。船舶出租人向承租人提供约定的由出租人配备船员的船舶，由承租人在约定的期限内按照约定的用途使用，并支付租金。定期租船合同的最大特点是：承租人负责船舶的经营管理，租期内的船舶燃料费、港口费用及拖轮费用等营运费用，都由租船人负担；船东只负责船舶的维修、保险、船员配备，以及供给船员的工资、给养和支付其他固定费用。期租船的租金在租期内不变，支付方法一般按船舶夏季载重线时的载重吨每吨每月若干货币单位计算，每30天或每月、每半月预付一次。

定程租船与定期租船的区别如下：

1. 租船方式不同。定程租船以船舶航程为租用对象；而定期租船以船舶租用期限为租用对象。

2. 租金的计算方法不同。定程租船按装运货物的吨数计算租金，租金可直接表现为货物运输成本；而定期租船是按月以每一夏季载重吨或按每日租金额计算租金，租金不能表现为货物运输成本。

3. 费用承担者不同。定程租船人只承担运费、滞期费等几项费用，其他大部分费用如航行所需的燃料费、港口费用及港口代理费等均由船东承担；而定期租船，船东只承担少数几项营运费，其他大部分费用如航行所需燃料费、供水及港口捐税、港口费用、装卸费、平舱费和理舱费等均由租船人承担。

4. 船舶调度权不同。定程租船由船东掌握船舶的调度权，所以适用于货物单一、装卸港较少的大宗货物运输；而定期租船由租船人掌握船舶的调度权，租船人可按需选择任何航线、挂靠任何港口。

5. 船舶技术管理不同。定程租船的船舶管理和技术工作均由船东负责；而定期租船，租船人要全面了解和掌握船舶性能和基本技术知识，掌握船舶动态，审查航海日记和机房日记。

（三）光船租船

光船租船（Bare Boat Charter）是一种比较特殊的租船方式。它也是按一定的期限租船，但与期租不同的是船东不提供船员，只将一艘"光船"交租船人使用，由租船人自行配备船员，负责船舶的经营管理和航行各项事宜。在租赁期间，租船人实际上对船舶有着支配权和占有权。

三、租船市场

在租船运输业务中，船东（或二船东）向租船人提供的不是运输劳务，而是船舶的使用权。船东和租船人之间所进行的租船业务是对外贸易的一种商业行为，也叫无形贸易，租船通常在租船市场上进行。船东（Ship Owner）、租船人（Charterer）、船舶经纪人（Ship Broker）聚集在一起，互通情报，提供船舶和货源，进行租船活动。在租船市场上，大宗交易常常是通过经纪人进行的。他们拥有广泛的业务联系渠道，能向船方提供咨询消息和向租船人提供船源情况，促使双方选择适当的洽谈对象。交易成功，经纪人就可取得一定的报酬。船舶经纪人除了促成船舶租赁业务外，还代办船舶买卖、船舶代理等业务。他们的主要作用是为委托人提供最合适、最有利的生意，提供市场行情、当事人资信及答复委托人的咨询，为当事人双方斡旋并解决困难。

世界著名的租船市场有英国伦敦租船市场、美国纽约租船市场、北欧租船市场、新加坡租船市场及我国香港租船市场。

四、租船经纪人

在国际租船市场上，租船交易通常不是由船舶所有人和承租人亲自到场直接洽谈的，而是通过租船经纪人代为办理并签约。租船经纪人都非常熟悉租船市场行情，精通租船业务，并且有丰富的租船知识和经验，在整个租期交易过程中起着桥梁和中间人的作用，对顺利成交起着十分重要的作用。

世界著名的租船经纪公司有辛普森航运咨询有限公司、克拉克森航运经纪有限公司及中国租船有限公司。

第五节　航空公司

一、世界主要航空公司

绝大多数国际航空公司均是国际航空运输协会（International Air Transport Association，IATA）的成员，以便和其他航空公司共享联程中转的票价、机票发行等标准。国际航空运输协会为全球各航空公司指定了两个字母的航空公司代码（IATA），国际民航组织也为各航空公司规定了三字代码（ICAO）。现以表1-4介绍主要航空公司的标志、代码及中英文名称。

表1-4　世界主要航空公司标志、代码及中英文名称表

二字码	三字码	公司标志	英文名称	中文名称	所属国家或地区
AZ	AZA	*Alitalia*	Alitalia	意大利航空公司	意大利
BA	BAW	BRITISH AIRWAYS	British Airways	英国航空公司	英国
BI	RBA	ROYAL BRUNEI AIRLINES	Royal Brunei Airlines	文莱皇家航空公司	文莱
CA	CCA	AIR CHINA 中国国际航空公司	Air China Limited	中国国际航空股份有限公司	中国
CZ	CSN	中国南方航空 CHINA SOUTHERN	China Southern Airlines Company Limited	中国南方航空股份有限公司	中国
EK	UAE	Emirates	Emirates Airlines	阿联酋航空公司	阿联酋
ET	ETH	Ethiopian	Ethiopian Airlines	埃塞俄比亚航空公司	埃塞俄比亚
GA	GIA	Garuda Indonesia	Garuda Indonesia	印度尼西亚鹰航空公司	印度尼西亚
GF	GFA	GULF AIR	Gulf Air	海湾航空公司	巴林
IB	IBE	IBERIA	Iberia Airlines	伊比利亚航空公司	西班牙
KE	KAL	KOREAN AIR	Korean Airlines Co., Ltd.	大韩航空公司	韩国

表1-4 续

二字码	三字码	公司标志	英文名称	中文名称	所属国家或地区
LH	DLH	Lufthansa	Lufthansa	德国汉莎航空股份公司	德国
LX	SWR	SWISS	Swiss International Air Lines	瑞士国际航空公司	瑞士
LY	ELY	ELAL	ELAL Israel Airlines Ltd.	以色列航空公司	以色列
MS	MSR	EGYPTAIR A STAR ALLIANCE MEMBER	Egypt Air	埃及航空公司	埃及
NH	ANA	ANA	All Nippon Airways Co., Ltd	全日空航空公司	日本
PR	PAL	Philippine Airlines	Philippine Airlines Inc.	菲律宾航空公司	菲律宾
SA	SAA	SOUTH AFRICAN AIRWAYS A STAR ALLIANCE MEMBER	South African Airways	南非航空公司	南非
SK	SAS	SAS	Scandinavian Airlines	北欧航空公司	瑞典
SQ	SIA	SINGAPORE AIRLINES	Singapore Airlines Ltd.	新加坡航空公司	新加坡
SU	AFL	AEROFLOT Russian Airlines	Aeroflot-Russian Airlines	俄罗斯航空公司	俄罗斯
TG	THA	THAI	Thai Airways International Ltd.	泰国国际航空公司	泰国
TK	THY	TURKISH AIRLINES	Turkish Airlines Inc.	土耳其航空公司	土耳其
TP	TAP	AIRPORTUGAL	TAP Air Portugal	葡萄牙航空	葡萄牙
VN	HVN	VietnamAirlines REACH FURTHER	Vietnam Airlines	越南航空公司	越南

二、其他常用代码

在航空货运中，代码能够满足简洁、准确的要求，使操作更方便，因此在整个货运流程中的作用非常显著。因具有简洁、节省空间、容易识别等优点，一些名词的代码往往比全称使用的频率要高得多。

（一）城市三字代码

我国部分城市三字代码见表1-5。

表1-5　我国部分城市三字代码表

城市	代码	城市	代码	城市	代码
安庆	AQG	杭州	HGH	深圳	SZX
澳门	MFM	合肥	HFE	沈阳	SHE
包头	BAV	呼和浩特	HET	石家庄	SJW
北京	BJS	吉林	JIL	台北	TPE
长春	CGQ	济南	TNA	太原	TYN
长沙	CSX	佳木斯	JMU	天津	TSN
长治	CIH	昆明	KMG	通辽	TGO
常州	CZX	拉萨	LXA	温州	WNZ
朝阳	CHG	兰州	LHW	乌兰浩特	HLH
成都	CTU	连云港	LYG	乌鲁木齐	URC
赤峰	CIF	柳州	LZH	武汉	WUH
重庆	CKG	洛阳	LYA	西安	XIY
大连	DLC	牡丹江	MDG	西宁	XNN
大同	DAT	南昌	KHN	锡林浩特	XIL
丹东	DDG	南京	NKG	厦门	XMN
敦煌	DNH	南宁	NNG	香港	HKG
福州	FOC	宁波	NGB	襄阳	XFN
高雄	KHH	齐齐哈尔	NDG	烟台	YNT
广州	CAN	秦皇岛	SHP	延安	ENY
贵阳	KWE	青岛	TAO	延吉	YNJ
桂林	KWL	庆阳	IQN	宜昌	YIH
哈尔滨	HRB	沙市	SHS	银川	INC
海口	HAK	汕头	SWA	湛江	ZHA
海拉尔	HLD	上海	SHA		

亚洲其他国家部分城市三字代码见表1-6。

表1-6　亚洲其他国家部分城市三字代码表

国家	城市	代码	国家	城市	代码	国家	城市	代码
阿富汗	喀布尔	KBL	黎巴嫩	贝鲁特	BEY	土耳其	伊斯坦布尔	IST
阿联酋	阿布扎比	AUH	马来西亚	吉隆坡	KUL	新加坡	新加坡	SIN
阿联酋	迪拜	DXB	缅甸	仰光	RGN	叙利亚	大马士革	DAM
阿联酋	沙迦	SHJ	尼泊尔	加德满都	KTM	伊拉克	巴格达	BGW
巴基斯坦	白沙瓦	PEW	日本	长崎	NGS	伊朗	阿巴丹	ABD
巴基斯坦	卡拉奇	KHI	日本	大阪	OSA	伊朗	德黑兰	THR
巴基斯坦	拉合尔	LHE	日本	东京	TYO	印度	加尔各答	CCU
巴基斯坦	伊斯兰堡	ISB	日本	福冈	FUK	印度	孟买	BOM
朝鲜	平壤	FNJ	日本	横滨	YOK	印度尼西亚	雅加达	JKT
菲律宾	马尼拉	MNL	沙特阿拉伯	利雅得	RUH	印度	新德里	DEL
韩国	首尔	SEL	斯里兰卡	科伦坡	CMB	越南	河内	HAN
柬埔寨	金边	PNH	泰国	曼谷	BKK	越南	胡志明	SGN
科威特	科威特	KWI	土耳其	安卡拉	ANK			

欧洲国家部分城市三字代码见表1-7。

表1-7　欧洲国家部分城市三字代码表

国家	城市	代码	国家	城市	代码	国家	城市	代码
爱尔兰	都柏林	DUB	德国	慕尼黑	MUC	瑞士	伯尔尼	BRN
奥地利	林茨	LNZ	德国	纽伦堡	NUE	瑞士	日内瓦	GVA
奥地利	维也纳	VIE	俄罗斯	莫斯科	MOW	瑞士	苏黎世	ZRH
保加利亚	索非亚	SOF	法国	巴黎	PAR	西班牙	马德里	MAD
比利时	布鲁塞尔	BRU	法国	波尔多	BOD	西班牙	巴塞罗那	BCN
冰岛	雷克雅未克	REK	法国	里昂	LYS	希腊	雅典	ATH
波兰	华沙	WAW	法国	马赛	MRS	匈牙利	布达佩斯	BUD
丹麦	哥本哈根	CPH	法国	尼斯	NCE	意大利	罗马	ROM
德国	斯图加特	STR	法国	土伦	TLN	意大利	米兰	MIL
德国	柏林	BER	芬兰	赫尔辛基	HEL	意大利	那不勒斯	NAP
德国	波恩	BNJ	荷兰	阿姆斯特丹	AMS	意大利	热那亚	GOA
德国	德累斯顿	DRS	捷克	布拉格	PRG	英国	伯明翰	BHM
德国	杜塞尔多夫	DUS	罗马尼亚	布加勒斯特	BUH	英国	格拉斯哥	GLA
德国	法兰克福	FRA	塞尔维亚	贝尔格莱德	BEG	英国	利物浦	LPL
德国	汉堡	HAM	挪威	奥斯陆	OSL	英国	伦敦	LON
德国	汉诺威	HAJ	葡萄牙	里斯本	LIS	英国	曼彻斯特	MAN
德国	莱比锡	LEJ	瑞典	斯德哥尔摩	STO			

北美洲国家部分城市三字代码见表1-8。

表1-8　北美洲国家部分城市三字代码表

国家	城市	代码	国家	城市	代码	国家	城市	代码
加拿大	埃德蒙顿	YEG	美国	奥克兰	OAK	美国	拉斯维加斯	LAS
加拿大	多伦多	YYZ	美国	奥斯汀	AUS	美国	洛杉矶	LAX
加拿大	卡尔加里	YYC	美国	波士顿	BOS	美国	迈阿密	MIA
加拿大	魁北克	YOB	美国	底特律	DTT	美国	纽约	NYC
加拿大	里贾纳	YQR	美国	费城	PHL	美国	西雅图	SEA
加拿大	蒙特利尔	YUL	美国	华盛顿	WAS	美国	亚特兰大	ATL
加拿大	温哥华	YVR	美国	旧金山	SFO	美国	芝加哥	CHI
加拿大	温尼伯	YWG	美国	堪萨斯城	MCI			
加拿大	渥太华	YOW	美国	克利夫兰	CLE			

大洋洲国家部分城市三字代码见表1-9。

表1-9　大洋洲国家部分城市三字代码表

国家	城市	代码	国家	城市	代码	国家	城市	代码
澳大利亚	阿德莱德	ADL	澳大利亚	堪培拉	CBR	澳大利亚	悉尼	SYD
澳大利亚	布里斯班	BNE	澳大利亚	墨尔本	MEL	新西兰	奥克兰	AKL
澳大利亚	达尔文	DRW	澳大利亚	珀斯	PER	新西兰	惠灵顿	WLG

非洲和南美洲国家部分城市三字代码见表1-10。

表1-10　非洲和南美洲国家部分城市三字代码表

国家	城市	代码	国家	城市	代码	国家	城市	代码
埃及	开罗	CAI	摩洛哥	卡萨布兰卡	CAS	突尼斯	突尼斯	TUN
埃塞俄比亚	亚的斯亚贝巴	ADD	墨西哥	墨西哥	MEX	委内瑞拉	加拉加斯	CCS
厄瓜多尔	基多	UIO	南非	开普敦	CPT	牙买加	金斯敦	KIN
利比亚	班加西	BEN	南非	约翰内斯堡	JNB	智利	圣地亚哥	SCL
秘鲁	利马	LIM	尼日利亚	拉各斯	LOS			

（二）主要机场三字代码

机场通常也用三字代码表示，我国大多数城市机场的三字代码同城市三字代码一样，但从国际上来看，很多机场的三字代码同城市三字代码不一样，例如，巴黎的城市三字代码为"PAR"，而巴黎夏尔·戴高乐机场的三字代码为"CDG"。常见的机场三字代码见表1-11。

表1-11　常见机场三字代码表

机场名称	机场三字码	机场名称	机场三字码
哈兹菲尔德—杰克逊亚特兰大国际机场	ATL	仁川国际机场	ICN
北京首都国际机场	PEK	伊斯坦布尔机场	ISL
迪拜国际机场	DXB	雅加达苏加诺—哈达机场	CGK
洛杉矶国际机场	LAX	新加坡樟宜国际机场	SIN
东京国际机场	HND	丹佛国际机场	DEN
芝加哥奥黑尔国际机场	ORD	素万那普国际机场	BKK
伦敦希思罗机场	LHR	纽约约翰·菲茨杰拉德·肯尼迪国际机场	JFK
香港国际机场	HKG	吉隆坡国际机场	KUL
上海浦东国际机场	PVG	马德里巴拉哈斯机场	MAD
巴黎夏尔·戴高乐机场	CDG	圣弗朗西斯科国际机场	SFO
阿姆斯特丹国际机场	AMS	成都双流国际机场	CTU
英迪拉·甘地国际机场	DEL	巴塞罗那安普拉特机场	BCN
广州白云国际机场	CAN	孟买迪拜机场	BOM
法兰克福—莱茵—美因国际机场	FRA	西雅图—塔科马国际机场	SEA
达拉斯—沃思堡国际机场	DFW	多伦多皮尔逊国际机场	YYZ

◇ **同步练习**

1. 上网访问主要船公司网站。

2. 写出10个船公司的中文名称及英文缩写。

3. 简述租船运输的种类及各自特点。

第二章　航运知识

DI-ER ZHANG HANGYUN ZHISHI

◇ **知识目标**

熟悉国际海洋运输航线。

掌握主要基本港的中英文名称及所属国别。

◇ **能力目标**

能够根据托运货物的起运港及目的港，选择适当航线。

了解我国基本港至世界主要基本港之间的航行时间。

第一节 航 线

国际贸易货物运输，绝大部分是通过海洋运输，特别是远洋运输完成的。海运是以船舶为工具，以港口为基地，以海洋为行船载体来进行的。

一、世界主要海运通道

海运活动是在非常广阔的范围内进行的。地球表面的水体是连为一体的，由于陆地的分隔，分为太平洋、大西洋、印度洋、北冰洋这四大洋，洋的边缘由陆架和陆坡所占据的水域为"海"，海按其所在位置的不同，可分为边缘海和陆间海两种。在国际航运中意义较大的海及海湾有日本海、黄海、爪哇海、孟加拉湾、阿拉伯海、波斯湾、红海、地中海、黑海、北海、波罗的海、墨西哥湾和加勒比海等。

海峡是船舶运输的重要通道，对国际航运意义重大。全球主要的海峡有：沟通印度洋和太平洋的马六甲海峡，连接波斯湾和印度洋的霍尔木兹海峡，连接大西洋与北海、分隔法国与英国的英吉利海峡，沟通大西洋和地中海的直布罗陀海峡，沟通红海和印度洋的曼德海峡，沟通黑海和地中海的土耳其海峡，沟通太平洋和北冰洋的白令海峡，沟通太平洋和大西洋的麦哲伦海峡及德雷克海峡。

运河是用以沟通地区或水域间水运的人工水道，在国际航运中发挥重要作用的运河有：苏伊士运河、巴拿马运河及基尔运河。

世界海运航线根据航运范围可分为沿海航线、地区性国际海上航线和国际大洋航线。沿海航线供本国船舶在该国港口之间使用，一般又称为"国内航线"。地区性国际海上航线是指航行通过一个或数个海区的航线，又称"近洋航线"，如地中海区域航线、波罗的海区域航线等。国际大洋航线又称为"远洋航线"，是指贯通大洋的航线，包括太平洋航线、大西洋航线、印度洋航线、北冰洋航线，以及通过巴拿马运河或苏伊士运河连接两大洋的航线等。

二、世界主要海运航线

目前，世界三大洋上的航线密布，其中，航运界和地理学界公认的国际大洋航线可归纳为以下几条。

（一）太平洋航线组

1. 亚洲—北美西海岸各港航线。该航线指东南亚国家、中国、东北亚国家各港，沿大圆航线横渡北太平洋至美国、加拿大、墨西哥等北美西海岸各港。该航线随季节波动，一般夏季偏北、冬季南移，以避北太平洋的海雾和风暴。该航线是第二次世界大战后货运量增长快、货运量大的航线之一。

2. 亚洲—加勒比海、北美东海岸各港航线。该航线不仅要横渡北太平洋，还越过巴拿马运河，因此一般偏南，横渡大洋的距离也较长。夏威夷群岛的火奴鲁鲁港是主要的航站，船舶在此添加燃料和补给品等。该航线也是太平洋货运量最大的航线。

3. 亚洲—南美西海岸各港航线。该航线同样要横渡太平洋，航线长，要经过太平洋枢纽站，但不同的是不用过巴拿马运河。该航线也有先南行至南太平洋的枢纽港，后横渡南太平洋到达南美西岸。

4. 亚洲—澳（澳大利亚）、新（新西兰）及西南太平洋岛国各港航线。该航线不需要横渡太平洋，而在西太平洋以南航行，离陆地近，航线较短。由于北部一些岛国（地区）工业发达但资源贫乏，而南部国家资源丰富，初级产品运输特别繁忙。

5. 东亚—东南亚各港航线。该航线由日本、韩国、朝鲜、俄罗斯及中国各港西南行至东南亚各国港口。该航线短，但往来频繁，地区间贸易兴旺且发展迅速。

6. 亚洲—北印度洋、地中海、西北欧航线。该航线大多经马六甲海峡往西，也有许多初级产品经龙目海峡与北印度洋国家间往来，如石油等。经苏伊士运河至地中海、西北欧的运输以制成品集装箱运输居多。

7. 东亚—东南非、西非、南美东海岸航线。该航线大多经东南亚过马六甲海峡或过其他海峡西南行至东南非各港，或再过好望角往西非国家各港，或横越南大西洋至南美东海岸国家各港。该航线以运输资源型货物为主。

8. 澳（澳大利亚）、新（新西兰）—北美西、东海岸航线。澳、新至北美西海岸各港，一般都经过苏瓦、火奴鲁鲁等太平洋航运枢纽。澳、新至北美东海岸各港及加勒比海国家各港，需经巴拿马运河。

9. 北美东、西海岸—南美西海岸航线。该航线都在南北美洲大陆近洋航行，由于南美西岸国家人口少、面积小，南北之间船舶往来较少，南北美西海岸至北美东海岸各港要经巴拿马运河。

（二）印度洋航线组

1. 中东海湾地区—亚洲各国港口航线。该航线东行都以石油运输为主，特别是往日本、韩国的运输；西行以工业品、食品居多。

2. 中东海湾地区—欧洲、北美东海岸港口航线。该航线的超级油轮都经莫桑比克海峡、好望角绕行。由于苏伊士运河的不断开拓，通过运河的油轮日益增多。

3. 亚洲—苏伊士运河—西北欧航线。该航线联结亚洲与欧洲、地中海两大贸易区各港，航船密度大，尤其是集装箱船运输繁忙。

4. 澳大利亚—苏伊士运河、中东海湾地区航线。该航线把澳大利亚、新西兰与西欧先进工业国家间的传统贸易联结在一起，也把海湾地区的石油与澳大利亚、新西兰的农牧产品进行交换。

5. 亚洲—南非、南美航线。该航线将巴西、南非的矿产输往日本、韩国及中国，同时也将亚洲的工业品回流。

6. 南非—澳新航线。该航线横渡南印度洋，在印度洋中航船最少。

（三）大西洋航线组

1. 西北欧—北美东海岸各港航线。该航线连接北美和西北欧两个经济发达的地区，航运贸易的历史十分悠久，船舶往来特别繁忙，客货运量很大。

2. 西北欧—地中海、中东、东亚、澳（澳大利亚）新（新西兰）各港航线。西北欧至地中海航线主要是欧洲西北部与欧洲南部国家之间的连线，距离较短。但过苏伊士运河至中东、东亚、澳大利亚、新西兰地区的航线就大大增长，然而它们是西北欧与亚太地区、中东海湾地区间最便捷的航线，货运量也大，是西北欧地区第二大航线。

3. 西北欧—加勒比海岸各港航线。该航线横渡北大西洋，过向风海峡、莫纳海峡，有的还与过巴拿马运河的太平洋航线连接。

4. 欧洲—南美东海岸或非洲西海岸各港航线。该航线多经加那利群岛或达喀尔港歇脚，是连接欧洲发达国家与南大西洋两岸发展中国家的贸易航线，欧洲国家输出的大多是工业品，输入的都以初级产品居多。

5. 北美东海岸—地中海、中东、亚太地区航线。该航线与西北欧—地中海、中东、东亚航线相似，但航线更长，需横渡北大西洋。货物以石油、集装箱货为主。

6. 北美东海岸—加勒比海沿岸各国港口航线。该航线较短，但航运繁忙，不仅有两地区各港口间往来船只，还有过巴拿马运河至南北美西海岸等国家港口间往来的船只。

7. 北美东海岸—南美东海岸港口航线。该航线是南北美洲之间工业品与农矿产品的对流航线。

8. 南北美洲东海岸—好望角航线。北美东海岸港口经好望角至中东海湾地区是巨型油轮的运输线，20 万吨级以上的油轮需经此航线，还有西北欧的巨型油轮也经此航线。南美洲东海岸港口过好望角航线不仅运输原油，还有铁矿石等初级产品。中国、日本、韩国等运往巴西的铁矿石经过此航线。

（四）北冰洋航线

北冰洋系欧、亚、北美三洲的顶点，为联系三大洲的捷径。鉴于地理位置的特殊性，目前，北冰洋已开辟有从摩尔曼斯克经巴伦支海、喀拉海、拉普捷夫海、东西伯利亚海、楚科奇海、白令海峡至俄罗斯东部港口的季节性航海线，以及从摩尔曼斯克直达斯瓦尔巴群岛、冰岛的雷克雅未克和英国的伦敦等航线。随着航海技术的进一步发展和北冰洋地区经济的开发，北冰洋航线也将会有更大的发展。

第二节 港 口

港口是位于江、河、湖、海沿岸，具有一定的设施和条件，供船舶进行作业、在恶劣气象条件下靠泊，以及旅客上下、货物装卸、生活物料供应等的地方。港口按所在地理位置分类，有海港、河港、湖港和水库港等。按性质和用途分类，有商港、军港、工业港、渔港、散货港、油港等。

一、基本港和非基本港

（一）基本港

基本港（Base Port），指船公司的船一般要定期挂靠的港口。基本港大多数为较大的口岸，港口设备条件比较好，货载多而稳定。规定为基本港就不再限制货量。运往基本港的货物一般均为直达运输，无须中途转船。但有时也因货量太少，船方决定中途转运，由船方自行安排，承担转船费用。

（二）非基本港

凡基本港以外的港口都称为"非基本港"（Non-base Port）。非基本港一般除按基本港收费外，还需另外加收转船附加费，达到一定货量时，则改为加收直航附加费。例如，所罗门群岛的霍尼亚拉港是基本港，而距其几百海里以外的基埃塔港则是非基本港口。运往基埃塔港口的货物的运费率要在霍尼亚拉港运费率的基础上增加转船附加费 USD 43.00/FT。

（三）主要船公司挂靠各地的基本港

各主要船公司挂靠各地的基本港见表 2-1。

表 2-1　各主要船公司挂靠各地的基本港一览表

船公司	基本港
欧洲基本港	
中远海运集运	鹿特丹、汉堡、安特卫普、费利克斯托、勒阿弗尔、不来梅
阳明海运	鹿特丹、汉堡、费利克斯托、安特卫普
日本川崎	鹿特丹、费利克斯托、南安普敦、汉堡、勒阿弗尔
北欧亚货柜航运有限公司	汉堡、鹿特丹、安特卫普、勒阿弗尔、南安普敦
达飞海运	勒阿弗尔、汉堡、鹿特丹、南安普敦、安特卫普、泽布吕赫
长荣海运	鹿特丹、汉堡、泰晤士、勒阿弗尔、安特卫普、不来梅哈芬
美国总统轮船	勒阿弗尔、鹿特丹、汉堡、安特卫普、南安普敦、不来梅、不来梅哈芬
现代商船	勒阿弗尔、汉堡、鹿特丹、不来梅、南安普敦、安特卫普
商船三井	勒阿弗尔、鹿特丹、汉堡、南安普敦、安特卫普、不来梅哈芬
马士基航运公司	焦亚陶罗、勒阿弗尔、不来梅哈芬、费利克斯托、安特卫普
东方海外	南安普敦、安特卫普、鹿特丹、汉堡、不来梅、勒阿弗尔
赫伯罗特	鹿特丹、汉堡、南安普敦
地中海基本港	
北欧亚货柜航运有限公司	巴塞罗那、福斯、热那亚、马耳他、那不勒斯
长荣海运	热那亚、福斯、巴塞罗那、瓦伦西亚、马塞
达飞海运	热那亚、巴塞罗那、福斯、那不勒斯
现代商船	热那亚、拉斯佩齐亚、巴塞罗那、福斯

表2-1　续

船公司	基本港
阳明海运	热那亚、巴塞罗那、福斯
铁行轮船公司	拉斯佩齐亚、巴塞罗那、福斯、热那亚、瓦伦西亚、马耳他
中远海运集运	那不勒斯、热那亚、福斯、巴塞罗那
沙特海运公司	热那亚、巴塞罗那、福斯
日本直航基本港	
万海航运	横滨、名古屋、门司、大阪、神户、东京
立荣海运股份有限公司	横滨、名古屋、门司、大阪、神户、东京
阳明海运	横滨、名古屋、门司、大阪、神户、东京
中远海运集运	横滨、名古屋、门司、大阪、神户、东京
美西基本港	
以星航运	西雅图、洛杉矶、长滩
达飞海运	长滩、洛杉矶
万海航运	洛杉矶、奥克兰
北欧亚货柜航运有限公司	洛杉矶、西雅图、长滩
中远海运集运	洛杉矶、奥克兰、长滩、西雅图
铁行轮船公司	洛杉矶、奥克兰、长滩
美东基本港	
达飞海运	萨凡纳、诺福克、纽约
中远海运集运	纽约、查尔斯顿、巴尔的摩
长荣海运	纽约、查尔斯顿
以星航运	萨凡纳、纽约
澳（澳大利亚）、新（新西兰）基本港	
中远海运集运	悉尼、墨尔本、布里斯班
美国总统轮船	墨尔本、布里斯班、阿德莱德、弗里曼特尔
长荣海运	悉尼、墨尔本、布里斯班

二、世界主要国家港口

世界主要国家港口见表2-2。

表 2-2 世界主要国家港口一览表

国家	港口
阿尔及利亚（Algeria）	阿尔及尔（Algiers）
阿根廷（Agentina）	布宜诺斯艾利斯（Buenos Aires）
阿联酋（UAE）	迪拜、阿布扎比（Dubai, Abu Dhabi）
阿曼（Oman）	马斯喀特（Muscat）
埃及（Egypt）	亚历山大、苏伊士港、塞得港（Alexandria, Port Suez, Port Said）
爱沙尼亚（Estonia）	塔林（Tallin）
安哥拉（Angola）	罗安达（Luanda）
澳大利亚（Australia）	悉尼、布里斯班、墨尔本、弗里曼特尔、阿德莱德（Sydney, Brisbane, Melbourne, Fremantle, Adelaide）
巴基斯坦（Pakistan）	卡拉奇（Karachi）
巴拉圭（Paraguay）	亚松森（Asuncion）
巴林（Bahrain）	巴林（Bahrain）
巴拿马（Panama）	科隆自由贸易区、巴拿马城、曼萨尼约（Colon Free Trade Zone, Panama City, Manzanillo）
巴西（Brazil）	桑托斯、维多利亚、萨尔瓦多（Santos, Victoria, Salvador）
保加利亚（Bulgaria）	瓦尔纳（Varna）
贝宁（Benin）	科托努（Cotonou）
比利时（Belgium）	安特卫普（Antwerp）
波兰（Poland）	格丁尼亚（Gdynia）
丹麦（Denmark）	哥本哈根、奥胡斯（Copenhagen, Aarhus）
德国（Germany）	汉堡、不来梅、不来梅哈芬（Hamburg, Bremen, Bremerhaven）
多哥（Togo）	洛美（Lome）
多米尼加（Dominica Rep.）	海纳（Rio Haina）
厄瓜多尔（Ecuador）	瓜亚基尔（Guayaquil）
法国（France）	勒阿弗尔、福斯、马赛（Le Havre, Fos, Marseille）
菲律宾（Phillippines）	马尼拉、宿务（Manila, Cebu）
斐济（Fiji）	苏瓦、劳托卡（Suva, Lautoka）
芬兰（Finland）	赫尔辛基（Helsinki）
哥伦比亚（Colombia）	布埃纳文图拉、卡塔赫纳（Buenaventura, Cartagena）
哥斯达黎加（Costa Rica）	利蒙（Limon）
古巴（Cuba）	哈瓦那（Havana）

表2-2　续1

国家	港口
海地（Haiti）	太子港（Port Au Prince）
韩国（Korea）	釜山、仁川（Busan, Incheon）
荷兰（Netherlands）	鹿特丹（Rotterdam）
洪都拉斯（Honduras）	科特斯（Cortes）
吉布提（Djibouti）	吉布提（Djibouti）
几内亚（Guinea）	科纳克里（Conakry）
加拿大（Canada）	温哥华、多伦多、蒙特利尔（Vancouver, Toronto, Montreal）
加纳（Ghana）	特马（Tema）
柬埔寨（Cambodia）	金边、西哈努克（Phnom Pehh, Sihanoukville）
津巴布韦（Zimbabwe）	哈拉雷（Harare）
喀麦隆（Cameroon）	杜阿拉（Douala）
科特迪瓦（Cote d'Ivoire）	阿比让（Abidjan）
科威特（Kuwait）	科威特（Kuwait）
肯尼亚（Kenya）	蒙巴萨（Mombasa）
拉脱维亚（Latvia）	里加（Riga）
黎巴嫩（Lebanon）	贝鲁特（Beirut）
利比亚（Libya）	的黎波里（Tripoli）
罗马尼亚（Romania）	康斯坦察（Constanta）
马达加斯加（Madagascar）	塔马塔夫（Tamatave）
马拉维（Malawi）	利隆圭（Lilongwe）
马来西亚（Malaysia）	槟城、巴生、巴西古当（Penang, Kelang, Pasir Gudang）
毛里求斯（Mauritius）	路易斯港（Port Louis）
美国（USA）	洛杉矶、长滩、奥克兰、西雅图、诺福克、萨凡纳、纽约（Los Angeles, Long Beach, Oakland, Seattle, Norfolk, Savannah, New York）
孟加拉国（Bangladesh）	吉大港、达卡（Chittagong, Dhaka）
缅甸（Myanmar）	仰光（Yangon）
摩洛哥（Morocco）	卡萨布兰卡（Casablanca）
莫桑比克（Mozambique）	马普托、贝拉（Maputo, Beira）
墨西哥（Mexico）	曼萨尼约、墨西哥城、坦皮科（Manzanillo, Mexico City, Tampico）
纳米比亚（Namibia）	鲸湾港（Walvis Bay）

表2-2 续2

国家	港口
南非（South Africa）	开普敦、德班、约翰内斯堡、东伦敦、伊丽莎白港（Cape Town, Durban, Johannesburg, East London, Port Elizabeth）
尼日利亚（Nigeria）	拉各斯、阿帕帕、哈科特港（Lagos, Apapa, Port Harcourt）
挪威（Norway）	奥斯陆（Oslo）
葡萄牙（Portugal）	里斯本（Lisbon）
日本（Japan）	大阪、神户、横滨、名古屋、东京、门司（Osaka, Kobe, Yokohama, Nagoya, Tokyo, Moji）
瑞典（Sweden）	哥德堡、斯德哥尔摩（Gothenburg, Stockholm）
沙特阿拉伯（Saudi Arabia）	达曼、吉达、利雅得（Damman, Jeddah, Riyadh）
斯里兰卡（Sri Lanka）	科伦坡（Colombo）
斯洛文尼亚（Slovenia）	科佩尔（Koper）
苏丹（Sudan）	苏丹港（Port Sudan）
苏里南（Suriname）	帕拉马里博（Paramaribo）
泰国（Thailand）	曼谷、林查班（Bangkok, Laem Chabang）
坦桑尼亚（Tanzania）	达累斯萨拉姆、坦噶（Dar Es Salaam, Tanga）
突尼斯（Tunisia）	突尼斯（Tunisia）
土耳其（Turkey）	伊斯坦布尔、伊兹密尔、梅尔辛、盖姆利克（Istanbul, Izmir, Mersin, Gemlik）
瓦努阿图（Vanuatu）	维拉港（Port Vila）
危地马拉（Guatemala）	危地马拉城（Guatemala City）
委内瑞拉（Venezuela）	拉瓜伊拉、卡贝略（La Guaira, Cabello）
乌干达（Uganda）	坎帕拉（Kampala）
乌克兰（Ukraine）	敖德萨（Odessa）
乌拉圭（Uruguay）	蒙得维的亚（Montevideo）
西班牙（Spain）	巴塞罗那、瓦伦西亚（Barcelona, Valencia）
希腊（Greece）	比雷埃夫斯（Piraeus）
新加坡（Singapore）	新加坡（Singapore）
新西兰（New Zealand）	奥克兰、惠灵顿（Auckland, Wellington）
匈牙利（Hungary）	布达佩斯（Budapest）
叙利亚（Hungary）	拉塔基亚（Lattakia）
牙买加（Jamaica）	金斯敦（Kingston）
也门（Yemen）	亚丁、荷台达（Aden, Hodeida）

表2-2 续3

国家	港口
伊朗（Iran）	阿巴斯港（Bandar Abbas）
意大利（Italy）	威尼斯、热那亚、拉斯佩齐亚、那不勒斯、的里雅斯特（Venice, Cenoa, La Spezia, Naples, Trieste）
印度（India）	孟买、加尔各答（Mumbai, Kolkata）
印度尼西亚（Indonesia）	雅加达、泗水、三宝垄、勿拉湾（Jakarta, Surabaya, Semarang, Belawan）
英国（UK）	费利克斯托港、南安普敦港（Felixstowe, Southampton）
约旦（Jordan）	阿卡巴（Aqaba）
越南（Vietnam）	胡志明市（Ho Chi Minh City）
赞比亚（Zambia）	卢萨卡（Lusaka）
智利（Chile）	瓦尔帕莱索、伊基克、阿里卡（Valparaiso, Iquique, Arica）

第三节　空运航线与飞行时间计算

一、空运航线的定义

民航从事运输飞行，必须按照规定的线路进行，这种路线叫作航空交通线，简称航线。航线不仅确定了航行的具体方向、经停地点，还根据空中管理的需要规定了航路的宽度和飞行的高度层，以维护空中交通秩序，保证飞行安全。

空运航线按飞机飞行的路线分为国内航线和国际航线。飞机飞行的线路起讫点、经停点均在国内的称为"国内航线"；飞机飞行的线路跨越本国国境，通达其他国家的航线称为"国际航线"。

二、世界主要空运航线

1. 西欧—北美间的北大西洋航空线。该航线主要连接法国巴黎、英国伦敦、德国法兰克福、美国纽约、美国芝加哥、加拿大蒙特利尔等航空枢纽。

2. 西欧—中东—东亚航空线。该航线连接西欧各主要机场至中国香港、中国北京、日本东京等机场。途经希腊雅典、埃及开罗、伊朗德黑兰、巴基斯坦卡拉奇、印度新德里、泰国曼谷、新加坡等重要航空站。

3. 东亚—北美间的北太平洋航线。这是中国北京、中国香港、日本东京等机场经北太平洋上空至北美西海岸的加拿大温哥华、美国西雅图、美国旧金山、美国洛杉矶等机场的航空线，可延伸至北美东海岸的机场。太平洋中部的火奴鲁鲁（又称"檀香山"）是该航线上的主要中继加油站。

4. 此外，还有北美—南美，西欧—南美，西欧—非洲，西欧—东南亚—澳（澳大利亚）、新（新西兰），亚洲—澳（澳大利亚）、新（新西兰），北美—澳（澳大利亚）、新（新西兰）等重要国际航空线。

三、世界重要航空港（机场）

目前，世界上主要的国际航空港共 175 个，其中亚洲 44 个、非洲 40 个、欧洲 41 个、拉丁美洲 29 个、北美洲 8 个、太平洋岛屿及其他地区 13 个。世界部分主要航空港列名见表 2-3。

表 2-3　世界部分主要航空港明细表

地区	航空港
北美	华盛顿、纽约、芝加哥、蒙特利尔、亚特兰大、洛杉矶、旧金山、西雅图
欧洲	伦敦、巴黎、法兰克福、苏黎世、罗马、维也纳、柏林、哥本哈根、华沙、莫斯科、布加勒斯特、雅典
非洲	开罗、喀土穆、内罗毕、约翰内斯堡、布拉柴维尔、拉各斯、达喀尔、阿尔及尔
亚洲	北京、上海、东京、香港、马尼拉、曼谷、新加坡、仰光、加尔各答、孟买、卡拉奇、贝鲁特
拉美	墨西哥城、加拉加斯、里约热内卢、布宜诺斯艾利斯、圣地亚哥、利马
大洋洲及太平洋岛屿	悉尼、奥克兰、楠迪、火奴鲁鲁

四、飞行时间的计算

飞行时间是指自始发地机场至目的地机场之间的运输时间，包括中转时间。航班时刻表上的起飞时间和到达时间都是以当地时间（Local Time）公布的，所以在计算航班飞行小时数时，要进行时差换算。具体计算方法有两种，一是将始发时间及到达时间均换算为格林尼治时间后，按"东加西减"原则计算。如：格林尼治零时区的3：00，对应东八区的北京时间应为 11：00；二是将始发地或目的地一地的时间换为另一地的时间后计算。

【例】某次航班的始发地为法国巴黎，起飞时间为当地时间 12 月 12 日 12：30；目的地为加拿大蒙特利尔，到达时间为当地时间 12 月 12 日 13：55。试计算航班飞行时间。

解：

①将始发时间及到达时间均换算为格林尼治时间后计算。

经查，法国巴黎时区为东一区，加拿大蒙特利尔时区为西五区。将上述时间换算为格林尼治时间，即始发时间为 11：30；到达时间为 18：35。飞行时间为到达时间减去始发时间，即 7 小时 5 分钟。

②将始发地或目的地一地的时间换为另一地的时间后计算。

按"东加西减"原则，将始发时间折合为达到时间，则始发时间为 06：30。飞行时间为到达时间减去始发时间，即 7 小时 5 分钟。

所以，该航班的飞行时间为 7 小时 5 分钟。

◇ **同步练习**

1. 请说出日本、韩国、印度尼西亚、巴基斯坦、澳大利亚、美国、多米尼加、秘鲁、西班牙、荷兰、意大利、英国、德国、挪威、尼日利亚、肯尼亚等国的主要港口名称，并通过网络或其他方式获取我国主要港口至上述国家港口的海运航行时间。

2. 根据所学知识，回答以下问题。

（1）下列港口的排序依次濒临大西洋、太平洋、印度洋、北冰洋四大洋的是：

A. 鹿特丹、旧金山、摩尔曼斯克、科伦坡

B. 鹿特丹、旧金山、科伦坡、摩尔曼斯克

C. 科伦坡、鹿特丹、旧金山、摩尔曼斯克

D. 旧金山、鹿特丹、摩尔曼斯克、科伦坡

（2）太平洋、印度洋两大洋之间最短的海上通道是：

A. 巴拿马运河   B. 白令海峡

C. 马六甲海峡   D. 直布罗陀海峡

（3）海运最为繁忙和全球台风发生频率最高、强度最大的大洋分别是：

A. 大西洋、太平洋   B. 太平洋、印度洋

C. 大西洋、印度洋   D. 印度洋、北冰洋

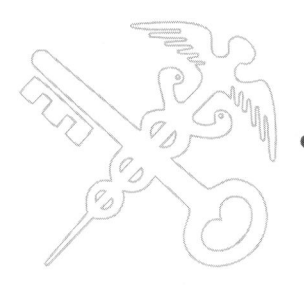

第三章　运费计算

DI-SAN ZHANG YUNFEI JISUAN

◇ **知识目标**

了解国际海洋运输运价体系。

了解国际航空运价体系（包括商品分类、计价货币及体积与重量的折算方法）。

◇ **能力目标**

熟练计收班轮运费，掌握各种附加运费的称谓。

掌握国际航空运输普通货物、指定商品及等级货物的运费计算。

第一节　班轮运费

班轮运费是以船公司或货代公司公布的运价表为基础计算的。班轮运费由基本运费和附加费两大部分构成。

一、基本运费

基本运费（Basic Rate）是指货物从装运港到卸货港所应收取的基本海运费用，由基本运费率乘以货运量而得出。基本运费率是指运价表中对货物规定的必收的基本运费单价，是其他一些以百分比计收的附加费的计算基础。运费率的表示方法是每单位（每公吨或每立方米或每一集装箱）货物的价格。每公吨或每立方米可统称为"1 运费吨"。

早期班轮运输以散杂货为主，当时的船公司运价表根据结构可分为等级运价表和单项费率运价表，其中等级运价表使用最多。该表前部列有常用商品等级表，不同的商品有不同的等级，每一等级有一基本费率，一般分为 20 个等级，一级运费最低，二十级运费最高。在商品等级表后列有各航线的费率，同时附有计收标准及各种附加费。计算运费的方法为：首先从船公司运价本中查找待运货物的等级和计费标准（见表 3-1），然后从费率表（见表 3-2）中依据航线及目的港确定该级商品的基本运价，最后以基本运价乘以待运货物的总毛重或总尺码吨，加上应收的各项附加费，最终计算出该批货物应付的运费总额。如果是从价运费，按规定百分比乘 FOB 货值即可。

表 3-1　班轮货物分级表（样表节选）
Classification of Commodites General Cargo

COMMODITY	BASIS	CLASS
⋮	⋮	⋮
Fishing Implements	M	9
Fish Shrimps, dried brined	W	13
Flint	W/M	3
Flour	W	5
Fluorspar	W/M	4
Footwear, N.O.E.	M	11
Fruits, dried	M	11
Fruits fresh	M	7
Fruit Juice	M	8
⋮	⋮	⋮

表 3-2 班轮航线费率表（中国—加拿大）（样表节选）

Scale of Class Rates for China-Canada Service

In H.K. Dollars

West Canada	East Canada	Halifax	Montreal,	Quebec,
Class	Vancouver	St. John		Toronto Hamilton
1	150.00	177.00		193.00
2	159.00	185.00		202.00
3	167.00	193.00		211.00
4	175.00	201.00		220.00
5	183.00	215.00		235.00
6	194.00	231.00		252.00
7	205.00	248.00		270.00
8	219.00	264.00		288.00
9	235.00	283.00		309.00
10	257.00	305.00		333.00
11	285.00	337.00		368.00
12	317.00	373.00		407.00
13	350.00	414.00		451.00
14	383.00	454.00		496.00
15	416.00	495.00		540.00
16	449.00	536.00		585.00
17	492.00	591.00		644.00
18	547.00	645.00		704.00
19	629.00	735.00		802.00
20	711.00	844.00		920.00
Ad.val	4%	4%		4%

20 世纪后期，班轮运输多以集装箱货物运输为主。采用集装箱班轮运输货物时，杂货班轮运费的计收方法也曾被应用于计算集装箱货物的运费和其他费用，即在费率表中列明基本运费、附加运费及计费标准，对具体的航线按货物的等级和不同的计费标准来计算运费。但大家更趋向于仅按集装箱箱型和数量计费的包箱费率计费，而不考虑货物的种类和级别。包箱费率也称"均一费率"（Freight all kinds, FAK），是指对单位集装箱计收的运费率。采用包箱费率计算集装箱基本运费时，只需要根据具体航线、货物等级及箱型、尺寸所规定的费率乘以箱数即可，即以一个集装箱计收若干美元运费的形式计算运费，拼箱货运费计收以每运费吨为标准（取货物总立方米及总公吨数中的较大值），不再区分货物等级，但对于危险品货物要加收运费。在此情况下，船公司运价及货运代理公司拼箱价格分别见表 3-3、表 3-4。

表 3-3　某船公司欧洲线运价表（样表）

Destination	Country	20'GP（USD）	40'GP（USD）	40'HC（USD）	T/S	船期/码头	T/T	Remark
Amsterdam	Holland	$600.00	$1000.00	$1150.00	AMS	周一/洋山	23 天	CY/CY
Hamburg	Germany	$600.00	$1000.00	$1150.00	HAM	周一/洋山	25 天	CY/CY
Southampton	U. K.	$600.00	$1000.00	$1150.00	SOU	周一/洋山	28 天	CY/CY
Rotterdam	Holland	$600.00	$1000.00	$1150.00	RTM	周三/洋山	23 天	CY/CY
Aarhus	Denmark	$750.00	$1250.00	$1400.00	HAM	周一/三/洋山	32 天	CY/CY
Copenhagen	Denmark	$750.00	$1300.00	$1450.00	HAM	周一/三/洋山	32 天	CY/CY
Oslo Fjord	Norway	$900.00	$1500.00	$1650.00	HAM	周一/三/洋山	33 天	CY/CY
Larvik/Kristiansand	Norway	$800.00	$1400.00	$1550.00	HAM	周一/三/洋山	33 天	CY/CY

说明：1. 8 月份起以上运费需加 BAF 为 USD687/TEU，CAF 为 17.1% 。

　　　2. 20'GP 货物重量 18TON～22TON（含 18TON）将征收超重附加费 USD150/TEU。

　　　3. 7 月 1 日起加收 USD9/TEU 苏伊士运河费。

表 3-4　某货运代理公司拼箱价格表（样表）

目的国（地区）	M/W	中转	截关	开船	船公司
Beirut	56	Direct	二	五	CSCL
Cairo（Min3）	81	Alx	五	二	EMC
Haifa	52	Ashdod	二	五	CSC
Izmir（CFS-FO）	32	Ist	五	二	YML
Lattakia	76	Direct	二	五	CSC
Limassol	52	Direct	四	日	EMC
Mersin	32	Ist	五	二	YML
Piraeus	36	Direct	二	五	CSCL
Port Said	56	Alx	五	二	MSC

二、附加费

为了使海运费既能在一定时期内保持稳定，又能准确反映各航线港口的航运成本，船公司在基本费率之外，还可能加收各种附加费（Surcharges）。其主要包括：

1. "THC"（Terminal Handling Charge），即 "码头操作费"，也叫 "码头处理费"。这是国际班轮公会和航线组织联合从 2002 年 1 月起向中国货主征收的附加费用。对此费用，货主与船公司之间存在较大的争议。货主认为按班轮条款，码头操作费应该已包含在运费里了，因此，加收 THC 属于不合理收费。但船公司却称收取此项费用是降低成本的机制，用作抵销向码头经营商支付的装卸作业费用。这一争议至今尚未解决，因而费用仍在收取。

2. "BAF"（Bunker Adjustment Factor）或"BS"（Bunker Surcharge），也被称为"FAF"（Fuel Adjustment Factor），即"燃油附加费"。这是由于燃油价格上涨，使船舶的燃油费用支出超过原核定的运输成本中的燃油费用，船公司在不调整原定运价的前提下，为补偿燃油费用的增加而加收的附加费。在已经征收燃油附加费的情况下，如果燃油价格又突然上涨，船公司可能不调整原燃油附加费，而在正常收取燃油附加费之外加收应急燃油附加费"EAS"（Emergency Adjustment Surcharge）。

3. "CAF"（Currency Adjustment Factor），即"货币贬值附加费"。这是由于国际金融市场的汇率发生变动，计收运费的货币贬值，为了弥补船公司在货币兑换过程中的汇兑损失而加收的附加费。一般以基本运费的百分比计收。随着汇率的变动，这项附加费的标准也会不断地变化。

4. "PSS"（Peak Season Surcharge），即"旺季附加费"。这是在每年运输旺季，船公司根据运输供求关系状况而加收的附加费，也称"高峰附加费"。这是目前在集装箱班轮运输中出现得较多的附加费用。

5. "AMS"（Automatic Manifest System），现称为"自动舱单系统录入费"。"9·11"事件以后，因反恐需要，自2003年2月1日起，美国及一些国家的海关要求凡启程运往这些国家港口的集装箱货物，其承运人必须在国外港口装货前至少24小时以电子方式通过其设置的"自动舱单系统"，向该国海关提交准确完整的货物申报单。现在所收的AMS即"自动舱单系统录入费"。

6. "ENS"（Entry Summary Declaration），即"入境简要申报"，指的是欧洲国家海关提前申报舱单规则。

自2011年1月1日起，欧盟对前往或途经欧盟港口的所有货运强制执行"舱单提前申报"的规则，该规则适用于全部欧盟成员国。如果未能遵守此规则，严重者可能导致停止装卸货物，以及货流和供应链的中断。另外，欧盟国家当地海关将会向负责提交货物申报单的承运人和其他方强制征收罚款或其他罚金。

7. 其他，如港口附加费（Port Additional）、港口拥挤附加费（Port Congestion Surcharge）、转船附加费（Transshipment Additional）、直航附加费（Direct Additional Charge）、选港附加费（Optional Surcharge）、绕航附加费（Deviation Surcharge）、日元升值附加费（Yen Appreciation Surcharge）、变更卸货港附加费（Alteration of Discharging Port Additional）、超额责任附加费（Additional for Excess of Libility）、目的港交货费（Destination Delivery Charge）、破冰费（Ice Surcharge）、综合费率上涨附加费（General Rate Increase）、超重附加费（Heavy-lift Aditional）、超长附加费（Long Length Aditional）等，这些附加费会在不同的时间、不同的场合、不同的航线上发生。

由于附加费种类繁多，托运人在询价时应详细询问除了基本运价外，还有其他哪些附加费用。当收到货代公司业务员的海运报价时，切记不要以为只付基本运费就行了，有时附加费要占整体运费的30%以上。货代公司业务员在报价时也务必将每条不同的航线所要征收的附加费解释清楚，以免收费时引起争议。

有时，船公司为方便起见，将基本运费与各种所需的附加费合在一起对外报价，简称"ALL IN"价格。

三、海运费的计算

集装箱班轮运输的运费计算包括整箱运费与拼箱运费两种。如前文所述，整箱运费多采用包箱费率，计算方法简单，此处不再赘述。下面重点介绍散杂货及拼箱运费的计算方法。

（一）等级运费的计算方法

1. 海运费的计算标准

（1）按货物重量（Weight）计算，用"W"表示。如以1公吨（1000千克）、1长吨（1016千克）或1短吨（907.2千克）为一个计算单位，也称重量吨。

（2）按货物尺码或体积（Measurement）计算，用"M"表示。如以1立方米（约合35.3147立方英尺）或40立方英尺为一个计算单位，也称尺码吨或容积吨。

（3）按货物重量或尺码，选择其中收取运费较高者计算运费，用"W/M"表示。在运价表中，重量吨及尺码吨统称为"运费吨"。

（4）按货物FOB价收取一定的百分比作为运费，称从价运费，用"AD Valorem"或"AD. VAL."表示，来源于拉丁文，英文是"按照价值"（According to Value）的意思。

（5）按货物重量或尺码或价值，选择其中收费较高者计算运费，用"W/M or AD. VAL."表示。

（6）按货物重量或尺码选择其中较高者，再加上从价运费计算，用"W/M plus AD. VAL."表示。

（7）按每件为一单位计收。如活牲畜和活动物，按"每头"（Per Head）计收；车辆有时按"每辆"（Per Unit）计收；起码运费按"每提单"（Per B/L）计收。

◇ **知识链接**

货物的积载

货物的积载（Stowage Factor，简写S. F.）也叫货物积载因数，是指某种货物每一吨重量所具有的体积或在船舶货舱中正常装载时所占有的容积。前者为不包括亏舱的货物积载因数，俗称理论积载因数（货物量尺体积/货物重量）；后者为包括亏舱的货物积载因数（货物占用货舱的容积/货物的重量）。

S. F. 的大小说明货物的轻重程度，可反映一定重量的货物需占据船舶多少舱容，或占多少箱容，乃至仓储时需占多少库容。S. F. 越大表示货物越轻。

按照国际航运业务惯例，凡货物积载因数小于1.1328立方米/吨的货物，称为重货；凡货物积载因数大于1.1328立方米/吨的货物，称为泡货。

由于重货、泡货的界定涉及运费的计收标准，且与运输工具的载货容积系数相关，故海运、空运的标准略有不同。空运、快递货物的体积重量的计算公式为长（厘米）×

宽（厘米）×高（厘米）/6000。如果所得的体积重量大于实际重量（千克），或每一立方米的货物大于167千克，则为泡货，以货物的体积重量计费，反之为重货，按照货物的实际重量（千克）计收运费。对于海运货物，我国现行做法为以水的密度作为标准，每立方米货物的重量大于1公吨的为重货（S.F. 小于1）；小于1吨的为泡货（S.F. 大于1）。

2. 运费计算公式及步骤

（1）根据货物积载，确定计费单位（重量吨或尺码吨）。

（2）根据拼箱运价表，确定单位运价。

（3）从附加费表中查出所有应收（付）的附加费项目和数额（或百分比）及货币种类。

（4）根据基本运费和附加费算出实际运费，公式为：

总运费＝（基本运费＋附加费）×总运费吨

其中，附加费可能是绝对数，也可能是相对数（百分比）。若运价表中某附加费为相对数，则其值应为：

附加费＝基本运费×附加费率之和

此时，上述运费公式可演变为：

总运费＝基本运费×（1＋附加费率之和）×总运费吨

即

$$F = f \times (1 + \sum S) \times Q$$

【例1】某轮船从上海装运10吨共计11.3立方米的打火石，运往加拿大温哥华港，要求直航。经询问货代，除表3-2所示的基本运费外，还需加收直航附加费，每计费吨为18美元，燃油附加费为35%，港口附加费为10%。试计算全部运费是多少。

解：

经查货物分级表3-1可知，火石是10级，计算标准是W/M；经比对货物重量吨与体积吨，根据从重原则，确定使用体积吨计算运费。查表3-2可知，10级货物的基本费率为257美元/吨；考虑附加费因素，计算该批货物海运费如下：

$$F = [257 \times (1+35\%+10\%) + 18] \times 11.3 = 4414 （美元）$$

（二）集装箱运输运费的计算方法

在进出口业务洽谈中，发货人经常面对的问题是要知道某商品单位运费值，以便根据"CFR＝FOB＋F"的公式对外报出商品的含运费价格，并据此进行成本核算。而船公司或其代理只能报出到某指定目的港的整箱或拼箱价格，无法提供某商品的单位运价。此时，货主需要根据商品的具体情况自行计算出该商品的单位运价及总运费。

【例2】某公司出口尼龙包一批，对外报价每打USD38.40 FOB Tianjin。该产品的包装情况为每只尼龙包装入一个塑料袋，每两打装一纸箱（Each nylon bag per poly bag and 2 doz. bags per carton）。纸箱的体积为 60 厘米×50 厘米×50 厘米，每箱货物毛重为 35 千克。请根据客户的要求，改报 CFR 汉堡价格。

解：

（1）经过询价，确认至汉堡每 20 英尺集装箱运费＝600（美元）

（2）根据箱容量及货物积载，确定每个 20 英尺集装箱可装尼龙包的数量＝25÷（0.6×0.5×0.5）×2＝333（打）（以每 20 英尺集装箱可装货物 25 立方米计）

（3）单位运费＝600÷333＝1.80（美元）

（4）CFR 价格＝38.40+1.80＝40.20（美元）

第二节　航空运费

一、基本概念

（一）航空货物运价所使用的货币

与海运费大多以美元报价不同，货物的航空运价一般以运输始发地的本国货币公布，如德国汉莎航空公司公布北京至汉堡的空运价格时，会以人民币标价，而公布汉堡至北京的运价时，就以欧元标价。有的国家以美元代替其本国货币公布运价，此时，美元即为运输始发地货币。

（二）航空运费

航空运费（Weight Charge），是指承运人将一票货物自始发地机场运至目的地机场所收取的航空运输费用。该费用根据每票货物所适用的运价和货物的计费重量计算而得。每票货物是指使用同一份航空货运单的货物。

货物的运价是指货物运输起讫地点间的航空运价，航空运费就是指运输始发地机场至目的地机场间的运输货物的航空费用，不包括其他费用。

（三）其他费用

其他费用（Other Charges），是指由承运人、代理人或其他部门收取的与航空货物运输有关的费用。在组织一票货物自始发地至目的地运输的全过程中，除了航空运输外，还包括地面运输、仓储、制单、国际货物的清关等环节，提供这些服务的部门所收取的费用即为其他费用。

（四）计费重量

计费重量（Chargeable Weight），是指用以计算货物航空运费的重量。货物的计费重量或是货物的实际毛重，或是货物的体积重量，或是较高重量分界点的重量。

实际毛重（Actual Gross Weight），是指包括外包装在内的货物重量。

体积重量（Volume Weight），是指按照国际航空运输协会（IATA，以下简称"国际航协")规则,将货物的体积按一定的比例折合成的重量。换算标准为每6000立方厘米折合1千克。

计费重量一般采用货物的实际毛重与货物的体积重量相比取较高者;但当货物按较高重量分界点的较低运价计算的航空运费较低时,则将此较高重量分界点的货物起始重量作为货物的计费重量(详见后文空运费的计算)。

国际航协规定,国际货物的计费重量以0.5千克为最小单位,重量尾数不足0.5千克的,按0.5千克计算;0.5千克以上不足1千克的,按1千克计算。

当使用同一份运单,收运两件或两件以上可以采用同样种类运价计算运费的货物时,其计费重量规定为:计费重量为货物总的实际毛重与总的体积重量相比取较高者。综上所述,较高重量分界点的重量也可能成为货物的计费重量。

(五)最低运费

最低运费(Minimum Charge),是指一票货物自始发地机场至目的地机场航空运费的最低限额。货物按其适用的航空运价与计费重量计算所得的航空运费,应与货物最低运费相比,取高者。在航空运价表中,最低运费用英文字母"M"表示。

(六)货物航空运价、运费的货币进整

货物航空运价及运费的货币进整,因货币的币种不同而不同。空运货物运价表(The Air Cargo Tariff,TACT)将各国货币的进整单位的规则公布在"TACT Rules"中,详细规则可参考"TACT Rules 5.7.1"中的"Currency Table"。

运费进整时,需将航空运价或运费计算到进整单位的下一位,然后按半数进位法进位,计算所得的航空运价或运费,达到进位单位一半则入,否则舍去。

进整单位的规定主要用于填制航空货运单(AWB)。销售航空货运单时,使用运输始发地货币,按照进整单位的规定计算航空运价及运费。

(七)航空运输业务区域的划分

与其他各种运输方式不同的是,国际航空货物运输中与运费有关的各项规章制度、运费水平都是由国际航协统一协调、制定的。为保证国际航空运输的运营安全,国际民航组织(ICAO)规定各国航空运输企业在技术规范、航行程序、操作规则上的一致性原则,在充分考虑了世界上各个不同国家、地区的社会经济、贸易发展水平后,国际航协将全球分成3个航空运输业务区,称为国际航协交通会议区(IATA traffic conference areas,以下简称"航协区"),以方便各国及地区的航空运输企业之间的运输业务划分与合作。每个航协区内又分成几个亚区(次区)。航协区的划分主要从航空运输业务的角度考虑,依据的是不同地区不同的经济、社会及商业条件,因此和我们熟悉的世界行政区划有所不同。在计算空运价格,特别是等级货物运价时会涉及航协区,因此应对其有所掌握。

1. 一区(TC1),包括北美、中美、南美、格陵兰、百慕大和夏威夷群岛。

2. 二区(TC2),由整个欧洲大陆(包括俄罗斯的欧洲部分)及毗邻岛屿,冰岛、亚速尔群岛,非洲大陆及毗邻岛屿,亚洲的伊朗及伊朗以西地区组成。本区也是和我

们所熟知的政治地理区划差异最多的一个区，主要包括 3 个次区：

（1）非洲次区，含非洲大多数国家及地区，但非洲北部的摩洛哥、阿尔及利亚、突尼斯、埃及和苏丹不包括在内。

（2）欧洲次区，包括欧洲国家和摩洛哥、阿尔及利亚、突尼斯 3 个非洲国家和土耳其（既包括欧洲部分，也包括亚洲部分）。俄罗斯仅包括其欧洲部分。

（3）中东次区，包括巴林、塞浦路斯、埃及、伊朗、伊拉克、以色列、约旦、科威特、黎巴嫩、阿曼、卡塔尔、沙特阿拉伯、苏丹、叙利亚、阿联酋、也门等。

3. 三区（TC3），由整个亚洲大陆及毗邻岛屿（已包括在二区的部分除外）、澳大利亚、新西兰及毗邻岛屿，太平洋岛屿（已包括在一区的部分除外）组成。其中：

（1）南亚次大陆区，包括阿富汗、印度、巴基斯坦、斯里兰卡等南亚国家。

（2）东南亚次区，包括中国（含港、澳、台）、东南亚诸国、蒙古、俄罗斯的亚洲部分及部分独联体国家、密克罗尼西亚等群岛地区。

（3）西南太平洋洲次区，包括澳大利亚、新西兰、所罗门群岛等。

（4）东亚次区，包括日本、朝鲜和韩国。

二、国际航空货运价格体系

（一）国际航空货物运价的种类

目前，国际航空货物运价体系按制定的途径划分，主要分为协议运价和国际航协运价。

1. 协议运价

协议运价是指航空公司与托运人签订协议，托运人保证每年向航空公司交运一定数量的货物，航空公司则向托运人提供一定幅度的运价折扣。

2. 国际航协运价

国际航协运价是指国际航协在空运货物运价表的运价资料上公布的运价。国际航协运价是国际航协通过运价手册向全世界公布的，主要目的是协调各国的货物运价。尽管从实际操作来看，各国从竞争角度考虑，很少有航空公司完全遵照国际航协运价，大多给予了一定的折扣，但国际航协价格仍具有很强的实际应用价值。首先，它把世界上各个城市之间的运价通过手册公布出来，使每个航空公司都能找到一种参照运价来制定本公司的运价；其次，国际航协对特种货物运价进行了分类，航空公司在运输这种货物时一般用国际航协标准运价；最后，这种国际航协运价是在全世界范围内制定的一种标准运价，使得国际航空货物的运输价格有了统一的基准，市场得到了规范。

鉴于以上原因，本书将重点讲述国际航协运价体系，所介绍的航空运价和运费的计算方法也是以国际航协的相关规范为依据。

（二）国际航空货物运价及规则手册

1975 年以前，一些航空公司自行发布运价手册，其中的内容大致相同，但格式却相差甚远。为了减少浪费，并使运价手册更加具有实用性，国际航协决定发布一本通用的运价手册——空运货物运价表。该手册主要分为 3 个部分："TACT Rules""TACT

Rates——North America"" TACT Rates——Worldwide"。其中，"TACT Rules"每年 4 月、12 月出版两期，内容非常全面，包括国际航协在国际运输中的所有规则；"TACT Rates"每两月出版一期，"TACT Rates——North America"包含从北美出发或到北美的运价，"TACT Rates——Worldwide"包含除北美以外的全世界的运价。

（三）国际航协货物运价分类

按照国际航协货物运价公布的形式划分，国际航协货物运价可分为公布直达运价和非公布直达运价，见表 3-5。

表 3-5　航空运价表

国际航协货物运价	公布直达运价（Published through rate）	普通货物运价（General Cargo Rate）
		指定商品运价（Specific Commodity Rate）
		等级货物运价（Commodity Classification Rate）
		集装货物运价（Unit Load Device Rate）
	非公布直达运价（Un-published through rate）	比例运价（Construction Rate）
		分段相加运价（Combination of Rates and Charges）

1. 公布直达运价

公布直达运价是指承运人直接在运价表中公布的从运输始发地至目的地的航空运价，包括普通货物运价、指定商品运价、等级货物运价和集装货物运价 4 种。

2. 非公布直达运价

如果货物运输的始发地至目的地没有公布直达运价，则可以采用比例运价和分段相加运价的方法构成全程直达运价，计算全程运费。

（1）比例运价

参照运价手册上公布的一种不能单独使用的运价附加数（Add on Amount），当货物的始发地与目的地没有公布直达运价时，可采用比例运价与已知的公布直达运价相加构成非公布直达运价。

运价制定的主要依据是航空运输成本和运输距离，因此，空运货物运价表中公布有世界各主要城市间的直达运价，但为了缩短篇幅，未能将所有城市（较小城市）的运价都公布出来。为了弥补这一欠缺，同时也为了方便使用者自行构成运价，国际航协根据运价制定依据，规定了一个运价的比例范围。只要是运输距离在同一个距离的比例范围内（或接近这个范围），就可采用以某一点为运价的组合点，然后用组合点至始发地或目的地的公布运价与组合点至始发地或目的地的比例数相加或相减，构成全程运价。

（2）分段相加运价

对于相同运价种类，当货物运输的始发地至目的地无公布直达运价和比例运价时，只能采用分段相加的办法，组成运输起讫地点间的运价，一般采用最低组合运价。

（四）国际航空货物运价使用的一般规定

1. 使用顺序为优先使用协议运价；如果没有协议运价，使用公布直达运价；如果没有协议运价和公布直达运价，使用比例运价；最后采用分段相加运价（最低组合）。

2. 货物运价应为填开货运单当日，承运人公布的有效货物运价。

3. 货物运价的使用必须严格遵守货运运输路线的方向性，不可反方向使用运价。

4. 使用货物运价时，必须符合货物运价注释中的要求和规定的条件。

5. 指定商品运价与普通货物运价同时公布在"TACT Rates Books"中。等级货物运价计算规则在"TACT Rules"中公布，需结合"TACT Rates Books"一起使用。

三、空运费的计算

（一）基础知识

1. 国际航协运价表中运价的表示

国际航协公布的直达运价的运价结构见表 3-6。

表 3-6　国际航协运价表

Date/Type		Note	Item	Min. Weight	Local Curr.
BEIJING		CN			BJS
Y. RENMINBI		CNY			kgs
TOKYO		JP			
				M	230.00
				N	37.51
				45	28.13
0008	300	18.80			
0300	500	20.61			
1093	100	18.43			
2195	500	18.80			

说明：1. Date/Type——公布运价的生效或失效日期及集装器运价代号。

本栏中若无特殊标记，说明所公布的运价适用于在空运货物运输表有效期内销售的空运单（AWB）。

2. Note——相对应运价的注释，填制货运单时，应严格按照注释所限定的内容执行。

3. Item——指定商品运价的品名编号。

4. Min. Weight——使用相对应运价的最低重量限额。

5. Local Curr.——用运输始发地货币表示的运价或最低运费。

以上运价表为从中国北京至日本东京的运价，以每千克收取若干人民币元来表示。其最低运费为 230 元人民币。普通货物运价为每千克 37.51 元，45 千克以上货物每千克 28.13 元。指定商品（0008、0300 等）若满足最低重量（300 千克、500 千克等），则千克运费分别为 18.80 元、20.61 元等。

2. 空运代理运价表中运价的表示

空运代理发布的运价简表见表 3-7。

表 3-7 北京国际航空货物公布运价表

单位：元/千克

城市名称	M	N	45	100	300	1000
东京	280.00	37.51	28.13	18.80	18.80	18.80
沙迦	380.00	48.64	37.69	32.68	32.68	32.68
台北	280.00	31.32	23.49	23.49	23.49	23.49
悉尼	480.00	54.72	41.04	35.57	32.83	32.83
新加坡	280.00	36.66	27.50	27.50	23.46	23.46

说明：1. M 为最低运价；N 为基础运价；45 为 45 千克以上运价；等等。

2. 每票加 50 元制单费、200 元报关费（不包括燃油费用和战争险费用）。

3. 出口货物需出具货物的一些相关证明和正确货物品名。

4. 核销单一份及货物的发票。

3. 空运单中运费的表示

无论是依据何种运价计算出的运费，最终都需准确地填写在空运单中。现截取一份机器零件空运单的运费部分（见表 3-8）可了解空运单中运费的表示形式。

表 3-8 某机器零件空运单运费表

No. of pieces RCP	Gross weight	kg/ lb	Rate class		Chargeable weight	Rate/ Charge Rate Class	Total	Nature and quantity of goods
1	32.0	k	S	Commodity Item No. N200	32.0	154.94	4958.08	Gold Watch DIMS: 61cm×51cm×42cm

说明：1. Number of piece——货物的件数。

2. Gross Weight——货物的毛重。

3. kg/lb——计量单位。若是千克，则以"k"表示；若是磅，则以"l"表示。

4. Rate Class——计算运费的标准。普通货物 N，指定货物 C，等级货物 S，等等。

5. Commodity Item No.——若采用指定货物时，商品的类号。

6. Chargeable Weight——计费重量（不一定等于货物的毛重或体积折出的重量，详见后述）。

7. Rate/Charge——单位运价。

8. Total——总运费（计费重量×单位运价）。

9. Nature and quantity of goods——品名和货物的总体积。

（二）常用运费计算

1. 普通货物运价

（1）定义、代号及一般规则

普通货物运价（General Cargo Rate，GCR），是指除了等级货物运价和指定商品运价以外的适用于普通货物运输的运价。该运价公布在"TACT Rates Books Section 4"中。

普通货物运价根据货物重量的不同，分为若干个重量等级分界点运价。例如，"N"表示标准普通货物运价（Normal General Cargo Rate），指的是45千克以下的普通货物运价（如无45千克以下运价时，"N"表示100千克以下普通货物运价）。同时，普通货物运价还公布有"Q45""Q100""Q300"等不同重量等级分界点的运价。这里，"Q45"表示45千克以上（包括45千克）普通货物的运价，依此类推。对于45千克以上的不同重量分界点的普通货物运价均用"Q"表示。

用货物的计费重量及其适用的普通货物运价计算而得的航空运费不得低于运价表上公布的航空运费的最低收费标准（用"M"表示）。

在空运单的销售工作中，代号"N""Q""M"主要用于填制货运单运费计算栏中的"Rate Class"一栏。

（2）运费计算

【例3】由北京运往东京一箱服装，毛重31.4千克，体积尺寸为80厘米×70厘米×60厘米，计算该票货物的航空运费。运价表见表3-9。

表3-9　公布运价表（北京—东京）

BEIJING	CN		BJS
Y. RENMINBI	CNY		kgs
TOKYO	JP		
		M	230.00
		N	37.51
		45	28.13

解：

体积＝80×70×60＝336000（立方厘米）

体积重量＝336000÷6000＝56.0（千克）

毛重＝31.4（千克）

计费重量＝56.0（千克）

适用运价＝GCR Q 28.13（元/千克）

航空运费＝56.0×28.13＝1575（元）

【例4】由北京运往新加坡一箱不锈钢水龙头接管，毛重35.6千克，计算其航空运费。运价表见表3-10。

表 3-10 公布运价表（北京—新加坡）

BEIJING	CN		BJS
Y. RENMINBI	CNY		kgs
SINGAPORE	SG		
		M	230. 00
		N	36. 66
		45	27. 50
		300	23. 46

解：

①按实际重量计算。

毛重=35.6（千克）

计费重量=36.0（千克）

适用运价=GCR N 36.66（元/千克）

航空运费=36.0×36.66=1320（元）

②采用较高重量分界点的较低运价计算。

计费重量=45.0（千克）

适用运价=GCR Q 27.50（元/千克）

航空运费=27.50×45.0=1237.50（元）

①与②相较，取运费较低者，即航空运费为 1237.50 元。

【例5】由上海运往大阪一件洗发香波样品 5.3 千克，计算其航空运费。公布运价表见表 3-11。

表 3-11 公布运价表（上海—大阪）

SHANGHAI	CN		SHA
Y. RENMINBI	CNY		kgs
OSAKA	JP		
		M	230. 00
		N	30. 22
		45	22. 71

解：

毛重=5.3（千克）

计费重量=5.5（千克）

适用运价=GCR N 30.22（元/千克）

航空运费=5.5×30.22=166.21（元）

最低运费=230.00（元）

此票货物的航空运费应为 230 元。

2. 指定商品运价

（1）定义及代号

指定商品运价（Specific Commodity Rate，SCR），是指适用于自规定的始发地至规定的目的地运输特定品名货物的运价。通常情况下，指定商品运价低于相应的普通货物运价。就其性质而言，该运价是一种优惠性质的运价。因此，指定商品运价在使用时，对于货物的起讫地点、运价使用期限、货物运价的最低重量起点等均有特定的条件。

使用指定商品运价计算航空运费的货物，其航空货运单的"Rate Class"一栏，用字母"C"表示。

（2）指定商品运价传统的分组和编号

在"TACT Rates Books Section 2"中，货物根据其性质、属性及特点共分为十大组，每一组又分为十个小组。同时，其分组形式用四位阿拉伯数字进行编号，该编号即为指定商品的品名编号。"TACT Rates Books"指定商品大组编号及所属货物类别见表3-12。

表3-12　指定商品大组编号及所属货物类别表

编号	所属货物
0001~0999	Edible animal and vegetable products 可食用动物和植物产品
1000~1999	Live animal and inedible animal and vegetable products 活动物及非食用动物和植物产品
2000~2999	Textile，fiber and manufactures 纺织品、纤维及其制品
3000~3999	Metals and manufactures，excluding machinery，vehicles and electrical equipment 金属及其制品，不包括机器、车辆和电器设备
4000~4999	Machinery，vehicles and manufactures 机器、车辆和电器设备
5000~5999	Non-metallic minerals and manufactures 非金属矿物和产品
6000~6999	Chemicals and related products 化工及有关产品
7000~7999	Paper，reed，rubber and wood manufactures 纸张、芦苇、橡胶和木材制品
8000~8999	Scientific professional and precision instruments apparatus and supplies 科学、专业和精密仪器、器械及配件
9000~9999	Miscellaneous 其他

（3）指定商品运价的使用规则

在使用指定商品运价时，只要所运输的货物满足下述 3 个条件，则运输始发地和运输目的地就可以直接使用指定商品运价：①运输始发地至目的地之间有公布的指定商品运价；②托运人所交运的货物品名与有关指定商品运价的货物品名相吻合；③货物的计费重量满足指定商品运价使用时的最低重量要求。

（4）运费计算

计算步骤：①先查询运价表，如有指定商品代号，则考虑使用指定商品运价；②查找 "TACT Rates Books" 的品名表，找出与运输货物品名相对应的指定商品代号；③如果货物的计费重量超过指定商品运价的最低重量，则优先使用指定商品运价；④如果货物的计费重量没有达到指定商品运价的最低重量，则需要比较计算。

【例 6】由北京运往大阪 20 箱茼蒿共 360 千克，每件体积长、宽、高分别为 60 厘米、45 厘米和 25 厘米，计算航空运费。公布运价见表 3-13。

表 3-13 公布运价表（北京—大阪）

BEIJING			CN			BJS
Y. RENMINBI			CNY			kgs
OSAKA			JP			
				M		230. 00
				N		37. 51
				45		28. 13
0008	300	18. 80				
0300	500	20. 61				
1093	100	18. 43				
2195	500	18. 80				

解：

查 "TACT Rates Books" 的品名表可知，茼蒿可以使用 "0008" 的指定商品运价。由于货主交运的货物重量符合 "0008" 指定商品运价使用时的最低重量要求，运费计算如下。

体积 = 60×45×25×20 = 1350000（立方厘米）

体积重量 = 1350000÷6000 = 225（千克）

计费重量 = 360.0（千克）

适用运价 = SCR 0008/Q300 18.80（元/千克）

航空运费 = 360.0×18.80 = 6768（元）

在使用指定商品运价计算运费时，如果其指定商品运价直接使用的条件不能完全满足，例如，货物的计费重量没有达到指定商品运价使用的最低重量要求，使得按指定商品运价计得的运费高于按普通货物运价计得的运费时，则按低者收取航空运费。

【例 7】上例中，如果货主交运 10 箱茼蒿，毛重为 180 千克，计算其航空运费。

解：

①按指定商品运价使用规则计算。

毛重 = 180.0（千克）

计费重量 = 300.0（千克）

适用运价 = SCR0008/Q300 18.80（元/千克）

航空运费 = 300.0×18.80 = 5640（元）

②按普通运价使用规则计算。

毛重 = 180.0（千克）

计费重量 = 180.0（千克）

适用运价 = GCR/Q45 28.13（元/千克）

航空运费 = 180.0×28.13 = 5063（元）

①与②相较，取运费较低者，即航空运费为 5063.40 元。

【例 8】上例中，如果货主交运 2 箱茼蒿，毛重为 36 千克，计算其航空运费。

解：

由于货物计费重量仅 36 千克，而指定商品运价最低重量要求 300 千克，因此采用普通货物运价计算，求得较低运费。

① 按 GCR 运价计算运费。

毛重 = 36.0（千克）

计费重量 = 36.0（千克）

适用运价 = GCR/N 37.51（元/千克）

航空运费 = 36.0×37.51 = 1350（元）

② 按 Q45 运价计算运费。

毛重 = 36.0（千克）

计费重量 = 45.0（千克）

适用运价 = GCR/Q45 28.13（元/千克）

航空运费 = 45.0×28.13 = 1266（元）

①与②相较，取运费较低者，即航空运费为 1266 元。

3. 等级货物运价

等级货物运价（Commodity Classification Rates，CCR），是指在规定的业务区内或业务区之间运输特别指定的等级货物的运价。

国际航协规则规定，等级货物包括以下各种货物：活动物，贵重货物，书报杂志类货物，作为货物运输的行李，灵柩、骨灰，汽车等。

等级货物运价以在普通货物运价基础上附加或附减一定百分比的形式表示，附加或附减规则公布在"TACT Rules"中，运价的使用须结合"TACT Rates Books"一同使用。

通常，附加或不附加也不附减的等级货物用代号"S"（Surcharged Class Rate，S）表示；附减的等级货物用代号"R"（Reduced Class Rate，R）表示。

下述两种等级货物运价均为运输始发地至运输目的地之间公布的直达运价，并且可以直接使用该情况下的运价计算。

【例9】从北京运往纽约一只老虎，重270千克，长×宽×高为240厘米×120厘米×60厘米，试计算航空运费，并将其填至运单中的相应位置。公布运价见表3-14。

表3-14 公布运价表（北京—纽约）

BEIJING	CN		BJS
Y. RENMINBI	CNY		kgs
NEWYORK	US		
		M	630.00
		N	64.46
		45	48.34
		100	45.19
		300	41.86

解：

查活动物运价表可知，从北京运往纽约，属于自三区运往一区，运价的构成形式是110% of Applicable GCR，运费计算如下。

毛重=270.0（千克）

体积=240×120×60=1728000（立方厘米）

体积重量=1728000÷6000=288.0（千克）

适用运价=S110% of Applicable GCR=110%×45.19=49.71（元/千克）

航空运费=288.0 × 49.71=14316（元）

由于重量接近下一个较高重量点300千克，运费计算如下。

计费重量=300.0（千克）

适用运价=S110% of Applicable GCR=110%×41.86=46.05（元/千克）

航空运费=300×46.05=13815（元）

取此较低运费，并填至运费表中（见表3-15）。

表3-15 运费表

No. of pieces RCP	Gross weight	kg/ lb	Rate Class		Chargeable Weight	Rate/ Charge Rate Class	Total	Nature and quantity of goods
1	270.0	k	S	Commodity Item No. Q110	300.0	46.05	13815.0	Tiger DIMS： 240cm×120cm×60cm

【例10】从北京运往罗马一批图书，计20箱，毛重980千克，尺寸为70厘米×50厘米×40厘米，试计算运费。公布运价表见表3-16。

表 3-16 公布运价表（北京—罗马）

BEIJING	CN		BJS
Y. RENMINBI	CNY		kgs
ROME	IT		
		M	320.00
		N	45.72
		45	37.98
		100	36.00
		500	31.26
		1000	28.71

解：

查找书报杂志类货物运价表可知，从北京运往罗马，属于自三区运往二区，运价的构成形式是 50% of the Normal GCR，运费计算如下。

体积＝70×50×40×20＝2800000（立方厘米）

体积重量＝2800000÷6000＝466.67（千克）

计费重量＝980.0（千克）

适用运价：R 50% of the Normal GCR＝50%×45.72＝22.86（元/千克）

航空运费＝980.0×22.86＝22403（元）

（三）各种计价法的使用顺序

在相同运价种类、相同航程、相同承运人的条件下，公布直达运价应按下列顺序使用：

1. 优先使用指定商品运价。如果指定商品运价条件不完全满足，则可以使用等级货物运价和普通货物运价。

2. 其次使用等级货物运价。等级货物运价优先于普通货物运价使用。

（1）如果货物可以按指定商品运价计费，但又因其重量未满足指定商品运价的最低重量要求，则用指定商品运价计费与普通货物运价计费的结果相比较，取低者；如果该指定商品同时又属于附加的等级货物，则只允许采用附加的等级货物运价和指定商品运价的计费结果比较，取低者，不能与普通货物运价比较。

（2）如果货物属于附减的等级货物，即书报杂志类货物、作为货物运输的行李等，其等级货物运价计费结果则可以与普通货物运价计费的结果相比较，取低者。

（3）如果货物无法满足使用指定商品运价和等级货物运价计费的条件，则依据普通货物运价计算运费。

（四）其他费用

1. 货运单费

货运单费（Documentation Charges），又称"航空货运单工本费"，此项费用为填制航空货运单的费用。航空公司或其代理人销售或填制货运单时，该费用包括逐项逐笔填制货运单的成本。对于航空货运单工本费，各国的收费水平不尽相同，依 "TACT Rules 4.4" 及各航空公司的具体规定来操作。货运单费应填制在货运单的 "其他费用" 一栏中，用两字代码 "AW"（Air Waybill）表示。根据《关于统一国际航空运输某些规则的公约》（以下简称《华沙公约》）等有关公约，国际上多数 IATA 航空公司做如下规定：

（1）由航空公司来销售或填制航空货运单的，此项费用归出票航空公司（Issuing Carrier）所有，用 "AWC" 表示；

（2）由航空公司的代理人销售或填制航空货运单的，此项费用归销售代理人所有，用 "AWA" 表示。

中国民航各航空公司规定，无论航空货运单是由航空公司销售还是由代理人销售，填制时，货运单中 "其他费用（Other Charges）" 一栏均用 "AWC" 表示，意为此项费用归出票航空公司所有。

2. 垫付款和垫付费

（1）垫付款

垫付款（Disbursements），是指在始发地机场收运一票货物时所发生的 "其他费用" 到付。这部分费用仅限于货物地面运输费、清关处理费和货运单工本费。

此项费用需按不同 "其他费用" 的种类代号、费用归属代号（A 或 C）及费用金额一并填入货运单的 "其他费用" 一栏。例如，"AWA" 表示代理人填制的货运单费；"CHA" 表示代理人代替办理始发地清关处理费；"SUA" 表示代理人将货物运输到始发地机场的地面运输费。

（2）垫付费

垫付费（Disbursements Fees），是指依据垫付款的数额而确定的费用。垫付费的费用代码为 "DB"，按 "TACT Rules" 规定，该费用归出票航空公司所有。在货运单的 "其他费用" 栏中，此项费用应表示为 "DBC"。

垫付费的计算公式为：

垫付费＝垫付款×10%

但每一票货物的垫付费不得低于 20 美元或等值货币。

3. 危险品处理费

国际航空货物运输中，对于收运的危险品货物，除按危险品规则收运并收取航空运费外，还应收取危险货物处理费（Charges for Shipments of Dangerous Goods-Handling），该费用必须填制在货运单中 "其他费用" 栏内，用 "RA" 表示费用种类。"TACT Rules" 规定，危险品处理费归出票航空公司所有。在货运单中，危险品处理费表示为 "RAC"。

自中国至 IATA 业务一区、二区、三区，每票货物的最低收费标准均为 400 元人民币。

4. 运费到付货物手续费

国际货物运输中，当货物的航空运费及其他费用到付时，在目的地的收货人，除支付货物的航空运费和其他费用外，还应支付到付货物手续费（Charges Collect Fee,

又称"CC Fee"）。

此项费用由最后一个承运航空公司收取，并归其所有。一般到付货物手续费的收取，采用目的站开具专门发票的形式，但也可以使用货运单。

对于运至中国的运费到付货物，到付运费手续费的计算公式及标准如下：

到付运费手续费＝（货物的航空运费＋声明价值附加费）×2%

各个国家到付货物手续费的收费标准不同。在中国，最低收费标准为 100 元人民币。

5. 声明价值附加费

当托运人托运的货物，毛重每千克价值超过 20 美元或其等值货币时，可以办理货物声明价值，托运人办理声明价值必须是一票货运单上的全部货物，不得分批或者部分办理。托运人办理货物声明价值时，应按照规定向承运人支付声明价值附加费。

声明价值附加费的计算公式为：

声明价值附加费＝（货物价值−货物毛重×20 美元/千克）×声明价值附加费的费率

其中，20 美元应折算为当地货币。

声明价值附加费的费率通常为 0.5%。大多数航空公司在规定声明价值附加费率的同时，还要规定声明价值附加费的最低收费标准。如果根据上述公式计算出来的声明价值附加费低于航空公司的最低标准，则托运人要按照航空公司的最低标准缴纳声明价值附加费。

◇ **同步练习**

1. 出口某商品 10 公吨，400 箱装，每箱毛重 25 千克，体积为 20 厘米×30 厘米×40 厘米，单价 CFR 马赛每箱 55 美元，查表知该货为 8 级，计费标准为 W/M，每运费吨运费 80 美元，另征收转船附加费 20%，燃油附加费 10%。试计算应收运费（外汇牌价，100 美元＝656 人民币）。

2. 某公司出口一批商品共 1000 公吨，出口价格为每公吨 2000 美元 CIF 某某港，客户现要求改报 FOBC5% 上海价。查该商品总毛重为 1200 公吨，总体积为 1100 立方米，海运运费按 W/M 计收，每运费吨基本运费率为 120 美元，港口附加费 15%，原报价的保险金额按 CIF 价另加成 10%，保险险别为一切险，保险费率为 1%，求该批商品的 FOBC5% 上海价。

3. 某公司空运出口一批商品（普货）共计 115 箱，每箱重 15 千克，体积为 40 厘米×44 厘米×60 厘米，从北京运往美国迈阿密。问该批货物的空运运费为多少？（设 M 为 11.81 美元，N 为 28.65 美元；Q 为 21.62 美元；100 千克为 18.82 美元；500 千克为 15.35 美元；1000 千克为 15.00 美元；2000 千克为 14.60 美元）

操作岗

CAOZUOGANG

销售岗同客户签订委托代理协议后，有关货运的具体安排与协调将由操作岗完成。操作部门是业务的服务平台，其作用十分重要。一个国际货运代理公司业务的发展及稳定性主要体现在操作岗的工作质量上。良好的操作会起到维护客户、吸引客户的作用。除熟练的业务操作外，操作员还应具有良好的沟通、协调及应变能力。

第四章　预备知识：集装箱

DI-SI ZHANG YUBEI ZHISHI：JIZHUANGXIANG

◇ **知识目标**

了解常见的集装箱种类。

熟悉集装箱交接方式与地点。

掌握常用集装箱规格与载重量及箱容积。

◇ **能力目标**

能够根据货物性质与货量，正确选择集装箱。

掌握集装箱装箱技巧。

集装箱的出现，大大提高了货物装卸与运输的效率，为货物运输，特别是国际货物运输带来了一场革命。基础设施、运输工具、国际贸易惯例等都因集装箱的出现而有所变革。作为一名货运代理从业人员，无论从事何种运输方式的代理业务，集装箱基础知识的掌握都是不可或缺的。

第一节　集装箱运输概述

一、集装箱的含义

集装箱（Container）是一种货物运输设备，便于使用机械装卸，可长期反复使用，也称作"货箱"或"货柜"。用于货物运输的集装箱应具备以下几个条件：

1. 全部或局部封闭，构成一个装货用的仓；
2. 足够坚固，可供反复使用；
3. 具有特别设计，便于使用一种或一种以上运输方式载运货物，且无须中途重装；
4. 其设计是为了易于装卸，特别是从一种运输方式换至另一种运输方式的时候；
5. 其设计是为了易于装满和卸空货物；
6. 内部容积为 1 立方米或 1 立方米以上。

二、集装箱运输

在集装箱运输出现之前，海洋运输的货物都是先装进麻袋、木箱或纸箱中，然后在码头上将一箱箱或一袋袋的货物搬进一个大钢丝网兜中，用岸上的吊杆或船上的吊杆吊进船舱内，再由守候在舱底的装卸工人把它们一一搬出网兜，整齐地摆放在船舱内。这种原始装卸方式存在着装卸效率低、货损货差大等显而易见的弊端。

集装箱的大量运用始于越南战争。当时美国人用集装箱大量运输作战物资，效果甚佳。1966 年，美国海陆公司（Sealand）在北大西洋航线上开始使用改装的集装箱船"Fairland"号，为集装箱直达联运的历史翻开了崭新的一页。

与传统方式相比，集装箱运输有着明显的优势：

1. 装卸效率高。普通货船装卸，一般每小时为 35 公吨左右，而集装箱装卸，每小时可达 400 公吨左右，装卸效率大幅度提高。同时，由于集装箱装卸机械化程度很高，每班组所需的装卸工人很少，平均每个工人的劳动生产率大大提高。

2. 货损货差率低。集装箱本身就是一个坚固的包装。货物装箱并铅封后，途中无须拆箱倒载，一票到底，即使经过长途运输或多次换装，也不易损坏箱内货物。集装箱运输可减少被盗、潮湿、污损等引起的货损和货差，深受货主和船公司的欢迎。

3. 简化包装，大量节约包装费用。在长途运输中，为避免货物在运输途中受到损坏，必须有坚固的包装。而集装箱具有坚固、密封的特点，其本身就是一种极好的包装。使用集装箱可以简化包装，有的甚至无须包装，实现件杂货无包装运输，可大大地节约包装费用。

4. 减少营运费用，降低运输成本。由于集装箱的装卸基本不受恶劣气候的影响，船舶非生产性停泊时间缩短，又由于装卸效率高，装卸时间缩短，对船公司而言，可提高航行率，降低船舶运输成本，对港口而言，可以提高泊位通过能力，从而提高吞吐量，增加收入。

集装箱运输也不是完美无缺的。例如，每次卸货拆箱后，承运人所属箱子必须收回，但在装货港和卸货港货物流量不平衡的情况下，船公司不得不将所属空箱调回，这大大增加了成本。另外，如果集装箱的调度调配不当，也会造成集装箱在某地的积压，产生大量的堆存费。

但总体来说，集装箱运输利大于弊，优势比较明显。如今，集装箱运输在全球范围内被广泛使用，成为货物流通的重要手段。

第二节　集装箱基本知识

一、集装箱的结构

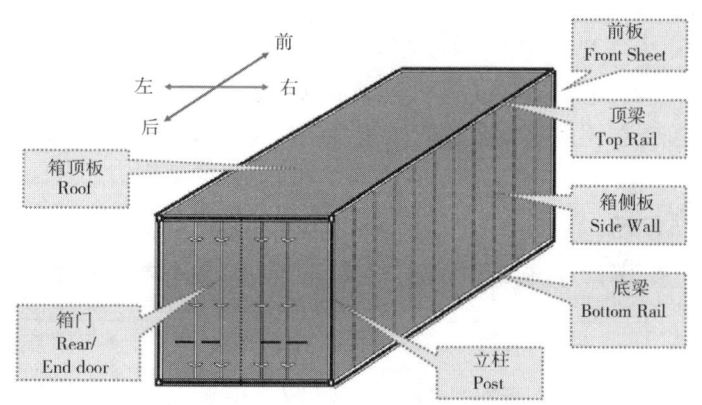

图 4-1　集装箱结构图示 1

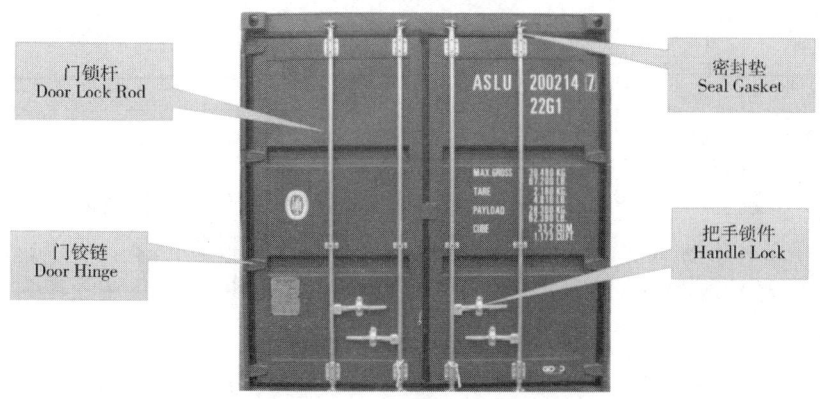

图 4-2　集装箱结构图示 2

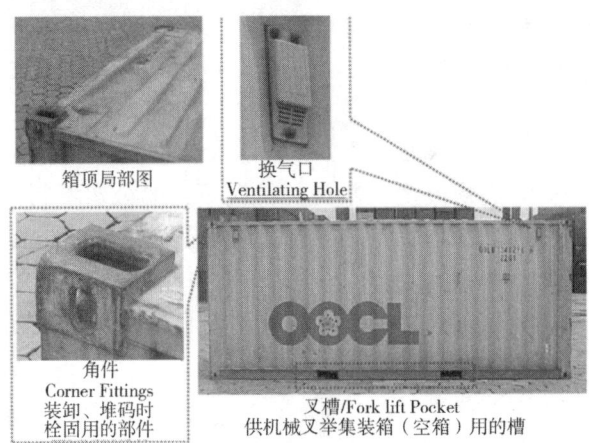

图 4-3 集装箱结构图示 3

二、集装箱的标准

1. 外尺寸为 20 英尺×8 英尺×8 英尺 6 英寸，简称"20 尺货柜"或"20′GP"（General Purpose）。

2. 外尺寸为 40 英尺×8 英尺×8 英尺 6 英寸，简称"40 尺货柜"或"40′GP"。

3. 外尺寸为 40 英尺×8 英尺×9 英尺 6 英寸，简称"40 尺高柜"或"40′HC"（High Cube），亦根据读音简写为 HQ。

集装箱内容积及配货毛重与体积参考值见表 4-1。该数据为安全保守数值，实际装货时可能会略高于此。

表 4-1 集装箱内容积及配货毛重与体积参考值一览表

箱型	内容积	配货毛重	配货尺码
20 尺货柜	5.69 米×2.13 米×2.18 米	17.5 公吨	25 立方米
40 尺货柜	11.8 米×2.13 米×2.18 米	25 公吨	55 立方米
40 尺高柜	11.8 米×2.13 米×2.72 米	25 公吨	68 立方米
45 尺高柜	13.58 米×2.34 米×2.72 米	29 公吨	86 立方米
20 尺开顶柜	5.89 米×2.32 米×2.31 米	20 公吨	31.5 立方米
40 尺开顶柜	12.01 米×2.33 米×2.15 米	30.4 公吨	65 立方米

国际上，常用"TEU"作为表示船舶装载集装箱的能力或集装箱港口的吞吐量的单位。所谓 TEU（Twenty feet Equivalent Units），中译为国际标准集装箱单位，即把一个 20 英尺的普通集装箱作为一个单位（1 个 TEU），一个 40 英尺集装箱作为两个单位（2 个 TEU）来计算。

三、集装箱的种类

1. 通用集装箱，也称干货集装箱（Dry Cargo Container）。以装运件杂货为主，通常用来装运文体用品、日用百货、医药、纺织品、工艺品、化工制品、五金交电、电子机械、仪器及机器零件等。这种集装箱占集装箱总数的70%~80%，见图4-4。

图4-4 通用集装箱

2. 冷藏集装箱（Refrigerated Container）。专为运输要求保持一定温度的冷冻货物或低温货物而设计的集装箱。它分为带有冷冻机的内藏式机械冷藏集装箱和不带冷冻机的外置式机械冷藏集装箱，适用装载肉类、水果等货物。冷藏集装箱造价较高，营运费用较高，使用中应注意冷冻装置的技术状态及箱内货物所需的温度，见图4-5。

图4-5 冷藏集装箱

3. 散货集装箱（Solid Bulk Container）。除了有箱门外，在箱顶部还设有2~3个装货口，适用于装载粉状或粒状货物。使用时要注意保持箱内清洁干净，两侧保持光滑，便于货物从箱门卸货，见图4-6。

图4-6 散货集装箱

4. 开顶集装箱（Open Top Container）。也称敞顶集装箱，是一种没有刚性箱顶的集装箱，但有可折式顶梁支撑的帆布、塑料布或涂塑布制成的顶篷，其他构件与干货集装箱类似。开顶集装箱适于装载较高的大型货物和需吊装的重货，见图4-7。

图 4-7　开顶集装箱

5. 框架集装箱（Flat Rack Container）。没有箱顶和侧壁，甚至有的连端壁也去掉，只有底板和四个角柱。这种集装箱有很多类型。它们的主要特点是：为了保持其纵向强度，箱底较厚。箱底的强度比普通集装箱大，而其内部高度则比一般集装箱低。在下侧梁和角柱上设有系环，可把装载的货物系紧。框架式集装箱没有水密性，怕水湿的货物不能装运，适合装载形状不一的货物，见图 4-8。

图 4-8　框架集装箱

6. 罐装集装箱（Tank Container）。一种专为装运液体货物如酒类、油类及液状化工品等而设计的集装箱。它由罐体和箱体框架两部分组成，装货时货物由罐顶部装货孔进入，卸货时则由排货孔流出或从顶部装货孔吸出，见图 4-9。

图 4-9　罐装集装箱

7. 挂式集装箱（Dress Hanger Container）。顶部有一排排的横杆，适合于挂装服装类商品，避免褶皱，见图 4-10。

图4-10　挂式集装箱

四、集装箱的标记

为了便于在流通和使用中识别和管理集装箱，便于单据编制和信息传输，集装箱上都印有标记。国际标准化组织还专门制定了集装箱标记的标准，即《集装箱的代号、识别和标记》〔ISO6346-1981（E）〕。国际标准化组织规定的标记有必备标记和自选标记两类，每一类标记中又分识别标记和作业标记，见图4-11。

图4-11　集装箱的标记

1. 集装箱第一组标记，即集装箱箱号，如："TTNU3555551"。

其中，4个英文字母的前3个字母是箱主（船公司、租箱公司）代码，由箱主自己规定，并向国际集装箱局登记，例如，中远是"CBH"，弘信是"TGH"。第四位"U"代表海运集装箱。再后面的6位阿拉伯数字是集装箱的编号，通常1和9开头的集装箱是特种箱，数字4、7、8开头的是大柜，2、3开头的是小柜。箱号中最后一个数字是集装箱的识别码（核对数），用于计算机核对箱主号与顺序号记录的正确性，一般位于顺序号之后，用1位阿拉伯数字表示，并加方框以显得醒目。

2. 集装箱第二组标记为"国籍代号+尺寸代号+箱型代号"。

国籍代号由3位拉丁字母表示，说明集装箱登记国，如"RCX"为中国。

尺寸类型代码，如22××（22为尺寸代号，××为箱型代号）：

集装箱尺寸代码中第一个字符表示箱长，其中10英尺箱长代号为"1"；20英尺箱长代号为"2"；30英尺箱长代号为"3"；40英尺箱长代号为"4"。特殊箱长的集装箱用英文字母表示。

第二个字符表示箱宽与箱高。在标准宽度为8英尺（2.44米/2438毫米）的情况下，如果箱高为 8 英尺高，那么代号为 "0"；8 英尺 6 英寸高，代号为 "2"；9 英尺高，代号为 "4"；9 英尺 6 英寸高，代号为 "5"；高于 9 英尺 6 英寸，代号为 "6"；半高箱（箱高 4 英尺 3 英寸），代号为 "8"；低于 4 英尺，代号为 "9"。此外，用英文字母反映箱宽不是 8 英尺的特殊宽度集装箱。

关于箱型代号，1995 年，ISO/DIS 将数字型表示为字母型，用一个大写字母加一个数字来表示，现在一般都建议使用 1995 年的版本。例如，22G1 指箱长为 20 英尺（6068 毫米），箱宽为 8 英尺（2438 毫米）和箱高为 8 英尺 6 英寸（2591 毫米），上方有透气罩的通用集装箱。

集装箱箱型代号见表 4-2。

表 4-2　集装箱箱型代号表

代号	类型	类型组号	主要特征	箱型代号
G	通用集装箱	GP	一端或两端有箱门	G0
			货物的上方有透气罩	G1
			一端或两端设有箱门，且在一侧或两端设 "全开式" 箱门	G2
			一端或两端设有箱门，且在一侧或两端设 "局部" 箱门	G3
V	通风式集装箱	VH	无机械排风装置，但上下两侧设有通风窗	V0
			箱内设有机械式通风装置	V2
			外置式机械通风装置	V4
B	干散货集装箱	BU	封闭式	B0
			气密式	B1
			备用号	B2
		BX	水平方向卸货，试验压力 150 千帕	B3
			水平方向卸货，试验压力 265 千帕	B4
			倾斜卸货，试验压力 150 千帕	B5
			倾斜卸货，试验压力 265 千帕	B6
S	以货物种类命名的集装箱	SN	牲畜集装箱	S0
			汽车集装箱	S1
			活鱼集装箱	S2

表4-2 续1

代号	类型	类型组号	主要特征	箱型代号
R	保温集装箱—冷藏	RE	机械制冷	R0
	保温集装箱—冷藏/加热	RT	机械制冷/加热	R1
	保温集装箱—自备D动力的冷藏/加热	RS	机械制冷	R2
			机械制冷/加热	R3
H	保温集装箱	HR	设备置于箱体外部，传热系统 k=0.4w/（m²k）	H0
			设备置于箱体内部	H1
			设备置于箱体外部，传热系统 k=0.7w/（m²k）	H2
		HI	具有隔热性能，传热系统 k=0.4w/（m²k）	H5
			具有隔热性能，传热系统 k=0.7w/（m²k）	H6
U	敞顶集装箱	UT	一端或两端开门	U0
			一端或两端开门，加上端框架顶梁可拆卸	U1
			一端或两端开门，加上一侧或两侧开门	U2
			一端或两端开门，加上一侧或两侧开门，加上端框架顶梁可拆卸	U3
			一端或两端开门，加上一侧局部敞开和另一侧全部敞开	U4
			完全敞顶，带固定侧壁和断壁（无门）	U5
P	台架式集装箱	PL	平台集装箱	P0
			有两个完整和固定的端板	P1
		PF	有固定角柱，带有活动侧柱或可拆卸顶梁	P2
		PC	有折叠完整的端结构	P3
			有折叠角柱，带有活动侧柱或可拆卸顶梁	P4
		PS	顶部和端部敞开（骨架式）	P5

表4-2　续2

代号	类型	类型组号	主要特征	箱型代号
T	罐式集装箱	TN	最低试验压力 45 千帕	T0
			最低试验压力 150 千帕	T1
			最低试验压力 26545 千帕	T2
		TD	最低试验压力 150 帕	T3
			最低试验压力 265 帕	T4
			最低试验压力 400 帕	T5
			最低试验压力 600 帕	T6
		TG	最低试验压力 900 帕	T7
			最低试验压力 2200 千帕	T8

常用集装箱尺寸类型代码见表4-3。

表4-3　常用集装箱尺寸类型代码表

尺寸	箱型	对应类型（总代码）	95 代码
20 英尺	干货箱	GP	22G1
	干货高箱	GH（HC，HQ）	25G1
	挂衣箱	HT	22V1
	开顶箱	UT	2ZU1
	冷冻箱	RF	2ZR1
	冷高箱	RH	25R1
	油罐箱	TK	22T1
	框架箱	FR	22P1
40 英尺	干货箱	GP	42G1
	干货高箱	GH（HQ）	45G1
	挂衣箱	HT	4ZV1
	开顶箱	OT	42U1
	冷冻箱	RF	42R1
	冷高箱	RH	45R1
	油罐箱	TK	4ZT1
	框架箱	FR	42P1

3. 集装箱第三组标记为最大总重和自重。

最大总重（Max Gross），又称"额定重量"，用千克（kg）和磅（lb）同时标出。其中：

最大总重（Max Gross）＝集装箱的自重（Tare Weight）＋最大允许载货量

例：

CCLU6063395/40′HQ

45G1

MAX. GR	30480kgs
	67200lbs
TARE	3950kgs
	8710lbs
NET	26530kg
	58490lbs
CU. CAP	76. 2CU. M
	2690CU. FT

上述标记要具有耐久性，其颜色应与集装箱门颜色有明显的不同。主要船公司使用的集装箱前缀见表4-4。

表4-4 主要船公司使用集装箱前缀一览表

船公司	集装箱箱号前缀
北欧亚货柜航运有限公司	NORU
日本川崎	KLEU，KLGU
地中海航运	MSCU
东方海外	OOCU，OOLU
俄罗斯远东海洋轮船公司	FESU
达飞海运	CMAU，CMCU
高丽海运	KMTU
赫伯罗特	HPLU
宏海箱运	RCLU
立荣海运股份有限公司	UNLU，UNGU
马士基航运公司	MAEU，MASU，MARU
日本邮船株式会社	NYKU
太平船务	PILU
铁行轮船公司	POLU
万海航运	WHLU

表4-4 续

船公司	集装箱箱号前缀
现代商船	HYNU，HYGU
烟台国际海运公司	SYMS
阳明海运	YWLU，YMGU
以星航运	ZIMU，ZCSU
意大利邮轮	LTLU
正利航业股份有限公司	CNCU
中远集团	COSU，CBHU
公共租箱公司	集装箱箱号前缀
Amficon	AMFU
Bridgehead Container	BHCU
Carlisle	CRLU
Cronos	CRXU，HNPU，IATU，ICSZ ，IEAU，INNU，ITLU，LPIU
Florens	FBLU，FSCU
Gateway Containers	GATU
Gold Container Corp.	GLDU，GRDU，SLMU，TECU
Textainer	MLCU，PRSU，TEXU TGHU，WCIU，XTRU
Tip International	CRMU，GCEU
Transamerica	ICSU，NSIU，TOLU，TPHU，TRLU，TRZU
Triton	TRIU，TTNU，UXXU

第三节 集装箱货物的交接

一、常用概念

（一）整箱货与拼箱货

集装箱运输货物有整箱货与拼箱货之分。对此概念可从两个方面理解：从收发货人角度理解，所谓整箱货（Full Container Load，FCL）即指集装箱内的货物为一个货主所有；而拼箱货（Less Than Container Load ，LCL）是指两个及以上的货主各自不足一个整箱的货物拼装在一个集装箱内。

从承运人角度看整箱货与拼箱货，更注重于责任的划分，其定义如下：

1. 整箱货，指由货方负责装箱和计数，填写装箱单并加封志的集装箱货物。整箱货通常只有一个发货人和一个收货人。

承运人对于整箱货以箱为交接单位。只要集装箱外表与收箱时相似和铅封完整，承运人就完成了承运工作。国际公约及各国海商法没有整箱货交接的特别规定，而承运人通常根据提单正面和背面的印刷条款及提单正面的附加条款，承担在箱体完好和封志完整的状况下接受并在相同状况下交付整箱货的责任。

对整箱货，承运人通常在提单正面加有"said to contain"或"shipper's load and count and seal"等免责条款。

2. 拼箱货，指由承运人的集装箱货运站负责装箱和计数，填写装箱单，并加封志的集装箱货物。通常每一票货物的数量较少，因此装载拼箱货的集装箱内的货物会涉及多个发货人和收货人。承运人负责在箱内每件货物外表状况明细良好的情况下接受并在相同状况下交付拼箱货。

接受客户尺码或重量达不到整箱要求的小批量货物，把不同的收货人、同一卸货港的货物集中起来，拼成一个20英尺或40英尺整箱，这种做法称为"集拼"（Consolidation，简称"Consol"），承办者称为"集拼人"（Consolidator）。

（二）集装箱堆场（Container Yard）

集装箱堆场，即交接和保管空箱和重箱的场所，也是集装箱换装运输工具的场所。可细分如下：

1. 集装箱前方堆场（见图4-12），即在集装箱码头前方，为加速船舶装卸作业，暂时堆放集装箱的场地。其作用是当集装箱船到港前，有计划、有次序地按积载要求将出口集装箱整齐地集中堆放，卸船时将进口集装箱暂时堆放在码头前方，以加速船舶装卸作业。

图4-12 集装箱前方堆场

2. 集装箱后方堆场（见图4-13），即集装箱重箱或空箱进行交接、保管和堆存的场所。有些国家（地区）对集装箱堆场并不分前方堆场或后方堆场，统称为"堆场"。集装箱后方堆场是集装箱装卸区的组成部分，是集装箱运输"场到场"交接方式的整箱货办理交接的场所。

图 4-13　集装箱后方堆场

3. 集装箱空箱堆场（见图 4-14），即专门办理空箱收集、保管、堆存或交接的场地。它是专为集装箱装卸区或转运站堆场不足而设立。这种堆场不办理重箱或货物交接。它可以单独经营，也可以由集装箱装卸区在区外另设。在某些国家经营这种空箱堆场时，需向航运公会声明。

图 4-14　集装箱空箱堆场

（三）集装箱货运站（Container Freight Station）

集装箱货运站是拼箱货交接和保管的场所，也是拼箱货装箱和拆箱的场所，一般应具备设施完善的库房和装卸设备。集装箱堆场和货运站也可以同处于一处，见图4-15。

图 4-15　集装箱货运站

二、集装箱货物的交接方式与地点

在集装箱货物的流转过程中，流转形态分为整箱货（FCL）和拼箱货（LCL），因此货物在起运港和目的港的交接方式通过排列与组合可得出以下4种：

1. 整箱交、整箱接（FCL/FCL）。货主在工厂或仓库把装满货后的整箱交给承运人，收货人在目的地以同样整箱接货，换言之，承运人以整箱为单位负责交接。货物的装箱和拆箱均由货方负责。

2. 拼箱交、拆箱接（LCL/LCL）。货主将不足整箱的小票托运货物在集装箱货运站或内陆转运站交给承运人或其代理人，由后者负责拼箱和装箱。货物运至目的地货运站或内陆转运站后，由承运人负责拆箱，拆箱后，收货人凭单接货。货物的装箱和拆箱均由承运人负责。

3. 整箱交、拆箱接（FCL/LCL）。货主在工厂或仓库把装满货后的整箱交给承运人，在目的地的集装箱货运站或内陆转运站由承运人负责拆箱后，各收货人凭单接货。

4. 拼箱交，整箱接（LCL/FCL）。货主将不足整箱的小票托运货物在集装箱货运站或内陆转运站交给承运人，由承运人分类调整，把同一收货人的货集中拼装成整箱。货物运到目的地后，承运人整箱交，收货人整箱接。

集装箱堆场是交接和保管空箱及重箱的场地，也是集装箱换装运输工具的场所。集装箱货运站是拼箱货物交接和保管的场所，也是拼箱货物装箱和拆箱的场地。此外，为保证整箱货物的装卸安全，通常会将空箱直接调至发货人工厂或仓库进行产地装箱，以及将整箱货物直接送至收货人仓库，即所谓的服务到"门"。

按照整箱货和拼箱货不同的交接地点进行排列组合，集装箱货物交接方式又可以分为以下9种：

1. 门到门（Door to Door）。托运人在工厂和仓库，将由他负责装箱的集装箱交承运人验收，承运人负责将集装箱运至收货人的工厂或仓库交箱。

2. 场到场（CY to CY）。从装箱港的集装箱堆场将箱运至目的港的集装箱堆场交接。

3. 门到场（Door to CY）。从发货人的工厂或仓库，将集装箱运至目的港的集装箱堆场交接。

4. 场到门（CY to Door）。从装箱港的集装箱装卸区的集装箱后方堆场，将集装箱运至收货人的工厂或仓库交接。

5. 站到站（CFS to CFS）。从起运地或装箱港的集装箱货运站，将集装箱运至目的地或卸箱港的集装箱货运站交接。

6. 场到站（CY to CFS）。从装箱港的集装箱堆场，将集装箱运至目的港的集装箱货运站交接。

7. 门到站（Door to CFS）。从发货人的工厂或仓库，将集装箱运至目的地或卸货港的集装箱货运站交接。

8. 站到门（CFS to Door）。从起运地或装箱港的集装箱货运站，将集装箱运至收货人的工厂或仓库交接。

9. 站到场（CFS to CY）。从起运地或装箱港，将集装箱运至目的地或卸货港集装

箱装卸区的集装箱后方堆场交接。

集装箱的交接方式和地点的不同会影响到托运人和承运人的责任与风险点的划分。其中交接方式不同，二者承担的责任不同；交接地点不同，风险划分也不同。

◇ **同步练习**

1. 有一批重货待出运，根据集装箱载重量和内容积，思考一下是安排两个 20 英尺集装箱合适，还是一个 40 英尺集装箱合适？若是泡货呢？

2. 为下列货物选择适宜的集装箱：

（1）货名：塑料制品

数量：400 箱；包装形式：纸板箱；

包装规格：800 毫米×600 毫米×600 毫米；单件毛重：32 千克。

（2）货名：大型设备

数量：6 台；包装形式：裸装；

规格：5620 毫米×2180 毫米×1980 毫米；单件毛重：17.8 吨。

（3）货名：冻牛肉

数量：560 件；包装形式：纸板箱；

规格：400 毫米×300 毫米×300 毫米；单件毛重：27 千克，采用托盘运输，托盘规格为 1000 毫米×1200 毫米；已知托盘的厚度为 20 厘米，托盘堆码极限为 4 层。

3. 通过参观学习，总结集装箱装箱技巧。

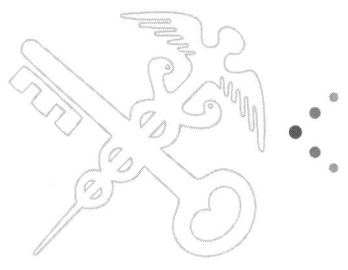

第五章 情境一：玻璃器皿以集装箱班轮出运操作流程

DI-WU ZHANG QINGJING YI：BOLI QIMIN YI JIZHUANGXIANG
BANLUN CHUYUN CAOZUO LIUCHENG

◇ **知识目标**

了解海运出口货物操作规范。

了解货运代理与报关报检之间如何衔接。

◇ **能力目标**

能够读懂班轮公司船期表、运价表。

能够独立完成集装箱验箱。

能够与同事合作，完成海运出口货运代理操作流程，为客户提供优质服务。

◇ **情境设置**

A 物流有限公司①的张小姐进入公司见习 3 个月后进入操作岗位。她接手的第一项业务便是受托将一个 20 英尺货柜的玻璃器皿通过集装箱班轮运往美国纽约港。她该如何操作呢？

第一节 委托代理

天津 B 贸易有限公司有一批玻璃器皿出口至美国，经 A 物流有限公司销售人员前期宣传及报价，B 贸易有限公司拟将出运工作委托给 A 物流有限公司。这天，张小姐接到 B 贸易有限公司李先生的电话，要求其安排尽快出运，并收到李先生通过传真发来的相关单证（见图 5-1、图 5-2）。

天津　　　贸易有限公司

TIANJIN SBORE TRADING CO., LTD

NO. ████████ HEXI DISTRIC TIANJIN, CHINA

Tel : 86-22-88381██ Fax :86-22-88381██

COMMERCIAL INVOICE

To:	F.L. SMIDTH & CO. LTD	Invoice No.:	JP2012-033
	77, VIGERSLEV ALLE, DK-2500,, VALBY	Invoice Date:	Dec. 20th, 2012
	NEW YORK, NY10017, USA	S/C No.:	2012TJP135
		S/C Date:	Oct. 14th, 2012
From:	Tianjin, China	To:	New York, USA
Letter of Credit No.:	JUB-32-45S	Issued By:	

Marks and Numbers	Number and kind of package Description of goods	Quantity	Unit Price	Amount
			CIF NEW YORK	
FLS 971100 NEW YORK 1-500	GLASSWARE ART. NO. TY-0098 2 grosses per carton	1000 GRS	@USD25.20/GRS	USD25,200.00
	TOTAL: 1000 grosses in500 cartons			USD25,200.00

SAY TOTAL:　　SAY US DOLLARS TWENTY FIVE THOUS AND TWO HUNDRED ONLY

TIANJIN ████ TRADING CO., LTD.

GENERAL MANAGER

图 5-1 商业发票

---

① 本书涉及的所有机构名称、人名、电话及数据等系编者虚构，如有雷同，纯属巧合。

天津 ▓▓ 贸易有限公司

TIANJIN ▓▓▓▓ TRADING CO., LTD

NO. ▓▓▓▓▓▓▓▓▓▓ HEXI DISTRIC TIANJIN, CHINA

Tel : 86-22-88381▓▓▓   Fax :86-22-88381▓▓▓

PACKING LIST

To:	F.L. SMIDTH & CO. LTD		Invoice No.:	JP2010-033
	77，VIGERSLEV ALLE, DK-2500,, VALBY		Invoice Date:	Feb. 20th, 2010
	NEW YORK，NY10017，USA		S/C No.:	2010ZHONGJIJP135
			S/C Date:	Jan. 4th, 2010
From:	Xingang, China		**To:**	New York, USA
Letter of Credit No.:	JUB-32-45S		**Date of Shipment:**	Before 31, Dec. 2012

Marks and Numbers	Number and kind of package Description of goods	Quantity	Package	G.W(kgs)	N.W(kgs)	Meas.
FLS 971100 NEW YORK 1-500	GLASSWARE ART. NO. TY-0098 2 GRS Per Carton Totally packed in 500 cartons	1000 GRS	500 CTN	@24/12000	@22/11500	@44X36X33cm
TOTAL:			**500CTNS**	**12000KGS**	**11500KGS**	**26.14CM³**

SAY TOTAL: **PACKED IN FIVE HUNDRED CARTONS ONLY**

TIANJIN ▓▓▓▓ TRADING CO., LTD.

GENERAL MANAGER

图 5-2　装箱单

　　在集装箱班轮货物运输的过程中，货主一般都委托货运代理人为其代理有关的货运业务。

　　这种货运代理关系的建立一般由货主作为委托人提出委托，由货代公司作为代理人接受委托，从而达成双方的委托代理关系。这种代理关系的确定，通常是通过签订一份货运代理委托书来达成的。在双方有长期货运代理业务的基础上，有时也会以托运单、场站收据联单、货物明细表、简易提单，甚至传真或者电子邮件的形式来代替委托书。为了明确双方的委托代理关系，在实际业务操作中，最好以规范的委托书或者合同的形式将双方的关系明确，以防日后发生纠纷时无法分清双方的责任和权利。

　　因此，张小姐通过与李先生沟通联系，办理了这批出口货物托运单（见图5-3）。

天津▊▊物流有限公司
TIANJIN ▊▊▊▊ LOGISTICS CO., LTD

电话: 022-81666▊▊
传真: 0755-81666▊▊
E-mail: XR@▊▊▊▊.COM

出口货物托运单

填制日期： 2012 年 12 月 2 日

SHIPPER： TIANJIN ▊▊▊▊ TRADING CO. LTD. NO. 1008 WEST BEIJING ROAD, HEXI DISTRIC TIANJIN, CHINA TEL: 022-88381▊▊ FAX:88381▊▊	托运条款：1. 货物的各项资料，包括唛码、件数、货名、重量、尺码、运输条款等由托运人认真填写，并对其填写的内容准确性负责。2. 运费与附加费栏，按双方协定的金额填写。3. 货物可否转船，不填写的，一律视做可转船；运费预付/到付栏不填的，一律视做预付；运输条款不填的，可视做 CY/CY 等条款。4. 特殊柜种托运需填写清楚特殊要求。5. 托运单必须有经办人签名及盖章。6. 货物经订舱后，由于托运单填写错误或资料不全等而产生的一切责任、费用概由托运人承担。7. 托运人填报本托运单，即表示已接受以上条款。
CONSIGNEE： TO ORDER	

NOTIFY PARTY： F.L.SMIDTH & CO.INC 77, VIGERSLEV ALLE, DK-2500, VALBY NEW YORK, NY10017, USA	运输条款：☐ CY/CY ☐ CY/HK ☐ CY/FO ☐ CY/DR ☑ DR/DR ☐ DR/CY
	☑需正本提单 ☐ 电放

VSSEL:	
SHIPPING ORDER:	海运费： ☑ 预付 ☐ 到付
CLOSING DATE:	文件费： 报关费：
LOADING： TIANJIN	
VIA:	电放费： 拖车费：
FINAL DESTIATION： NEW YORK	其他：

标记唛码 Marks & Nos	件数 Packages	货物品名及规格 Description of Goods	箱量 Containers	毛重 G.W (KGS)	尺码 Meas. （CBM）
FLS 971100 NEW YORK 1-500	500CTNS	GLASSWARE TY-0098	1 X 20'	12000	26.14

拖车行名称：	电话：	联系人：

如委托我司拖车、报关，请填写：

装 货 时 间 ： 2012-12-20 装 货 地 点 ： 天 津 市 津 南 开 发 区 ▊▊ 玻 璃 制 品 厂

联系人： ▊▊   电话： 58666▊▊

特别事项：

备注/Note： 美国货物限重：17.2T/20'GP 19.9T/40'GP 19.9T/40'HQ；其他地区限重：21.7T/20'GP 26.6T/40'GP 26.6T/40'HQ

托运人签名和签章：   天津▊▊贸易公司

图 5-3 出口货物托运单

货运代理委托书主要具备两项功能：

1. 它是委托方（货主）与代理方（货代公司）之间的契约文件。

委托方与代理方通常要通过多次口头和书面上的交流沟通之后才能达成一致，此时应该将全部探讨落实的内容写进委托书中，任何一方如有变动应及时通知对方，以免产生不必要的法律后果。双方契约关系的确立以双方单位的签字或盖章为据，使委托书成为有效的法律文件。

2. 它是代理方（货代公司）的工作依据。

委托书中的内容通常包括：

（1）委托单位的名称；

（2）托运货物的内容，包括商品名称、标记、号码、件数、包装、式样、毛重、尺码、价格条件、出口总价等；

（3）装运事项，包括运输起讫地点、可否转船、可否分批、装运期向、信用证有效期限、配船要求等；

（4）提单记载事项，包括提单发货人、收货人、通知人、正本份数、运费预付与到付、信用证规定的某些必要记载的事项、采用正本提单还是电放等；

（5）货物交运日期及交运方式、货物备妥日期；

（6）集装箱运输的有关事项；

（7）集装箱箱型；

（8）集装箱数量；

（9）装箱或提箱要求；

（10）运费结算事项，如外币及人民币结算单位的开户银行、账号；

（11）其他特殊事项，如危险品、冷冻货的特殊说明。

货代公司接到委托方的委托书后，应及时审核，根据要求及时联系有关船公司或其代理人订舱，如某些要求无法达到，应迅速联系委托方，征求意见，以免耽误工作。

第二节　安排订舱

货代公司接受货主委托后，根据委托人期望的出运日期，结合各船公司的船期表，选择承运人及拟订舱的船名航次。下面提供几家船公司的船期表供大家熟悉其格式。

MSC美加航线船期表
MSC Golden Gate Service Shipping Schedule
(pls always refer to remarks underneath & red-color highlighted updates)

November, 2002

Date of update: 21-Oct-02

1st Leg Vessel Name	VOY NO.	Shanghai ETA	Shanghai ETD	Pusan ETA	2nd VESSEL intended	T/S PORT ETD	Los Angeles, CA ETA	Manzanillo ETA	Freeport ETA	Savannah ETA	New York ETA
MSC SARAH 换中海 萨拉	4A	30-Oct	31-Oct		direct service to Los Angeles		20-Nov	24-Nov	1-Dec	2-Dec	4-Dec
MSC REBECCA 换中海 利贝克	216A	6-Nov	7-Nov		direct service to Los Angeles		27-Nov	1-Dec	8-Dec	9-Dec	11-Dec
MSC INGRID 换中海 英格	4A	13-Nov	14-Nov		direct service to Los Angeles		4-Dec	8-Dec	15-Dec	16-Dec	18-Dec
MSC DONATA 换中海 朵娜塔	2A	20-Nov	21-Nov		direct service to Los Angeles		11-Dec	15-Dec	22-Dec	23-Dec	25-Dec
MSC GINA 换中海 吉娜	226A	27-Nov	28-Nov		direct service to Los Angeles		18-Dec	22-Dec	29-Dec	30-Dec	1-Jan

Remarks (备注):

1. Unless otherwise notified, even in case of changes to vessel schedule, normal cut-off closing on 22:00 PM of every Tuesday remains fixed & unchanged
   除非特别通知，以上船期即使有任何变更，截关及截港时间固定为每周二22：00PM。

2. The above schedule is for reference only, and subject to change with/without any prior notice.
   以上船期仅供参考，如有更正请以最新船期为准。

3. Accept ex cargo from Jiangsu include in Nanjing, Nantong and Zhangjiagang VIA Shanghai to above ports.
   要收江苏地区包括南京、南通以及张家港通过上海到以上各港口的货物。

Port of Receiving	VIA	Frequency / Week	Transit time
Nanjing	Shanghai	Mon Tue Wes Fri	2 Days
Nantong	Shanghai	Tue, Thur Sat	1 Day
Zhangjiagang	Shanghai	Mon, Wed Fri	1 Day

图 5-4　美加航线船期表

Last Update Date: 06-Jul-2013

Atlantic Express--ATX

For SI cutoff schedule for sailings from Europe and transit times to/from Baltimore via Norfolk, please see below:

Vessel Name	OOCL KAOHSIUNG	Vessel Name	OOCL ANTWERP	Vessel Name	RIO MADEIRA	Vessel Name	OOCL KUALA LUMPUR
Vessel/Voyage	OKH / 056	Vessel/Voyage	OAW / 052	Vessel/Voyage	RIM / 017	Vessel/Voyage	OKL / 057
Port	Arr--Dep	Port	Arr--Dep	Port	Arr--Dep	Port	Arr--Dep
Rotterdam	10--10 Jun	New York	15--16 Jun	Rotterdam	17--17 Jun	Rotterdam	24--25 Jun
Hamburg	11--12 Jun	Norfolk	17--18 Jun	Hamburg	18--19 Jun	Hamburg	25--26 Jun
Le Havre	14--15 Jun	Savannah	20--20 Jun	Le Havre	21--21 Jun	Le Havre	28--28 Jun
Southampton	15--16 Jun	Charleston	21--21 Jun	Southampton	22--23 Jun	Southampton	29--29 Jun
New York	24--25 Jun	Rotterdam	01--02 Jul	New York	30--01 Jul	New York	08--09 Jul
Norfolk	26--27 Jun			Norfolk	02--03 Jul	Norfolk	10--10 Jul
Charleston	28--28 Jun			Charleston	05--05 Jul	Charleston	12--12 Jul
Rotterdam	08--09 Jul			Rotterdam	15--15 Jul	Rotterdam	22--22 Jul

图 5-5　东方海外船期表

美国总统轮船（中国）有限公司　宁波分公司
APL (China) Co.,Ltd. NingBo Branch

Week	Code	Vessel Name	Voyage Inbound	Voyage Outbound	截港日 Cut-Off Tue	到港日 ETA Thu.	离港日 ETD Fri.	曼萨尼约（巴）MANZANILLO 23 Days	纽约 NEW YORK 28 Days	诺福克 NORFOLK 30 Days	萨凡纳 SAVANNAH 32 Days	杰克逊维尔 JACKSONVILLE 33 Days	迈阿密 MIAMI 34 Days
18	AOM	APL OMAN 美总阿曼	009W	010E	3-May	5-May	6-May	29-May	3-Jun	5-Jun	7-Jun	8-Jun	9-Jun
19	TOU	APL TOURMALINE 美总电气石	064W	065E	10-May	12-May	13-May	5-Jun	10-Jun	12-Jun	14-Jun	15-Jun	16-Jun
20	HDT	HYUNDAI DYNASTY 现代皇朝	016W	017E	17-May	19-May	20-May	12-Jun	17-Jun	19-Jun	21-Jun	22-Jun	23-Jun
21	BEI	APL BEIJING 美总北京	042W	043E	24-May	26-May	27-May	19-Jun	24-Jun	26-Jun	28-Jun	29-Jun	30-Jun
22	HGD	HYUNDAI GOODWILL 现代方善	019W	020E	31-May	2-Jun	3-Jun	26-Jun	1-Jul	3-Jul	5-Jul	6-Jul	7-Jul

NYX - New York Express 美东直航　　　　Terminal: Phase 3　　　Agent: Sinoagent　　　Route

图 5-6　美国总统轮船（中国）有限公司宁波分公司船期表

一般来说，各货代公司多为数家船公司的订舱代理，为查询方便，经常将几家船公司同一航线的船期表合并，制成自己的船期表（见图5-7），供发货人查询。

美加航线（AMERICA-CANA|

船名 VESSEL	航次 VOY	经营人或船东 OPERATOR	截单期 CLD	装期 LDD	开航期 SLD	作业区 STVD	箱位 TEU	神户JPKOB ETA	釜山KRBUS ETA	横滨JPYOK ETA	洛杉矶USLSA ETA	长滩USLGB ETA
洛巴河 LUOBAHE	V.048E	中远集运	1202	1203	1204	外二期	3400			1207		1219
海陆保卫 SEALAND DEFENDER	V.0218	马士基海陆	1128	1204	1204	外二期	1000		1207			1219
中海神户 CSCL KOBE	V.0031E	中海集运	1129	1205	1205	外高桥	2000		1211		1220	
易泽 TRADE ZALE	V.0005E	中外运集运	1125	1203	1204	外二期	2526		1207			1217
地中海蔚山 MSC ULSAN	V.1A	地中海航运	1129	1205	1205	外二期	600		1213	1215	1228	
达飞美摩莎 VILLE DE MIMOSA	V.458W	法国达飞	1201	1207	1207	外二期	600				1222	
凌云河 LING YUN HE	V.042E	中远集运	1206	1207	1207	外二期	3400			1216		
纽波特桥 NEWPORT BRIDGE	V.80E	川崎汽船	1207	1207	1208	宝山集	3456	1210				1221
意宇 LT GLOBE	V.103E	意邮	1208	1208	1208	外二期	1600				1226	
商船三井坚强 MOL STRENGTH	V.018E	商船三井	1203	1209	1209	外二期	1000		1211		1220	
圣巴巴拉 SANTA BARBARA	V.29E50	日本邮船	1203	1209	1209	外一期	900	1212				
聪河 RIVER WISDOM	V.117E	中远集运	1209	1211	1211	外二期	3400			1214		1226
铁行渣华巴伦特斯 P&O NEDLLOYD BARENTSZ	V.19E50	铁行渣华	1205	1211	1211	外一期	900		1213		1224	
海陆创新 SEALAND INNOVATOR	V.0302	海陆	1205	1211	1211	外二期	1000		1214			1226
中海西雅 CSCL SEATTLE	V.0021E	中海集运	1210	1212	1212	外高桥	2000	1218			1227	
易虹 TRADE RAINBOW	V.0005E	中外运集运	1202	1212	1212	外二期	2570	1214			1224	
地中海马里兰 MSC MARYLAND	V.2A	地中海	1206	1212	1212	外二期	600	1220	1222	0104		

图5-7 某货代公司船期信息（节选）

货代公司与委托人就承运人、船期及运费等事宜沟通并达成一致后，便在货物出运之前的一段时间内，填制订舱委托书（简称订舱单，见图5-8），向船公司或其代理人申请订舱。

出口货物订舱委托书

装运港:TIANJIN		目的港:NEW YORK	合同号：	国别: USA
唛头及号码	**件数及包装**	**货名及型号**	**重量（千克）**	**体积（CBM）**
	500 箱	GLASSWARE TY-0098 玻璃器皿	12000	26.14

SHIPPER:	需正本提单3 份 副本3 份
TIANJIN ████ ███ TRADING CO. LTD. NO. 1008 WEST BEIJING ROAD, HEXI DISTRIC TIANJIN, CHINA	信用证号： 核销单号 可否转船：可 可否分批：否 装期：2012 年12 月25 日前
CONSIGNEE: TO ORDER	箱量 volume 20'（ 1 ） 40'（ ） 40'HQ（ ） CFS（ ）
NOTIFY: F.L.SMIDTH & CO.INC 77, VIGERSLEV ALLE, DK-2500, VALBY NEW YORK, NY10017, USA	请配： 运费结算：预付 装箱： 产地
委托人要求：	委托单位： 天津████物流有限公司 联系人：张██ 电话：███████

图5-8 出口货物订舱委托书

　　订舱单是货代公司在接受发货人或货物托运人的订舱时，根据发货人的口头或书面申请货物托运的情况安排集装箱货物运输而制定的单证。该单证一经承运人确认，便作为承、托双方订舱的凭证。

　　我国在1990年开始进行集装箱多式联运工业性试验，简称"集装箱工试"。该项工业性试验虽已结束，但其中的三大单证原理一直使用至今。三大单证是：出口时使用的"场站收据"联单、进口时使用的"交货记录"联单和进出口时都要使用的"设备交接单"联单。

　　因此，在集装箱运输中，货运代理公司多以集装箱场站收据联单作为集装箱货物的托运单，联单由货代公司缮制送交船公司或其代理人订舱，其作用相当于订舱单。

　　以上场站收据一套十联，船公司或其代理接受订舱后在托运单上加填船名、航次及编号（此编号俗称关单号，与该批货物的提单号基本保持一致），并在第五联装货单上加盖签载章，以表示确认订舱，然后将第二至第四联留存，第五联以下全部退还货代公司。货代公司将第五联、第五联附页、第六联、第七联共计4联拆下，作为报关单证使用，第九联或第十联交货主或货代做配舱回执，其余供内部各环节使用。

　　场站收据十联的核心单据是第五、第六、第七联。第五联装货单，盖有船公司或其代理人的图章，是船公司发给船上负责人员和集装箱装卸作业区接受装货的指令，报关时海关查核后在此联盖放行章，船方（集装箱装卸作业区）凭以收货装船。第六联供港区在货物装船前交外轮理货公司，当货物装船时与船上大副交接。第七联场站收据，俗称黄联，在货物装上船后由船上大副签字（通常由集装箱码头堆场签章），退回船公司或其代理人，据以签发提单。场站收据见图5-9。

▽

Shipper （发货人）	D/R No. （编号）

场站收据
DOCK RECEIPT

第六联

| Consignee （收货人） | |

Notify Party （通知人）	Received by the Carrier the Total number of containers or other packeges or units stated below to be transported subject to the temrs and conditions of the Carrier's regular form of Bill of Lading (for Combined Transport or port to Port Shipment) which shall be deemed to be incorporated herein.

Pre carriage by （前程运输）　　　Place of Receipt （收货地点）

Date （日期）:

Ocean vessel （船名）　Voy. No. （航次）　Port of Loading （装货港）

场站章

Port of Discharge （卸货港）	Place of Delivery （交货地点）	Final Destination for Merchant's Referenced （目的地）

Particulars Furnished by Merchants

Container No. （集装箱号）	Seal No. （封志号） Marks & Nos. （标记与号码）	No. of containers or P'kgs. （箱数或件数）	Kind op Packages; Description of Goods （包装种类与货名）	Gross Weight 毛重（公斤）	Measurement 尺码（立方米）

TOTAL NUMBER OF CONTAINERS OR PACKAGES(IN WORDS)
集装箱数或件数合计（大写）

Container No. （箱号）　Seal No. （封志号）　Pkgs. （件数）　Container No. （箱号）　Seal No. （封志号）　Pkgs. （件数）

Received （实收）　　　　　By Terminal clerk （场站员签字）

FREIGHT & CHARGES	Prepaid at （预付地点）	Payable at （到付地点）	Place of Issue（签发地点）
	Total Prepaid （预付总额）	No. of Original B(s)/L （正本提单份数）	BOOKING （订舱确认） APPROVED BY

Service Type on Receiving □-CY, □-CFS, □-DOOR		Service Type on Delivery □-CY, □-CFS, □-DOOR		Reeter Temperature Required. （冷藏温度）		°F	°C
TYPE OF GOODS （种类）	□Ordinary, （普通） □Liquid, （液体）	□Reefer, （冷藏） □Live Animal, （活动物）	□Dangerous, （危险品） □Bulk （散货）	□Auto. （整装车辆） □_____	危险品	Glass: Property: IMDG Code Page: UN NO.	

图5-9　场站收据（第六联）

场站收据各联的名称与用途见表5-1。

表 5-1　场站收据各联的名称与用途一览表

顺序	名称	颜色	主要用途
1	集装箱货物托运单	白色	托运人留存
2	集装箱货物托运单——船代留底	白色	据此编制装船清单、积载图、预制提单等
3	运费通知（1）	白色	计算运费
4	运费通知（2）	白色	运费收取通知
5	装货单（Shipping Order）——场站收据副本	白色	报关并作为装货指示
	装货单附页	白色	用于办理出口货物港务申请书，由港区核算应收之港务费用
6	场站收据副本（2）——大副联	粉红色	报关，船上留存备查
7	场站收据正本（Dock Receipt）	黄色	报关，船代凭此签发提单
8	货代留底	白色	缮制货物流向单
9	配舱回单（1）	白色	货代缮制提单等
10	配舱回单（2）	白色	根据回单批准修改提单

以上为场站收据联单的工作原理和流转过程的基本描述。在实践中，各地场站收据联单的页数和每一联的内容会略有差异（有的地区少至 6 联，有的地区多至 12 联），但其基本原理不变。此外，随着计算机信息技术的普及，场站收据联单的使用有逐渐减少的趋势。

第三节　接受订舱

经过联系，张小姐为货主选定某集装箱运输有限公司 7 天后开往纽约港的"新星/V858"航次，并将场站收据联单传递给船公司。

船公司或其代理人在收到货主或货代的托运申请后，会通盘考虑其对航线、船舶、运输、港口条件、运输时间等方面的要求，判定是否能满足这些要求并接受订舱。船方一旦接受订舱，便会在托运单或场站收据联单上签章，并注明船名、航次和提单号。与此同时，还要着手制订舱清单，然后分送集装箱码头堆场、集装箱空箱堆场等有关部门，并将据此安排空箱及货运交接等工作。

订舱清单（Booking List）是船公司或其代理人根据众多的订舱单上所记载的内容，将不同的货物交接地、装卸地汇制成一览表。

订舱清单汇制后，船公司或其代理人应分别寄送有关部门，如集装箱码头堆场、集装箱货运站，作为上述部门接收货物、集装箱交接的资料。

订舱清单的主要作用有：作为用箱人与集装箱码头堆场空箱交接的依据；作为集装箱货运站接收货物的参考资料；作为货物装箱作业的指导书；作为集装箱运输经营

人配置不同种类、规格、数量的集装箱的依据。

第四节　提取空箱

船公司或其代理人在接受订舱、承运货物后，即签发集装箱空箱提交单交给托运人或其货运代理人，或者自己，或委托有业务合作关系的车队到集装箱堆场或内陆集装箱站提取空箱。提取空箱时，必须向箱站提交空箱提交单，同时需办理缴纳提箱押金及换领集装箱设备交接单的手续。在箱站的检查桥或门卫处，提箱人与箱管双方在集装箱设备交接单上签字交接，并各执一份。集装箱空箱提交单又称"提箱单"，见图5-10。

提　箱　单

提箱客户必须确保专箱专用，决不允许擅自转到其他提单上，如

退关，必须及时退回集装箱，或经箱管部门确认方可使用。

经我司订舱预配 ▓▓ 集装箱船只：

放箱号：35983-2

请放：　　1 x 20'GP

（加重箱/食品箱/指定箱号）箱　给货主

出口集装箱必须使 CSCL 的高保铅封

出口船名：　__XINXING__

航次：　__V858__　　　　　　提单号：__CSL86456566__

目的港：　__NEW YORK__　　　开航日：__12 月 24 日__

集港日：　__12 月 23 日__　　　集港地：_____

货物重量：　　__12000KGS__

冷冻箱要求：

温度：　　　　　　　　　　通风：

提箱堆场：

▓▓国际物流集团堆场

天津港内▓▓▓▓▓▓▓▓

联系人：▓▓　　　电话：58585858

请以有货运代理印章的副本提箱单放箱，提箱车队必须加盖公章。

多谢合作

图 5-10　提箱单

集装箱设备交接单（Equipment Interchange Receipt，EIR），全称"集装箱发放/设备交接单"，是集装箱进出港区、场站时，用箱人、运箱人与管箱人或其代理人之间交接集装箱及设备的凭证，因此兼据交接凭证和发放凭证两种功能，对集装箱运输特别是箱务管理起着重大的作用。

使用集装箱设备交接单时，应按照有关制度规定进行，要求做到一箱一单、箱单相符、箱单同行。用箱人、运箱人凭设备交接单进出港区、场站，到设备交接单指定的提箱地点提箱，并在规定的地点还箱。同时，用箱人必须在规定的日期、地点将箱子和机械设备如同交付时的状态交还给管箱人或其代理人，对集装箱的超期使用或租用，用箱人应支付超期使用费。对使用或租用期间发生的任何箱子及设备的灭失和损坏，用箱人应承担赔偿责任。

设备交接单一式六联，前三联用于出场，印有"OUT"字样（见图5-11）。第一联盖有船公司或其代理人的图章，集装箱空箱堆场凭以发箱，第一、二联由堆场发箱后留存，第三联由提箱人留存。

设备交接单的后三联用于进场，印有"IN"字样（见图5-12）。该三联在货物装箱后送到港口作业区堆场时，重箱交接使用，第一、二联由送货人交付港区道口，其中第二联留港区，第一联转给船方据以掌握集装箱的去向，送货人自留第三联作为存根。

╋■集装箱运输有限公司
■■■■■■ CONTAINER LINES CO., LTD.

OUT 出场

集装箱发放／设备交接单
EQUIPMENT INTERCHANGE RECEIPT

No.

用箱人／运箱人（CONTAINER USER／HAULIER）		提箱地点（PLACE OF DELIVERY）

发往地点（DELIVERED TO）	返回／收箱地点（PLACE OF RETURN）

船名／航次（VESSEL／VOYAGE NO.）	集装箱号（CONTAINER NO.）	尺寸／类型（SIZE／TYPE）	营运人（CNTR. OPTR.）

提单号（B／L NO.）	铅封号（SEAL NO.）	免费期限（FREE TIME PERIOD）	运载工具牌号（TRUCK, WAGON, BARGE NO.）

出场目的／状态（PPS OF GATE-OUT/STATUS）	进场目的／状态（PPS OF GATE-IN/STATUS）	出场日期（TIME-OUT）	
		月　　日　　时	

出场检查记录（INSPECTION AT THE TIME OF INTERCHANGE）

普通集装箱（GP CONTAINER）	冷藏集装箱（RF CONTAINER）	特种集装箱（SPECIAL CONTAINER）	发电机（GEN SET）
□ 正常（SOUND） □ 异常（DEFECTIVE）	□ 正常（SOUND） □ 异常（DEFECTIVE）	□ 正常（SOUND） □ 异常（DEFECTIVE）	□ 正常（SOUND） □ 异常（DEFECTIVE）

损坏记录及代号（DAMAGE & CODE）

BR 破损（BROKEN）	D 凹损（DENT）	M 丢失（MISSING）	DR 污箱（DIRTY）	DL 危标（DG LABEL）

左侧（LEFT SIDE）　　右侧（RIGHT SIDE）　　前部（FRONT）　　集装箱内部（CONTAINER INSIDE）

顶部（TOP）　　底部（FLOOR BASE）　　箱门（REAR）

如有异状，请注明程度及尺寸（REMARK）。

除列明者外，集装箱及集装箱设备交接时完好无损，铅封完整无误。
THE CONTAINER/ASSOCIATED EQUIPMENT INTERCHANGED IN SOUND CONDITION AND SEAL INTACT UNLESS OTHERWISE STATED.

用箱人／运箱人签署
(CONTAINER USER/HAULIER'S SIGNATURE)

码头／堆场值班员签署
(TERMINAL/DEPOT CLERK'S SIGNATURE)

(1) 船务公司留底

图 5-11　设备交接单（前三联）

■■集装箱运输有限公司

■■■■■■ CONTAINER LINES CO., LTD.

IN 进场

集装箱发放 / 设备交接单

EQUIPMENT INTERCHANGE RECEIPT

No.

用箱人 / 运箱人（CONTAINER USER / HAULIER）	提箱地点（PLACE OF DELIVERY）

来自地点（WHERE FROM）	返回 / 收箱地点（PLACE OF RETURN）	

船名 / 航次（VESSEL / VOYAGE NO.）	集装箱号（CONTAINER NO.）	尺寸 / 类型（SIZE / TYPE）	营运人（CNTR. OPTR.）

提单号（B/L NO.）	铅封号（SEAL NO.）	免费期限（FREE TIME PERIOD）	运载工具牌号（TRUCK, WAGON, BARGE NO.）

出场目的 / 状态（PPS OF GATE-OUT / STATUS）	进场目的 / 状态（PPS OF GATE-IN / STATUS）	进场日期（TIME-IN）		
		月	日	时

进场检查记录（INSPECTION AT THE TIME OF INTERCHANGE）

普通集装箱（GP CONTAINER）	冷藏集装箱（RF CONTAINER）	特种集装箱（SPECIAL CONTAINER）	发电机（GEN SET）
□ 正常（SOUND） □ 异常（DEFECTIVE）	□ 正常（SOUND） □ 异常（DEFECTIVE）	□ 正常（SOUND） □ 异常（DEFECTIVE）	□ 正常（SOUND） □ 异常（DEFECTIVE）

损坏记录及代号（DAMAGE & CODE）

BR 破损（BROKEN）　D 凹损（DENT）　M 丢失（MISSING）　DR 污箱（DIRTY）　DL 危标（DG LABEL）

左侧（LEFT SIDE）　右侧（RIGHT SIDE）　前部（FRONT）　集装箱内部（CONTAINER INSIDE）

顶部（TOP）　底部（FLOOR BASE）　箱门（REAR）

如有异状，请注明程度及尺寸（REMARK）.

除列明者外，集装箱及集装箱设备交接时完好无损，铅封完整无误。

THE CONTAINER / ASSOCIATED EQUIPMENT INTERCHANGED IN SOUND CONDITION AND SEAL INTACT UNLESS OTHERWISE STATED.

用箱人 / 运箱人签署　　　　　　　　　　码头 / 堆场值班员签署

(CONTAINER USER / HAULIER'S SIGNATURE)　　(TERMINAL / DEPOT CLERK'S SIGNATURE)

(1) 船务公司留底

图 5-12　设备交接单（后三联）

设备交接单的下半部分是出场或进场检查记录，由用箱人（运箱人）及集装箱堆场/码头工作人员在双方交接空箱或重箱时验明箱体的记录情况，用以分清双方责任。

空箱的交接标准是：箱体完好、水密、不漏光、清洁、干燥、无味，箱号及装箱规范清晰，特种集装箱的机械、电器装置正常。

重箱的交接标准是：箱体完好、箱号清晰、封志完整无损，特种集装箱的机械、电器装置运转正常，并符合出口文件的记载要求。

无论是提取空箱时，还是装货前，都要对集装箱进行严格检查，以分清责任，避免货损。一只有缺陷的集装箱，轻则导致货损，重则在运输、装卸过程中造成箱毁人亡的事故。对集装箱进行检查是确保货物安全运输的基本条件之一。发货人、承运人、收货人及其他关系人在相互交接时，除对箱子进行检查外，还应用设备交接单的形式确认箱子交接时的状态。对集装箱的检查应做到：

1. 外部检查，查看箱子的六面，查看外部是否有损伤、变形、破口等异样。

2. 内部检查，对箱子的内侧进行六面查看，查看是否有漏水、漏光，有无污点、水迹等。

3. 箱门检查，查看门的四周是否水密、门锁是否完整、箱门能否 270 度开启。

4. 清洁检查，查看箱子有无残留物、污染、锈蚀异味、水湿。

5. 附属件的检查，查看加固环等。

第五节　装箱集港

根据此批货物的属性和工厂距离港口仅 85 公里的特点，B 贸易有限公司选择在产地装箱，张小姐在完成订舱，安排好车队提取空箱后，又与工厂再一次核实装货地址和装箱时间，并制发了运货通知单（见图 5-13）。

货运送货通知

编号 LCHY_201010ZXCK00024   制单日：**2012年12月20日**

致:/TO:	先生/小姐		
贵司委托	20'标箱 X 1,		
装运港：天津新港/XINGANG	卸货港：纽约		目的港：纽约

配载明细如下：　　　　　　　　　　　唛头

船名	XINXING
航次	V858
提单号	CSL86456566
发货日	2012年12月22日08:00
截载日	2012年12月23日
开船日	2012年12月24日
件数	500箱
重量	12000KGS
体积	26.14CBM

FLS
971100
NEW YORK
1-500

收货仓库名称、地址　　　　　　　仓库地图

收货库	▓▓堆场
联系人	李×××
仓库电话	
仓库传真	
联系人电话	×××
联系人传真	
联系人宅电	
联系人手机	×××
联系人传呼	
仓库地址	天津港新港六号路7号

本公司联系人/及联系方式

操作员	张小姐(▓▓▓货运操作部)
操作员直线	×××
操作员分机	×××
操作员手机	×××
操作员宅电	
操作员传呼	

以上资料请参阅，并确认件、重、尺、
如有问题请速来电告知。谢谢！

希望您与我公司合作愉快，并祝贵公司生意兴隆，财源广进

多谢合作！！

图5-13　运货通知单

目前，集装箱货物的装箱方式主要有 3 种：

1. 货主自拉自送。货主首先从货代公司处取得集装箱设备交接单，自己装箱后制作集装箱装箱单（Container Load Plan，CLP），并按要求及时地将重箱送码头堆场，等待装船，即通常所说的集港。

2. 产地装箱（拖装）。由货代公司提取空箱运至货主指定地点装箱，然后制作集装箱装箱单。

3. 堆场装箱（场装）。货主将货物送到集装箱货运站，由货代公司提取空箱至此，并在货运站装箱，制作集装箱装箱单后集港。

科学装箱对于提高箱容率、减少货损货差具有重要意义。在装箱过程中应注意以下细节：

1. 在不同件杂货混装在同一箱子内时，应根据货物的性质、重量、外包装的强度、货物的特性等情况，将货物区分开。将包装牢固、重件货物装在箱子的底部，包装不牢、轻货则装在箱子的上部。

2. 货物在箱子内的重量分布应均衡。

3. 在货物进行堆码时，应根据货物的包装强度，决定货物的堆码层数。另外，为使箱内下层的货物不致被压坏，应在货物堆码之间垫入缓冲材料。

4. 货物与货物之间也应加入隔板或隔垫材料，避免货物相互擦伤、污损。

5. 货物的装载要严密整齐，货物之间不应留有空隙，这样才可以充分利用箱内容积，也可以防止货物互相碰撞而造成货物损坏。

6. 对某些货物，要在装完货物后，在关闭箱门之前，进行加固，以防止拆箱时货物倒塌，造成货物损坏和人身伤亡事故。

7. 应使用清洁、干燥的垫料。

8. 应根据货物的不同种类、性质、包装，选用不同规格的集装箱，选用的箱子应符合国际标准，经过严格的检查，并具有检验部门发给的合格证书。

无论采用哪一种装箱方式，只是装箱地点不同，大部分工作是在货代公司的安排下进行。装箱人应根据订舱清单的资料，核对场站收据和货物装箱的情况，并填制集装箱装箱单。

集装箱装箱单（见图 5-14）是详细记载集装箱内货物的具体名称、数量、尺码、重量、标志等内容的单据（对于特种货物还应加注特定要求，例如，对冷藏货物要注明对箱内温度的要求等）。作为详细记录每一个集装箱内所装货物情况的唯一单据，它是在以集装箱为单位进行运输时的非常重要的一种单据。

装　箱　单
CONTAINER LOAD PLAN

| 集装箱号 Cntr No. |
| 铅封号 Seal No. |
| 集装箱规格 Cntr Type |

船名 Vessel _____　航次 Voy _____　目的港 Destination _____

提单号 B/L No.	标记 Shipping mark	件数及包装 Packing & Numbers	品　名 Description	毛重 G. W （kgs）	整箱重 Container G. W（kgs）	体　积 Measurement m³	收货人及通知人 Consignees & Notify Party

装箱地点 Loading Spot _____　　装箱日期 Loading Date _____　　发货人 Shipper _____

图 5-14　集装箱装箱单

集装箱装箱单的主要作用有：

1. 作为发货人、集装箱货运站与集装箱码头堆场之间货物的交接单证；

2. 作为向船方通知集装箱内所装货物的明细表；

3. 单据上记载的货物与集装箱的总重量是计算船舶吃水差、稳性的基本数据；

4. 在卸货地点办理集装箱保税运输的单据之一；

5. 当发生货损时，是处理索赔事故的原始单据之一；

6. 卸货港集装箱货运站安排拆箱、理货的单据之一。

装箱单记载事项必须与场站收据和报关单据上的相应事项保持一致，否则会引发不良后果。

◇ **知识链接**

拖柜费通常是指集装箱拖车运输费用，由于提柜/还柜时可能会产生打单费、吊费、闸口费等，所以广义的拖柜费指的是包含上述费用的总费用。集装箱运费的计算以"元/箱公里"来表示。

第六节 落实舱单及运抵报告

舱单是指进出境船舶、航空器、铁路列车、公路车辆等运输工具负责人或其代理人向海关递交或传输的真实、准确地反映运输工具所载货物、物品情况的纸质载货清单及电子数据。舱单包括原始舱单、预配舱单和装（乘）载舱单。原始舱单是指舱单传输人向海关传输的反映进境运输工具装载货物、物品或者乘载旅客信息的舱单；预配舱单是指反映出境运输工具预计装载货物、物品或者承载旅客信息的舱单；装（乘）载舱单是指反映出境运输工具实际配载货物、物品或者承载旅客信息的舱单。

出口运抵报告是指出口货物运抵海关监管场所，监管场所负责人或其代理人按规定格式向海关发送的出口货物进入监管场所有关信息的电子数据。

为了规范对进出境运输工具舱单的管理，促进国际贸易便利，保障国际贸易安全，海关总署根据《中华人民共和国海关法》（以下简称《海关法》）及有关法律、行政法规的规定，于2008年3月28日公布了《中华人民共和国海关进出境运输工具舱单管理办法》（以下简称《舱单管理办法》），并于2009年1月1日开始实行。该办法规定，进出境运输工具负责人、无船承运业务经营人、货运代理企业、船舶代理企业、邮政企业及快件经营人等舱单电子数据传输义务人（以下统称"舱单传输人"）应当按照海关备案的范围在规定时限向海关传输舱单电子数据。

海关监管场所经营人、理货部门、出口货物发货人等舱单相关电子数据传输人应当在规定时限向海关传输舱单相关电子数据。

对未按照《舱单管理办法》规定传输舱单及相关电子数据的，海关可以暂不予办理运输工具进出境申报手续。

《舱单管理办法》规定以集装箱运输的货物、物品，出口货物发货人应当在货物、物品装箱前向海关传输装箱清单电子数据、出境运输工具；预计载有货物、物品的，舱单传输人应当在办理货物、物品申报手续前向海关传输预配舱单的主要数据。出境货物、物品运抵海关监管场所时，海关监管场所经营人应当以电子数据方式向海关提交运抵报告，只有运抵报告提交后，海关才可办理货物、物品的申报、查验、放行手续。

鉴于海关的上述相关规定，货代公司应及时关注装箱货物的舱单及运抵报告的上传情况，并及时与相关部门沟通，确保货物能够及时报关。

舱单及运抵的状态，可以很方便地在各地电子口岸网站进行信息查询。

第七节　报关放行、装船

在车队拖柜赴工厂装箱后，张小姐将报关委托书及报关单证整理好后，转至专业报关行，委托其代理报关。待确认舱单与运抵报告提交海关后，再次落实货物报关事宜。货物经海关关员查验合格，在装货单上签章放行后方可安排装船。

在装船前，理货员代表船方，按照积载图和舱单，分批接货装船。装船过程中，托运人委托的货运代理可派人员在现场监装，随时掌握装船进度并处理临时发生的问题。

第八节　缮制舱单（载货清单）

载货清单（Manifest）亦称"舱单"（见图 5-15），是船方或其代理人根据全船所载货物编制的清单。按照海关的有关规定，载货清单由船舶代理人根据装货单填制，用于海关进行验货放行及监督装卸工作。货物全部装船后，由理货长核正，经船长签证后交海关一份，作为统计出口货运的依据。此外，还需将船长签证后的出口载货清单退交一份给船舶代理人，作为审查出口货运有无退关或其他变更之用。有时，载货清单也作为随船单证，用于船方查对货运参考资料，或编制卸货港的进口载货清单等。其主要内容包括船名、装货港和卸货港及每票货物下列内容的逐行描述：托运人和收货人的姓名、提单号码、唛头、箱号、铅封号、货物的明细和运费情况等。

MANIFEST

中国天津　　　代理公司
CHINA 　　　 SHIPPING AGENCY TIANJIN

Shipper(SH); Consignee(CO); Notify address(NF)	B/L Nr.	Marks and Nos.; (MN) Container Nrs.; (CN) Seal Nrs. (SN)	Number and kind of packages; Description of goods	Gross Weight (kgs)	Measurement (CBM)	RATE	FREIGHT PREPAID	FREIGHT COLLECT	REMARKS

Name of ship　　Nationality of ship　　Name of master

Port of loading　　Port of discharge

Date of sailing from port of loading

Page Nr.

图5-15　载货清单

第九节　货物出运、换取提单

待货物全部装船完毕，船舶在向有关部门申报放行后，就可离港出运。

货代公司或发货人凭经签署的场站收据，在支付了预付运费后，即可以向船公司或其代理人换取提单。发货人取得提单后，即可以和其他商业票据一起递交银行等待结汇。

需要说明的是，由于集装箱运输方式下的承运人责任早于非集装箱运输方式，因此理论上在装船前就应签发提单。这种提单是收妥待运提单，而这种提单在使用传统价格术语的贸易合同下是不被接受的。为了满足贸易需要，也为了减少操作程序上的麻烦，实际中的做法是在装船后才签发提单，这时装船提单就符合了传统价格术语的要求。

图 5-16 为货物出运后，发货人取得的货物提单。

1. Shipper Insert Name, Address and Phone	B/L No. CSL86456566
TIANJIN ▇▇▇ TRADING CO. LTD. NO. 1008 WEST BEIJING ROAD, HEXI DISTRIC TIANJIN, CHINA	

2. Consignee Insert Name, Address and Phone

TO ORDER

▇▇▇集装箱运输有限公司
▇▇▇ CONTAINER LINES

TLX: ▇▇▇
FAX: ▇▇▇

ORIGINAL

Port-to-Port or Combined Transport

BILL OF LADING

3. Notify Party Insert Name, Address and Phone
(It is agreed that no responsibility shall attach to the Carrier or his agents for failure to notify)

F. L. SMIDTH & CO. INC
77, VIGERSLEV ALLE, DK-2500, VALBY
NEW YORK, NY10017, USA

RECEIVED in external apparent good order and condition except as other-Wise noted. The total number of packages or unites stuffed in the container. The description of the goods and the weights shown in this Bill of Lading are Furnished by the Merchants, and which the carrier has no reasonable means Of checking and is not a part of this Bill of Lading contract. The carrier has Issued the number of Bills of Lading stated below, all of this tenor and date, One of the original Bills of Lading must be surrendered and endorsed or sig-Ned against the delivery of the shipment and whereupon any other original Bills of Lading shall be void. The Merchants agree to be bound by the terms And conditions of this Bill of Lading as if each had personally signed this Bill of Lading.
SEE clause 4 on the back of this Bill of Lading (Terms continued on the back Hereof, please read carefully).
*Applicable Only When Document Used as a Combined Transport Bill of Lading.

4. Combined Transport * Pre - carriage by	5. Combined Transport* Place of Receipt
6. Ocean Vessel Voy. No. XINXING V858	7. Port of Loading TIANJIN
8. Port of Discharge NEW YORK	9. Combined Transport * Place of Delivery

Marks & Nos. Container / Seal No.	No. of Containers or Packages	Description of Goods (If Dangerous Goods, See Clause 20)	Gross Weight Kgs	Measurement
FLS 971100 NEW YORK 1-500 CSLU7438241/021237	500CTNS 1 × 20' GP	GLASSWARE TY-0098 Shipper's Load And Count	12000	26.14
		Description of Contents for Shipper's Use Only (Not part of This B/L Contract)		

10. Total Number of containers and/or packages (in words)
Subject to Clause 7 Limitation

11. Freight & Charges	Revenue Tons	Rate	Per	Prepaid	Collect
AS ARRANGEMENT Declared Value Charge					

Ex. Rate:	Prepaid at TIANJIN	Payable at	Place and date of issue TIANJIN, Aug. 15, 2010
	Total Prepaid	No. of Original B(s)/L THREE	Signed for the Carrier, COSCO CONTAINER LINES

图 5-16　货物提单

第十节　费用结算及提单交付

货物顺利出运，货代公司从承运人处获取提单后，应尽快与托运人沟通，将费用详单交托运人确认。费用明细确认单见图5-17。

天津■■物流有限公司费用明细确认单

致：

注：我司指定货实行**付款交单**，以款到账为准，请多配合

2012年12月22日开　提单号：CSL86456566

海运费：USD：1500			
人民币费用：		**人民币开户行：**	
港杂费	450	××××××	
THC	900	**收款单位(发票抬头)：**	
船公司文件费	200	××××××	
MSK 提箱费	50	**人民币帐号：**	
预配舱单费	100+100	××××××	
保安费	30		
熏蒸费			
报关费	135		
商检换证费			
熏蒸费		**美元开户行：**	
装箱费	800	××××××	
港捷操作费	200	**收款单位：**	
验货费	750	××××××	
转船费	255	**美元帐号：**	
滞箱费	150	××××××	
费用合计	4120	关税账户：(3月30日启用) 户名：天津■■物流有限公司 开户行：×××××× 账号：××××××	

烦请签字回传，THANKS！

注：该文件之传真件及复印件与正本具有同等法律效力。

开发票抬头：＿＿＿＿＿＿＿＿＿＿＿＿

开发票款项：港杂费　RMB4120

代表人签字：＿＿＿＿＿＿＿＿

图5-17　费用明细确认单

待双方核实确认无误后，货代公司开具发票，收取运费及一切代垫费用后，将全套正本提单交予托运人。

除海运费外，一票货物的出运还涉及许多其他费用，特别是一些港口费用。作为交通运输枢纽的港口，凭自己拥有的设备、设施和人力，为船舶运输和货物装卸提供劳务，根据有关规定标准，向各个服务对象收取的费用，统称"港口收费"。所有这些费用均由货代公司代垫，最终向托运人收取。各项费用因港口和时期的不同而各异，见表5-2，具体收费金额以实际操作中的数据为准。

表5-2　各地港口收费一览表（节选）

序号	港口名称	收费描述
1	上海	订舱费 RMB200/300；报关费 RMB100/票；商检换证凭单 RMB100；装箱费 RMB500/800；单证费 115/票；THC 370/560；电放费、改单费等费用根据船公司标准收取。 欧洲（含经欧洲中转）航线，其费用在海运费基础上加收 BAF USD205/410、CAF O/F×8.6%，美线加收 AMS USD25/单，AMS/ENS USD25/票。
2	深圳	文件费 RMB125 或 USD15（报关费一柜一票，RMB250/票；一票多柜，第一柜 RMB250，每加一柜 RMB100）；商检费 RMB150/票；THC RMB370/560 或 USD45/68；ORC USD141/269；电放费、改单费等费用根据船公司标准收取。 欧洲（含经欧洲中转）航线，其费用在海运费基础上加收 BAF USD205/410、CAF O/F×8.6%，美线加收 AMS USD25/单，AMS/ENS USD25/票。
3	宁波	订舱费 RMB250/350；报关费 RMB100/票；商检费 RMB100；装箱费 RMB550/750；THC RMB370/560；AMS/ENS USD25/票；电放费、改单费等费用根据船公司标准收取。 欧洲（含经欧洲中转）航线，其费用在海运费基础上加收 BAF USD205/410、CAF O/F×8.6%，美线加收 AMS USD25/票。
4	青岛	场站费 RMB200/20′，RMB400/40′，港杂费 RMB105/20′、RMB165/40′；单证费 RMB100/票；THC RMB370/20′ RMB560/40′；报关费 RMB150/票；商检费 RMB100/票；场站装箱 RMB160/320。 欧洲（含经欧洲中转）航线，其费用在海运费基础上加收 BAF USD199/398、CAF O/F×6.4%，美线加收 AMS USD25/票。

至此，此笔玻璃器皿出口货运业务顺利完成。一个月后，张小姐收到报关行退回的报关单核销联和退税联。在确认B贸易有限公司确已付清全部海运费及内陆运费后，张小姐及时地将报关单送达B贸易有限公司，供其办理外汇核销及出口退税。

◇ 同步练习

1. 登录锦程物流网，查询从上海至费利克斯托的船期表及运价表。

2. 走访当地货代企业，了解货代操作与报关行、堆场、船公司、货主之间如何做好衔接，并写出调查报告。

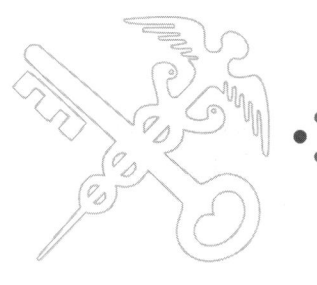

第六章　情境二：小批量花瓶以集装箱海运出口操作流程

DI-LIU ZHANG QINGJING 'ER: XIAO PILIANG HUAPING

YI JIZHUANGXIANG HAIYUN CHUKOU CAOZUO LIUCHENG

◇ **知识目标**

了解海运拼箱货物出口操作规范。

掌握拼箱业务通关知识。

◇ **能力目标**

能够与同事协作完成拼箱出口货运代理业务。

◇ **情境设置**

两周后，张小姐又接到客户电话，称现有100箱（100CTNs）花瓶新品样品需安排出运至美国洛杉矶港（每箱尺码为50厘米×40厘米×30厘米，总重量4500千克），希望 A 物流有限公司能够以具竞争性的价格为其安排出运。对于此笔业务，张小姐应该如何操作呢？与情境一中的做法是否完全相同呢？

第一节　整箱货与拼箱货

在情境一的玻璃器皿出口业务中，装箱单显示出运货物总尺码为 26.14 立方米，总吨位为 12M/T，恰好可以装入一个 20 英尺标准集装箱内，即 1 × 20′GP。在集装箱出口运输中，这种完全承载一家货主货物的集装箱载货称为整箱货。整箱货的集装箱交接方式多为场到场（CY to CY）。

经过计算，100 箱玻璃花瓶总计尺码为：

0.5 米 × 0.4 米 × 0.3 米× 100 箱 =6 立方米

6 立方米的体积甚至不足一个 20 英尺货柜容积的 50%，若仍然按照前面整箱货进行出口操作，显然会增大货主的物流成本，因此，张小姐决定对此单业务进行拼箱操作。

拼箱货是指承运人（或代理人）接受货主托运的数量不足整箱的小票货运后，根据货物性质和目的地进行分类整理，把去往同一目的地的货物集中到一定数量后拼装入箱。由于一个箱内有不同货主的货拼装在一起，所以叫拼箱。这种情况在货主托运货物数量不足以装满整箱时采用。拼箱货的分类、整理、集中、装箱（拆箱）、交货等工作均在承运人码头集装箱货运站或内陆集装箱转运站进行。

随着我国集装箱班轮运输业务的发展，小批量货物的拼箱业务已形成一定规模。但由于货源、场站操作手续等原因，集装箱船公司很少开展这项业务，于是许多货运代理公司纷纷涉足这一领域。由于拼箱业务的利润大于整箱业务，拼箱业务发展非常迅速。

集装箱拼箱货出口通常由货主将货物送交货运代理公司指定的货运站，货运站代表货代公司接收货物，并将分属于不同货主的小批量货物拼装于集装箱内。货代公司以自己的名义向船公司订舱，将整箱货交船公司。船公司给货代签发总提单（Master B/L，亦称大提单、主单、船东提单），货代则签发运输经营人提单（House B/L，亦称小提单、分单、货代提单）给货主用于结汇。对于货主来说，他是拼箱货托运，货代是契约承运人，其责任期间是从出口地的货运站至目的地的货运站。而对于船公司而言，货代是整箱货的托运人，船公司的责任期间是从出口地的堆场至目的地的堆场。

主、分两种提单的流转方式见图 6-1。

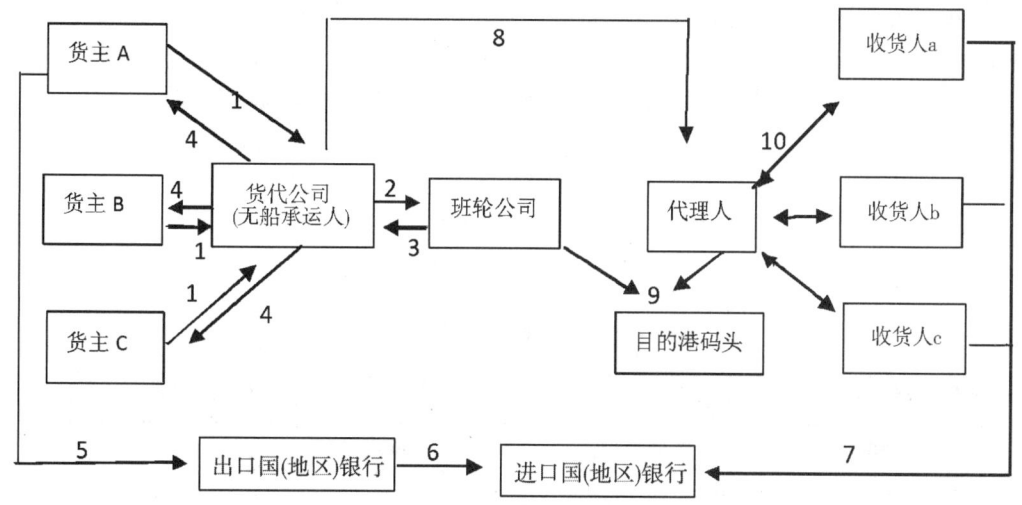

图6-1　主、分提单流转方式示意图

1. A、B、C为不同的货主，他们将各自的拼箱货交给货代公司；

2. 货代公司将货主A、B、C的货进行整理后装在同一箱内，以整箱方式交给船公司运输（对船公司而言，此时接受的是一个外表状况良好、封志完整的整箱货）；

3. 船公司在接受整箱货后，向货代公司签发总提单，并在总提单上记载CY to CY运输条款；

4. 货代公司在接受托运的拼箱货后签发自己的分提单，分别给A、B、C三位货主；

5. 货主A、B、C持货代签发的分提单去银行结汇；

6. 出口国（地区）银行将分提单转到进口银行；

7. 进口国（地区）收货人a、b、c分别向银行付款赎取各自的分提单；

8. 货代公司将总提单转国外的代理人；

9. 在船公司将整箱货运抵进口国（地区）后，货代公司的代理人凭总提单去船公司提货；

10. 货代公司在国外的代理人在提取整箱货后拆箱，收货人a、b、c凭分提单去货代公司在国外的代理人处提货。

第二节　拼箱出运操作流程

一、揽货报价

首先，张小姐向客户预报了近期可提供运输的船公司、船期及各家公司的拼箱价格。具体到此笔业务，因其属于泡货，故张小姐报出的是每立方米的运价。

为避免今后可能出现的争议，货代公司在向客户报价及最终确认价格时，应说明航线注意事项及各种附加费的加收标准。作为货主，在选择货代公司的时候，也不应该一味地选择最低报价，还应关心相关费用的情况，如目的港交货/燃油附加（DDC/FAF）等费用是预付还是到付，目的港的换单费、单证费、拆箱费、仓储费大约会收取多少等，要综合各方面因素进行权衡，否则表面上出口运费节省了，但收货人在目的港要支付的费用可能会很高，从而产生争议。

拼箱运费的计算方法为"体积（CBM）×尺码单价"，或"重量（吨）×重量单价"，择大计算，注意部分航线（如美国线）轻重货价格的差别较大。

张小姐根据拼箱运价表（见表6-1）向客户进行了报价。

表6-1　美线拼箱运价及船期表

美西航线

目的港	每周船期	船公司	体积/重量	全程（天）
LOS ANGELES LONG BEACH（直拼）	每周一/五	CMA	USD43/53	13

美东航线

目的港	每周船期	船公司	体积/重量	全程（天）
NEW YORK（直拼 A/W）	每周二	CMA	USD60/70	26
	每周六	OOCL		23
BOSTON	每周二	CMA	USD68/78	31
	每周六	OOCL		28
BALTIMORE	每周二	CMA	USD68/78	31
	每周六	OOCL		28
PHILADELPHIA	每周二	CMA	USD68/78	31
	每周六	OOCL		28

注：以上运价为 ALL IN 价，均包含 DDC（28/31）& BAF、EFS。

以上运价均要收取预报舱单费 USD25/票。

在拼箱揽货时应注意以下事项：

1. 拼箱业务一般不接受指定某具体船公司。船公司只接受整箱货物的订舱，而不直接接受拼箱货的订舱。几乎所有的拼箱货都是通过货代公司"集中办托，集中分拨"来实现运输的，一般的货运代理由于货源的局限性，只能集中向几家船公司订舱，很少能满足指定船公司这一需求，因此在成交拼箱货时，尽量不要接受指定船公司，以免在办理托运时无法满足要求。

2. 在与客户洽谈成交时，应特别注意相关运输条款，以免对方的信用证开出后在办理托运时才发现无法满足运输条款。日常操作中，我们时常遇到 L/C 规定拼箱货运输不接受货运代理的提单，因船公司不直接接受拼箱货的订舱，船公司的海运提单是出给货代的，而由货代再签发货代提单给发货人，如果 L/C 规定不接受货代提单，那么实际运输办理时就无选择空间，造成 L/C 的不符。

3. 从托运人角度考虑，并不是不满一个整集装箱的货物都要走拼箱，应根据货物的属性和积载及整箱、拼箱运费的差别，具体问题具体分析。

二、委托订舱

出口商在与张小姐核实了运价、船期等细节后，决定委托张小姐为其安排货物出运，并随后将托运书及货物的发票、箱单、合同副本、报关委托书、报检委托书等单据交送张小姐。

三、接单操作

张小姐收到客户传真的委托书后，仔细查看核对委托书上的内容，将信息输入电脑订舱系统，并将与客户确认的文字材料复印留底。

确认委托书的重点为中转港、目的港［走美国线的要分清是 MLB（小陆桥），还是 AW（全水）］、船公司、要求的船期、中英文品名、毛重、体积（判断是否为重货，是否需要加收重量附加费），并与客户确认好各项费用的中英文名称及代码（见本章表6-3）。（注意特别费用的确认，如 DDC、BAF、AMS、ACI 等，要特别确认某些费用的预付/到付情况）。客户委托书上如果没有特别注明特殊费用如 DDC、BAF、AMS、ACI、英国 PCS 等预付到付情况，请与客户确认清楚，最好使用电子邮件和书面文件确认。

四、拼箱操作

张小姐所在的 A 物流有限公司是一家较具规模的货运代理公司，内部分工严格，有拼箱部专门从事拼箱业务操作。张小姐将此笔业务转至拼箱部，并协助该部门继续完成此笔业务。

拼箱部将所承揽的目的港相同的货物依据货物属性及积载因数合理拼箱，以整集装箱为单位向船公司订舱。船公司确认舱位后，将进仓单（或送货通知单，见图6-2）传真给货运代理公司。

From:刘　To:　　　　　　　　　　　　　　　　　　　　　　　　　　**Co-Fax无纸传真**

天津 ▇▇ 公司送货通知单

至：＿＿＿＿＿＿＿＿＿＿　　　　航线配载：刘

船名航次 CMA CGM DON CARLOS V.FL614W　中文：达飞卡洛斯　　目的港：▇▇▇

件数：10　　　　重量：800.00　　　尺码：8.000　　　提单号：SC13HMTA0583

★发货时间：2010-01-20　　　　　★单据到我司最晚时间：2010-01-22

★最晚到货时间：2010-01-22　　　　　★预计开航日：2010-01-28

欧洲货物使用的木质包装应在出境前进行除害处理，并加施IPPC确定的专用标识！否则后果自负！
我司可代办货物保险，联系人：冯　先生；代办货物包装，联系人：王　先生，欢迎来电垂询！联系电话：022-2430▇▇

送货地点：天津港京门大道▇▇号（新港六号路与海滨九路交口）
电话：022-257▇▇▇▇▇
服务监督电话：257▇▇▇▇▇
周一～周五17：00前　联系人：刘 ▇
电话2576▇▇▇
周六、日及平日17：00以后　联系人：李 ▇
　　电话2576▇▇▇/2576▇▇▇

注意：1、送货请必带此条到大亚仓库卸货。
2、如要退舱，请于＿＿月＿＿日通知我司，否则由此产生的一切责任和费用由贵司自负！
3、如因海关验货或报关单据的问题产生掏箱费、亏舱费，由托运人承担。
4、单件重量大于3吨或单件尺寸大于4米或者单件货物价值超过人民币10万元整的货物，需要提前申报我司，否则产生的后果自负！
5、如货物为液体需在委托书上注明，并提前和航线配载确认
6、如委托书与实际货物不符，请发货工厂如实填写以下内容，要求必须与实际货物唛头相符，否则产生的一切责任及相关费用，由托运人承担。
7、如需交关税的货物，必须提前确认并注明在委托单上，否则由此产生的责任与费用由贵司承担

如单票货物货值在5万美金以上（含5万美金），请在配载前通知我司，否则后果自负

去西非国家和地区的货物必须要在开船后5日内办理好"CTN"（货物追踪）手续

如委托书与实际货物不符，请发货工厂如实填写以下内容：
货物件数：＿＿＿＿＿＿＿　　　　　外包装类型：＿＿＿＿＿＿＿
货物重量：＿＿＿＿＿＿＿（KGS）　货物尺码：＿＿＿＿＿＿＿（m3）
实货的唛头标记：（必填）

＿＿＿＿＿＿＿＿＿＿＿＿＿＿＿＿＿＿＿＿＿＿＿＿＿＿＿＿

友情提示1：
尊敬的客户，为了使您的货物更加安全地出运，收货人顺利迅捷地提货。
建议您使用国际通用唛头形式：
包括：　　　　　　例如：
1.收货人信息：　　1.VICTORY INTERNATIONAL TRADE CO.,LTD
2.品名：　　　　　2.VINYL GLOVE
3.目的港：　　　　3.HONG KONG
4.件数：　　　　　4.NO.:1-40CTNS
友情提示2：
为了避免不必要的麻烦请通知送货司机在我司库方指导下卸货

（仓库示意图）唐山方向　七号卡子门　大亚仓库示意图
北京方向　第九大街　　山东方向　第五大街　港务局　泰达大街　六号路　京门大道　保税区北门　大亚总站

图6-2　进仓单

五、货物跟进

货代公司将送货通知及时发给委托人，并根据截货时间、跟踪货物进仓时间，提醒客户在截货时间内送货进仓库，并提醒客户如果无法送到会导致空舱费的产生。遇节假日送货的，需提前取得司机的姓名和手机号码，以便随时联络。货物进仓后，系统里可查询到，此时应核对破损、件数不符、体积不符、唛头不符等情况。若货物存在破损、受潮、变形等情况，应联系仓库尽快拍照，然后发送给客户确认。如客户要求换包装，则需考虑是否要改配船期，并与仓库协调安排妥当。

出口货物送达时，仓库一般会重新测量商品尺码及重量。因拼箱货物代理是按照尺码（体积）或重吨向货主收取运费的，所以当遇到实际尺码（体积）与货主（出货人）提供的不相符时，代理应及时与货主（出货人）进行确认，如有必要，对货物进行复尺。否则，如果货物已装箱或出运，再复尺就会产生费用，或根本就不可能复尺，则货主（出货人）就不会承担相应的费用。

六、调箱装货

货物全部到齐后，货代公司调度车队凭放柜通知（见图6-3）将空集装箱提至仓库，由仓库安排工人装箱。

TRR0719 v5.12
页　　1　之　2
发送时 07-JAN-10 03:28 PM

客户放柜通知书

致　　　██████ █ █货运代理有限公司天津分公司	从　　　██████████有限公司天津分公司
编号　4369015891████	电话 电邮　██ ███████████ 传真 联络人　Lion Tian

订舱号	TSKN001933	订舱日期	07-JAN-10

Shipping Company:　CMA CGM

船名/航次	CMA CGM HYDRA / FL610W/FL610W		
收货地:			
装运港(POL)	CNTXG - Tianjinxingang	截关：	11-JAN-2010 12:00 PM
装运港码头	五洲国际码头	预计开船日(ETD)	14-JAN-2010 09:00 AM
中转港		预计到港日(ETA)	
卸货港(POD)	DEHAM - Hamburg	预计到港日(ETA)	
目的地(FPOD)			

放柜编号	TSKN001933-001		
柜型及柜数	1　x　40 ST　[GP without ventilation]		
提柜地点		提柜日期/时间	07-JAN-2010　　05:06
天津港集散中心堆场 新港2号路905号 电话：2570████ 联系人：████		货名	Glassware for table, kitchen, toilet, office, indoor decorat
		货重	5.716 TNE
		毛重	9.216 TNE
		集装箱号码	
		备注	

CLAUSES：　请注意以下用箱要求(Please pay attention to below regulations on container utilization)：
1. 此箱只能用于该票货，如未能"专箱专用"，我司将收取单证更正费RMB100/箱；
Pls use the eqpt under this release order for this shpt strictly, we'll debit you RMB100/unit as doc amendment fee for failing to do so.)
并且，我司将追究由于"错用箱"所造成的一切后果和责任。
(Besides, we'll hold you responsible for the consequences and costs caused by "misused containers".
2.
提箱时随附高保封和设备交接单，请在确认箱体完好无损后签署设备交接单；对于提箱出场后的污损，我司概不负责。
(You'll receive a high security seal and an EIR with one container. Please sign on EIR after checking and confirming
the sound condition of the container. We are not responsible for any stain or damage after container gate-out.)
3. 货物取消出口，请于开船后两日之内将空箱退回原堆场，迟期收取柜租。
(If shipment cancelled, please return the empty container to depot within 2 days after vessel departure. We'll collect demurrage for any delay.)
4. 请加盖车队公章后提箱。

图 6-3　放柜通知

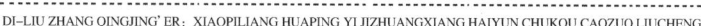

七、核实运抵后报关

在货物进仓的同时，张小姐将报关委托书及相关的报关单证转至与其公司长期合作的报关行，由其负责此票货物的报关（一些大型的货运代理公司自设报关部，处理报关业务）。

拼箱出口货物报关较整箱货物报关更为复杂。长期以来，海关对出口拼箱的监管过程采用二次放行的做法。所谓"二次放行"，即企业需要各自向海关申报放行单票拼箱货物，待整箱内所有货物均申报放行后，由拼箱仓库集齐全部已放行装货准单后，到海关再一次办理整箱场站收据放行手续。换句话说，海关要为企业办理两次放行手续。为适应现代大通关格局和国际物流发展的需要，各口岸海关相继采取措施将原来的"二次放行"变为"先装箱、后报关"的通关模式，即企业现有的货物订仓、配载、交付、录报关单等作业模式保持不变，待货物装箱完毕，将整箱内货物的分票报关单集齐后一次性地向海关接单现场递单。这样，"二次放行"转变为"一次通关"，从而简化了操作手续，提高了口岸的物流效率。

针对出口货物，海关均有一定比例的货物查验，集拼货物也不例外。对于查验有问题的单票货物，为了不影响整箱内其他货物的出口，海关允许拼箱仓库将其他正常货物装箱、施封。同时，更改出口拼箱货物装箱明细表、整箱场站收据，到接单现场办理相关的更改手续。如果拼箱承运人需要在该集装箱里增加新的货物，则需重新办理相关手续。

八、集港装船

集装箱货运站业务员每天通过自动查询电话向港务局查询当日或第二日各船的集港信息，出具待集港箱汇总表，打印集港单，分送仓储部、运输部，由仓储部、运输部安排专人发箱集港。

九、确认提单

货物顺利装船出运后，船公司放主单给货代公司，张小姐为集拼客户分别制好货代提单（分单）样本传真给客户确认，制妥提单并交主管审核后交财务盖提单章并复印留底。在确认收妥运费及相关垫付费用可以放单，并安排外勤（也可以快递寄送）后，将分单放给客户，此笔业务顺利完成。

应注意的是，如客户有需要电放、倒签、预借、并单、分单、异地放单等要求时，货代公司需收取保函。如果正本提单改电放，除了需要电放保函以外，一定要将正本提单收回。

十、核收费用，交付提单

在出口货物国际货运代理业务中，委托人关注的是货物如期出运，并能及时获取缮制正确的提单；而代理人更加关注的是各项费用，包括垫付的海运费是否能及时收回。尽管二者的关注点不同，但仍有内在联系。海运提单是重要的物权凭证，其缮制得正确与否，关系到发货人能否及时结汇，收货人能否及时提取货物，间接地也关乎代理人能否顺利收取各种费用。

为避免修改正本提单，货运代理公司应提前缮制提单样单，并请委托人书面确认提单内容。同时，为避免可能存在的误解，货代公司在收费放单（移交提单）前，也需将所代理业务的费用明细书面发委托人确认（见表6-2）。

表6-2 货运代理费用明细

订单编号：　　　　　　客户名称（简写）：　　　　　　目的国/港口：

数量：　　　　　　　　订单金额(USD)：　　　　　　　目前汇率：

海运填写　　　货代名称：

序号	费用项目	详情描述 柜子尺寸和港口请标注	金额（USD/RMB需注明）		费用承担方	
			RMB	USD	买方	卖方
1	海运费					
2	集装箱拖车费					
3	码头操作费					
4	订舱费					
5	报关费					
6	文件费					
7	出具商检凭条					
8	紧急燃油附加费					
9	集装箱不平衡附加					
10	安保费					
11	提单电放					
12	设备管理费					
13	海运保险费					
	合　计：					

一些货代公司为了规范业务及应收账款管理，内部规定不得擅自给客户放单，对正本提单要做到取回后再重新审核一次，确认无误后交财务部门，由财务部门核查应收尽收后，直接放单给客户，且需由提单领取人签收。

现以某货代公司货物费用拟收表为例（见表6-3），列出与港口费用相关的一些术语，供学习参考。

表 6-3 货物费用拟收表

简称	英文	中文	注释	船公司
ABD	Arbitraries at Destination	目的地为非基本港附加		
ABL	Arbitraries at Origin	起运地为非基本港附加		
ABY	Arbitrary	转运费		
ACC	Alameda Corridor Charge	艾美达走廊费	征收对象为经由LBH、LAX 两港利用铁路运输中转至加州、华盛顿州、亚利桑那州、内华达州的或以外的所有美国各地区的货物。	
ADD	Additional Charges	附加费		
AEV	Anti-epidemic and Veterinary Fees	防疫兽医费		
AMA	Advance Manifest Amendment Fee	美海关更正费		
AMS	Automatic Manifest System	自动舱单系统录入费	用于美加航线	
BAF	Bunker Adjustment Factor	燃油附加费	大多数航线都有，但标准不一	
BFTS	Benin Freight Tax Surchage	贝宁运费税收附加费		
CAF	Currency Adjustment Factor	货币贬值附加费	海运费的×%，也适用于直达运费或含附加费运费	
CCF	CFS Charge of Collected	集拼费		
CCT	Charges for Cleaning Tank	液体舱清洗费		
CCY	Container CY Charger	场站费		
CDC	Container Devanning Charges	集装箱拆装费		
CFC	Customs Formalities Charges	海关手续费		
CFD	CFS Charge at Destination	目的地货运站交货费		
CFS	CFS Charge at Origin	装港拼箱服务费		
CHC	Container Handling Charges	集装箱操作费		
CHD	Custom Handling/Delivery Charges	海关操作/交接费		
CHS	Chassis Charge	底盘车使用费		

表6-3　续1

简称	英文	中文	注释	船公司
CLB	Cleaning Box Charge	集装箱清洁费		
CMC	Container Management Charges	集装箱管理费		
COD	Change Original Destionation Fee	改港费		
CRC	Currency Recovery Charges	币制换算费		
CRS	Port Crane Surcharge	租用港口吊机费		
CSC	Container Stuffing Charges	装箱费		
CSF	Carrier Security Fee	船东安全费用		
CTC	Centralization Charges	居中费		
CUC	Chasis Usage Charge	车架使用费		
CUS	Custom Clearance Fee	清关费		
CYD	CY Charge at Destination	日本码头附加费		
DAC	Direct Additional Charge	直航附加费		
DAF	Document Adjustment Factor	改单费		
DDC	Destination Delivery Charge	目的港交货费	美国线专用	
DEM	Demurrage Charges	滞期费		
DEX	Discharging Expenses	卸货费		
DOC	Documentation Charges	货运单费		
DTHC	Destination Terminal Handle Charge	目的港码头操作费		
EBA	Emergency Bunker Add	紧急燃油附加费	一般是非洲航线、中南美航线使用	
EBS	Emergency Bunker Surcharge	紧急燃油附加费	一般是日本、澳洲航线使用	
ECR	Empty Container Reposition Surcharge	回空费		
EHC	LI/LO Equipment Handing Charges	滚装设备处理费		
EQH	Equipment Hire Charge	设备租用附加费		
ESS	Emergency Space Surcharge	紧急舱位附加费		
FAF	Fuel Adjusting Factor	燃油附加费	日本线专用	
FMF	Fumigation Fee	熏蒸费		
FRC	Fuel Recorery Charge	燃油附加费		
FSC	Feeder Sucharge	支线船附加费		
FSC	Fuel Surcharge	燃油附加费	空运用	

表6-3 续2

简称	英文	中文	注释	船公司
GRI	General Rate Increasing	综合费率上涨附加费	一般是南美航线、美国航线使用	
GRR	General Rate Restoration	运价调整费	旺季时收取	YM Line
HCO	Oversize Cargo Handling Charge	超尺寸货附加费		
HDS	Hot Delivery Surcharge at Destination	快速交货费		
HLC	Heavy-lift Additional Charge	超重附加费		
HMF	Harbor Maintenance Fee	港口维护费		
HWC	Handling and Wharfage	操作和码头费		
HZS	Hazardous Surcharge	美危险品铁路转运附加费		
I. C. D	Inland Clearance Depot	内陆点清关堆场		
IAC	Inermodal Administration Charge	内陆运输附加费	美加航线使用	
IAP	Indonesia Additional Premium Surcharges	印尼港口附加费		
ICS	Ice Surcharge	破冰费		
IFA	Interim FAF Assessment	临时燃油附加费	某些航线临时使用	
IFC	Inland Fuel Charge	内陆燃油附加费		
INH	Inland Haulage	内陆拖运费		
IOS	Inland Overweight Surcharge	温哥华中转至美中西部超重附加费		
ISPS	International Ship and Port Facility Security Charge	国际船舶和港口安全费用	分为 CSF 和 TSF	
ISS	Insurance & Security Surcharge	安检保险费	空运用	
LDC	Landing Charge	落地费		
LEX	Loading Expenses	装货费		
LFC	Lift off Charge	吊下费		
LIS	Logistics Imbalance Surcharge	空箱调运费		
LLC	Long Length Additional Charge	超长附加费		
LOC	Lift on Charge	吊上费		
MPF	Merchandise Processing Fee	理货费		
MQC	Minimum Quantity Commitment	最小货量承诺		

表6-3　续3

简称	英文	中文	注释	船公司
NFTS	Nigeria Freight Tax Surchage	尼日利亚运费税收附加费		
NPS	Nigeria Port Surcharge	尼日利亚港口附加费		
O/F	Ocean Freight	海运费		
OFT	Ocean Freight	海运费		
ORC	Origin Receiving Charge	始发接单费	和 SPS 类似，一般在我国华南地区使用	
OSC	Overtime Storage Charge	超期堆存费		
OTS	Open Top Surcharge	开顶箱附加费		
PCC	Port Construction Charges	港口建设费		
PCS	Port Congestion Surcharge	港口拥挤附加费	一般是以色列、印度的某些港口及中南美航线使用	
PCS	Panama Canal Surcharge	巴拿马运河附加费		
PCTF	Panama Canal Transit Fee	巴拿马运河附加费	美国航线、中南美航线使用	
PLP	Penalty for Late Payment	罚金	某些船公司规定，预付的海运费要在船开后 20 天内付完，否则将会有罚金产生	CMA
PLR	Port Labour Rationnalization Charge	港口劳力调节费		
PSC	Port Surcharge	港口附加费		
PSS	Peak Season Surcharge	旺季附加费	大多数航线在运输旺季时可能临时使用	
PTI	Refer Container Pretesting Inspect	空箱预冷费		
RR	Rate Regulation	费率附加费	也是船公司涨价的手段之一，类似 GRR	
SAPA	South Africa Port Additional	南非港口附加费		
SCS	Suez Canal Surcharge	苏伊士运河附加费		
SCT	Shanghai Container Terminal Surcharge	上海集装箱码头附加费		

表6-3　续4

简称	英文	中文	注释	船公司
SDC	Dangerous Cargo Surcharge	危险品附加费		
SDD	Store Door Delivery	指定客户仓库前交货		
SYS	System Surcharge	系统附加费		
T. R. S	Telex Release Surcharge	电放费		
TAC	Transhipment Additional Charges	转船附加费		
TAD	Transport Additional at Discharge	内陆转运费		
TAR	Temporary Additional Risks Surcharge	战争附加费	本义为"临时附加费风险"，实指战争附加费	
TCC	Tank Cleaning Charge	洗舱费		
THC	Terminal Handling Charge	码头操作费		
THD	Terminal Handling Charge at Destination	目的地码头交接货费		
TSC	Transhipment Surcharge	转船附加费		
TSC	Terminal Security Charge	码头安全费用		
WRS	War Risk Surcharge	战争附加费		
WSC	Winter Surcharge	冬季附加费		
YAS	Yen Appreciation Surcharge	日元贬值附加费	日本航线专用	
DS	Deviation Surcharge	绕航附加费		
CC	Cleaning Charge	洗舱费		

◇ 同步练习

1. 联系本地货代公司，询问本地至日本东京的拼箱运费是多少。有时货代公司会报出零运费，这是为什么呢？货代公司还能够获利吗？

2. 上网查询"NVOCC"为哪个名词的缩写，并拓展相关知识。

3. 走访货代公司，调研拼箱操作技巧及拼箱原则。

第七章 情境三：进口摄像机海运代理操作流程

DI-QI ZHANG QINGJING SAN: JINKOU SHEXIANGJI

HAI YUN DAILI CAOZUO LIUCHENG

◇ **知识目标**

了解海运进口货物货运代理操作规范。

掌握海运进口业务换单程序。

◇ **能力目标**

能够与同事协作完成海运进口货运代理业务。

◇ **情境设置**

C 进出口公司从日本进口一个集装箱的数码摄像机。货物从天津新港进境。因 C 进出口公司常年以经营出口业务为主，对进口货物清关提货操作没有经验，故决定委托 A 物流有限公司代其办理提货手续。公司安排张小姐在师傅的帮助指导下完成此笔业务。

进口货物的提取大致要经过以下 8 个流程。

一、接单并获取信息

货物抵港前，张小姐从委托人那里获取包括正本提单在内的全套运输单据及其他商业单据和特殊单据，并进行整理。

接到客户的全套单据后，要查清该进口货物属于哪家船公司承运，哪家作为船舶代理，在哪里可以换到供通关用的提货单（全套单据包括带背书的正本提单或电放副本、装箱单、发票、合同等）。

注意事项如下：

1. 提前与船公司或船舶代理部门联系，确定船到港时间、地点，如系转船运输，还应及时核查二程船名。

2. 提前与船公司或船舶代理部门确认换单费、押箱费、换单的时间。

3. 提前联系好场站以确认提箱费、掏箱费、装车费、回空费。

二、换提货单

张小姐凭带有背书的正本提单（如电报放货，可带电报放货的传真件与保函）去船公司或船舶代理部门换取提货单和设备交接单。

提货单（Delivery Order，D/O）又称小提单，是收货人凭正本提单或副本提单随同有效的担保向承运人或其代理人换取的，可向港口装卸部门提取货物的凭证（见图7-1）。

提 货 单
(DELIVERY ORDER)

No.

收货人 通知人	下列货物已办妥手续，运费结清请准许交付收货人。
船名：　航次：　起运港：	唛头：
提单号：　交付条款：　目的港：	
卸货地点：　进场日期：　箱进口状态：	
抵港日期：　到付海运费：	
一程船：　提单号：	

集装箱/铅封号	货 物 名 称	件数与包装	重量(kgs)	体 积(m³)

第一联　海关申报交港方

请核对放货：

凡属法定检验、检疫的进口商品，必须向有关监督机关申报。　　　　提货专用章

海 关 章			

图 7-1　提货单

发放小提单时应做到：

1. 正本提单为合法持有人所持有。

2. 提单上的非清洁批注应抄至小提单。

3. 运费未付的，应在收货人付清运费及有关费用后，方可发放小提单。

注意事项如下：

1. 提单背书有两种形式，如果提单上的收货人栏显示"To Order"，由"Shipper"背书；如果收货人栏显示其真正的收货人，则需收货人背书。

2. 保函是由进口方出具给船舶代理的一份请求放货的书面证明。保函的内容包括进口港、目的港、船名、航次、提单号、件重尺及进口方签章。

3. 换单时应仔细核对提单或电放副本与提货单上的集装箱箱号及封号是否一致。

4. 提货单通常分为 5 联，即白色提货联、蓝色费用账单、红色费用账单、绿色交货记录、浅绿色交货记录。

5. 设备交接单是集装箱进出港区、场站时，用箱人、运箱人与管箱人或其代理人之间交接集装箱及其他机械设备的凭证，并兼具管箱人发放集装箱的凭证的功能。当集装箱或机械设备在集装箱码头堆场或货运站借出或回收时，由码头堆场或货运站制作设备交接单，经双方签字后，作为两者之间设备交接的凭证。

集装箱设备交接单分进场和出场两种，交接手续均在码头堆场大门口办理。出码头堆场时，码头堆场工作人员与用箱人、运箱人共同审核设备交接单上的主要内容：用箱人名称和地址，出堆场时间与目的，集装箱箱号、规格、封志号，是空箱还是重箱，有关机械设备的情况，正常还是异常等。

进码头堆场时，码头堆场的工作人员与用箱人、运箱人就设备交接单上的下列内容共同进行审核：集装箱、机械设备的归还日期、具体时间及归还时的外表状况，集装箱、机械设备归还人的名称与地址，进堆场的目的，整箱货交箱货主的名称和地址，拟装船的船次、航线、卸箱港等。

三、报关报检

张小姐将提货单及全套报关单据交由报关员办理进口摄像机的通关手续。进口商品报关流程如下：

1. 与委托人核实到港货物的详细情况后，按照《中华人民共和国海关进出口货物报关单填制规范》的要求，在"中国国际贸易单一窗口"（简称"单一窗口"）平台如实对入境货物进行申报。申报数据提交前，需专门安排业务熟练、经验丰富的业务人员根据商品编码确认海关监管条件，确保提供的商业单证及特殊单证齐全、正确，并对录入的报关及商品检验检疫信息认真审核，特别是各栏目的逻辑关系要认真比对，以免给企业带来经济及信誉损失，杜绝违纪违法行为。

2. 按照《中华人民共和国进出口关税条例》的要求，依据《中华人民共和国进出口税则》确定进出口货物关税税率的适用、进出口货物完税价格，配合海关完成进出口货物关税的征收工作。

四、接受查验检验

根据《中华人民共和国海关进出口货物查验管理办法》的要求，按照海关提示，配合海关在规定的时间、地点完成对进口商品的查验及检验。当海关要求开箱查验货物时，应提前与场站取得联系，调配机力将待查集装箱调至海关指定的场站（事先应与委托人确认海关查验注意事项）。

五、缴纳港杂费

去港池大厅交港杂费。港杂费用结清后，港方将提货联退给提货人供提货用。

六、提运货物

所有提货手续办妥后，可通知事先联系好的堆场提货。

注意事项如下：

1. 首先应与港池调度室取得联系，安排计划。

2. 根据提箱的多少与堆场情况，联系足够的车辆，尽可能地在港方要求的时间内提清，以免产生转栈堆存费用。

3. 提箱过程中应与堆场有关人员共同检查箱体是否有重大残破，如有重大残破，应要求港方在设备交接单上签残。

七、退还集装箱

重箱由堆场提到场地后，应在免费期内及时掏箱以免产生滞箱。货物提清后，应及时退还空箱，并从场站取回设备交接单证明箱体无残损，然后去船公司或船舶代理部门取回押箱费。

八、结算费用

根据报价及相关标准，结清费用。

◇ **同步练习**

当小提单与舱单不一致时，如何办理进口报关手续？

第八章　空运预备知识：航空飞行器与集装器

DI-BA ZHANG KONGYUN YUBEI ZHISHI：HANGKONG

FEIXINGQI YU JIZHUANGQI

◇ **知识目标**

了解航空飞行器的分类。

熟悉航空集装器的相关知识。

◇ **能力目标**

能够根据货量及货物属性选择适当的集装器。

能够识记航空集装器的型号。

第一节　航空飞行器

本节所述的航空飞行器指承载空运货物的飞机。

按用途划分，飞机可分为国家航空飞机和民用航空飞机。国家航空飞机指军队、警察和海关等使用的飞机；民用航空飞机指民用的客机、货机和客货两用机。这里主要介绍民用航空飞机的分类。

1. 按机身的宽窄，民用航空飞机可以分为窄体飞机和宽体飞机。其中，窄体飞机的机身宽约 3 米，旅客座位之间有一个走廊，这类飞机往往只在其下舱装运散货；宽体飞机的机身较宽，一般在 4.72 米以上，这类飞机可以装运集装货物和散货。

2. 按实际用途，民用航空飞机可划分为全货机、全客机和客货混用机 3 种。

一般飞机主要有两种舱位，即主舱（Main Deck）和下舱（Lower Deck），但波音747 型飞机较其他机型多了一个上舱（Upper Deck），见图 8-1。

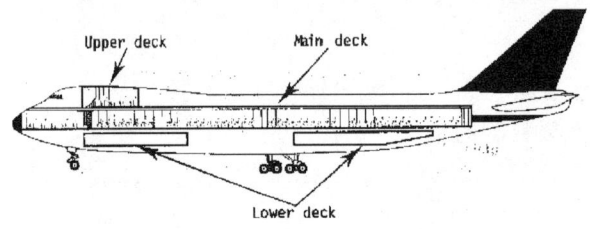

图 8-1　波音 747 型飞机舱位示意图

（1）全货机：主舱及下舱全部载货，具有较大的货舱和货舱门，地板上还有滚体传输装置，便于大型货物装卸。

（2）全客机：只在下舱载货。

（3）客货混用机：在主舱前部设有旅客座椅，后部可装载货物（视航行任务而调整），下舱用于装货。

第二节　集装器

集装器是航空集装运输所使用的各种类型的集装箱、集装板和辅助器材的总称，它是宽体飞机的组成部分，通过与飞机装卸、限动装置配合，实现集装化运输。

一、航空集装运输的特点

航空集装运输将一定数量的单位货物装入专用集装箱内或装在带有网套的集装板上作为运输单位进行运输，它具有如下特点：

1. 减少货物装运的时间，提高工作效率；

2. 以集装运输代替散件装机，可以减少地面等待时间；

3. 减少货物搬运次数，有利于提高货物完好率；

4. 减少差错事故，提高运输质量；

5. 节省货物的包装材料和费用。

二、集装设备的种类

装运集装器的飞机，器舱内应有固定集装器的设施，把集装器固定于飞机上，这时集装器就成为飞机的一部分，所以飞机的集装器的尺寸有严格的规定。飞机集装器可分为以下几种：

（一）集装板和网套

集装板（见图8-2）是具有标准尺寸、四边带有卡锁轨或网带卡锁眼、带有中间夹层的硬铝合金制成的平板，以便货物在其上码放。网套（见图8-3）是用来把货物固定在集装板上，具有专门卡锁的装置。

图 8-2　集装板　　　　　　　　图 8-3　网套

（二）结构与非结构集装棚

为了充分利用飞机内的空间，保护飞机的内壁，除了板和网之外，还可增加一个非结构棚罩（可用轻金属制成，见图8-4），罩在货物和网套之间，这就是非结构集装棚。结构集装棚（见图8-5）是指带有固定在底板上的外壳的集装设备，它形成了一个完整的箱，不需要网套固定，分为拱形和长方形。

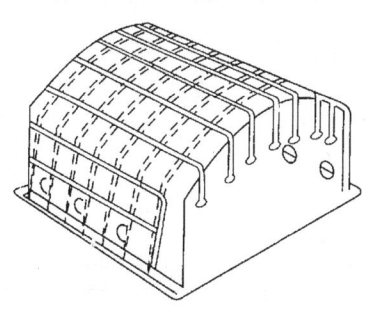　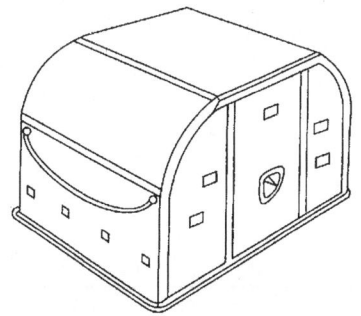

图 8-4　非结构集装棚　　　　　　图 8-5　结构集装棚

（三）集装箱

集装箱（见图8-6）类似于结构集装棚，可分为以下几类：（1）联运集装箱（Intermodal Containers），分为20尺柜和40尺柜，只能装于全货机或客机的主货舱，主要用于陆空、海空联运；（2）主货舱集装箱（Main Deck Containers），只能用于全货机或客机的主货舱，高度在163厘米以上；（3）下货舱集装箱（Lower Deck Containers），只能装于宽体飞机的下货舱。

图8-6　航空集装箱

此外，还有一些特殊用途的集装箱，如保温箱，分为密闭保温主箱和动力控制保温箱两种；还有运载活体动物和特种货物的专用集装箱，如马厩（Horse Stall）、牛栏（Cattle Stall）、汽车运输设备（Automobile Transport Equipment）。

三、集装器代号

为表明集装器的特征，行业内用集装器代号表示集装器的类型、尺寸、外形、与飞机的匹配性、是否注册等情况。

集装器代号由字母和数字组成，如"PAP5001FM"。

集装器代号各位置的字母或数字的含义见表8-1。

表8-1　集装器代号各位置字母或数字含义表

位置	字母或数字	含义
1	字母	集装器的类型
2	字母或数字	底板尺寸
3	字母	外形或适配性
4、5、6、7	数字	集装箱序号
8、9	字母	集装器所有人或注册人，通常是航空公司的二字代码

集装器代号首位字母含义见表8-2。

表 8-2　集装器代号首位字母含义表

代码	代表种类	含义
A	Certified Aircraft Container	注册的飞机集装器
B	Non-certified Aircraft Container	非注册的飞机集装器
F	Non-certified Aircraft Pallet	非注册的飞机集装板
G	Non-certified Aircraft Pallet Net	非注册的飞机集装板网套
J	Themal Non-structured Igloo	保温的非结构集装棚
M	Themal Non-certified Aircraft Container	保温的非注册的飞机集装箱
N	Certified Aircraft Pallet Net	注册的飞机集装板网套
P	Certified Aircraft Pallet	注册的飞机集装板
R	Thermal Certified Aircraft Container	注册的飞机保温箱
U	Non-structual Igloo	非结构集装棚
H	Horse Stall	马厩
V	Automobile Transport Equipment	汽车运输设备
X、Y、Z	Reserved for Airline Use Only	供航空公司内部使用

　　注册集装器是指由政府有关机构授权的集装器制造商授予证书并满足飞机安全需要的集装器，此类集装器被认为是飞机可装卸的货舱，能起到保护飞机设备和构造的作用。

　　非注册集装器没有被授予证书，也不被作为飞机可装卸的货舱，因为它们的形状不能完全符合飞机机舱的构造和轮廓，但可适应地面操作环境，此类集装器只能用于指定机型及指定的货舱内，禁止用于飞机的主舱，当货舱内放入此类集装器时，必须牢牢地固定。

　　集装器代号第二位表示集装器的底板尺寸，其含义见表 8-3。

表 8-3　集装器底板尺寸代码表

代码	底板尺寸（平方厘米）
A 或 1	224×318（P1 板）
B 或 2	224×274（P2 板）
E	224×135
G 或 7	244×606（P7 板）
K 或 V	153×156
L	153×318
M 或 6	244×318（P6 板）
P	119×153

集装器代号第三位表示集装器的外形及其与飞机的适配性，其含义见表8-4。

表 8-4　集装器外形及其与飞机适配性表

代码	适配性
E	适用于 B747、A310、DC10、L1011 下货舱无叉眼装置的半型集装箱
N	适用于 B747、A310、DC10、L1011 下货舱有叉眼装置的半型集装箱
P	适用于 B747COMB 上舱，B747、A310、DC10、L1011 下货舱的集装板
A	适用于 B747F 上舱的集装箱

◇ **同步练习**

1. 请从网上查询常见客货机机型及相关资料。

2. 请通过互联网，扩展航空集装箱、集装板的相关知识。

第九章　情境四：线圈空运出口操作流程

DI-JIU ZHANG QINGJING SI：XIANQUAN KONGYUN CHUKOU CAOZUO LIUCHENG

◇ **知识目标**

熟悉空运出口货运代理操作规范。

了解航空运输代理人与航空公司的关系。

◇ **能力目标**

能够正确填制空运订舱单。

能够准确缮制和识别空运标签。

能够与同事协作完成空运出口货运代理业务。

◇ **情境设置**

　　天津 D 国际货运代理公司的宋先生进入公司见习 3 个月后进入操作岗位。他接手的第一项业务便是受托将一批线圈从天津通过航空运输运往韩国仁川。

一、委托运输

　　秦皇岛 X 电子公司有一批线圈准备出口韩国，经天津 D 国际货运代理公司销售人员前期销售推广及报价更新，X 电子公司拟将出运工作委托给该公司。这天，宋先生接到 X 电子公司赵小姐的电话，要求其尽快安排出运。

　　在国际航空运输过程中，一般均由货主作为委托人提出委托，由货代公司作为代理人接受委托，从而达成双方的委托代理关系。这种代理关系的确定，通常是通过签订一份货运代理委托书来达成的。货主发货前，首先需要填写委托书，即货物托运书，并加盖公章，作为货主委托代理公司承办航空货物出口运输的依据。

　　托运书（Shippers Letter of Instruction，SLI）是托运人用于委托承运人或其代理人填开货运单的一种表单，其上列有填开货运单所需的各项内容，托运人必须逐项认真仔细地填写。其样式见图 9-1。

国际货物托运书

SHIPPER'S LETTER OF INSTRUCTION

货运单号码

NO. OF AIR WAYBILL

始发站 AIRPORT OF DEPARTURE QINGDAO, CHINA	到达站 AIRPORT OF DESTINATION SELANG DE MALAYSIA	供承运人用 FOR CARRIER USE ONLY		
		航班/日期 FIGHT/DATE		航班/日期 FIGHT/DATE

线路及到达站 ROUTING AND DESTINATION							
至 TO: KE	第一承运人 FIRST CARRIER QAO	至 TO:	至 TO:	至 TO:	至 TO:	至 TO:	

已预留吨位

BOOKED

收货人帐号 CONSIGNEE'S ACCOUNT NUMBER	收货人姓名及地址 CONSIGNEE'S NAME AND ADDRESS

唛头：

另请通知

ALSO NOTIFY

托运人帐号 SHIPPER'S ACCOUNT NUMBER	托运人姓名及地址 SHIPPER'S NAME AND ADDRESS

托运人声明的价值 SHIPPER'S DECLARED VALUE		保险金额 AMOUNT OF INSURANCE	所附文件 DOCUMENT ACCOMPANY TO AIR WAYBILL		
供运输用 FOR CARRIAGE NVD	供海关用 FOR CUSTOMS NCV				

件数 NO. OF	实际毛重(公斤) ACTUAL	运价类别 RATE	收费重量 CHAGEABLE WEIGHT	费率 RATE/CHARGE	货物品名及数量(包括体积或尺寸) NATURE AND QUANTITY OF GOODS
100CTNS	3840.00KGS	N	38.5	38.67CNY/CTN	garment 82 × 48 × 32（cm3） ×100 CTN

在货物不能交收货人时，托运人指示处理方法
SHIPPER'S INSTRUCTION IN CASE OF INABLITY TO DELIVER SHIPMENT AS CONSIGNED

处理情况(包括包装方式，货物标志及号码等)
HANDLING INFORMATION(INCL. METHOD OF PACKING, INDENTIFY MARK AND NUMBERS ETC.)

托运人证实以上所填全部属实并愿意遵守承运人的一切载运章程
THE SHIPPER CERTIFIES THAT THE PARTICULAR ON THE FACE HEREOF ARE CORRECT AND AGREE TO THE CONDITIONS

OF CARRIAGE OF THE CARRIER.

托运人签字   日期   经手人

图 9-1 托运书

托运书主要具备两项功能：

1. 委托方（货主）与代理方（货代公司）之间的契约文件。委托方与代理方通常要通过多次口头和书面上的交流沟通之后才能达成一致，此时应该将全部探讨落实的内容写进托运书中，任何一方如有变动应及时通知对方，以免产生不必要的法律后果。双方契约行为的成立以双方单位的签字或盖章为据，使之成为有效的法律文件。

2. 代理方的工作依据。货代公司在接受托运人委托后，应在单证操作前指定人员审核托运书（此环节又称"合同评审"）。审核的主要内容有价格和航班日期。目前，航空公司大部分采取自由销售方式。每家航空公司、每条航线、每个航班，甚至每个目的港均有优惠运价，这种运价会因货源、淡旺季经常调整，而且各航空公司之间的优惠价也不尽相同。这就为托运人提供了选择的空间。需要指出的是，货运单上显示的运价虽然与托运书上的运价有联系，但互相之间有很大区别。货运单上显示的是TACT 上公布的适用运价和费率，托运书上显示的是航空公司优惠价加上杂费和服务费或使用协议价格。托运书的价格审核就是判断其价格是否能被接受，预定航班是否可行。审核人员必须在托运书上签名并注明日期以示确认。

在双方有长期货运代理业务的基础上，有时也会以托运单、场站收据联单、货物明细表、简易提单，甚至传真或者电子邮件的形式来代替托运书。为了明确双方的委托代理关系，在实际业务操作中，最好以规范的托运书或者委托合同的形式将双方的关系明确，以防日后发生纠纷时无法分清双方的责任和权利。

二、预配舱和预订舱

接到货运代理委托后，货运代理人对所接受的委托进行汇总，依据各个客户报来的预报数据，计算出各航线的总件数、重量、体积，按照客户的出运要求和货物情况，结合比较各航空公司的航班时刻汇总表，以及各航空公司不同机型对不同板箱的重量和高度要求，选择承运人。承运人确定后，货代公司将为每票货配上运单号（一般情况下，航空公司会将运单定期发放给予其有运价协议的航空货运代理公司，也就是说，运单掌握在航空公司协议货代手中。预配某一票货时，货代会提供预留运单号）。

代理人根据预配舱方案，按航班号、日期，打印出总运单号、件数、重量、体积，向航空公司进行预订舱。这一环节之所以被称为"预订舱"，是因为此时货物可能还没有入库，预报内容和实际的件数、重量、体积等都会有差别，这些将等到正式配舱时再做调整。向航空公司预订舱位要尽量准确，实际到货如果少于订舱数，航空公司会产生亏仓；实际到货如果多于订舱数，舱位紧张时航空公司会将多余货物安排到下一航次出运，容易发生目的港分批到货的情况。

各航空公司航班时刻见表 9-1。

表 9-1　各航空公司航班时刻汇总表（节选）

目的港	航空公司	日期	交货结单时间
ICN（仁川）	OZ（韩亚航空）	Mon~Sat	当日上午 10：00
ICN（仁川）	KE（大韩航空）	Daily	前一日 19：00

经过联系，宋先生为货主选定韩亚航空公司的"OZ 998/DEC 31"飞往仁川的航班，并将预订舱单（见表9-2）传递给航空公司。

表9-2 预订舱单

运单号	目的站	件数/数量	体积	品名	一程航班/日期	二程航班/日期

TEL：　　　　　联系人：宋先生　　　FAX：

三、接单与审核单证

接单是指航空货运代理公司在预订舱位后，从托运人手中接过货物出口所需的一切单证，包括托运单、发票、箱单、合同副本等，其中主要的单证是报关单证。航空货代接到上述单证后应认真审核单证的内容及单证的一致性，再将配好的总运单及分运单（货物存在分运单的情况）、报关单证移交制单部。如此时货未到或未全到，可以按照托运书上的数据在单据上注明，待货物到齐后，再添加件数、重量、尺寸等需要复核的货物信息至运单的相应位置。

四、接收货物

接收货物是指航空货运代理公司把即将发运的货物从发货人手中接过来并运送到自己的仓库。

接收货物一般与接单同时进行。对于通过空运或铁路从内地运往出境地的出口货物，货运代理公司按照发货人提供的运单号、航班号、交接地点及接货日期，代其提取货物。如货物已在始发地办理了出口海关手续，发货人应同时提供始发地海关关封。

接货时应对货物进行过磅和丈量，并根据发票、装箱单或送货单清点货物，核对货物的数量、品名、合同号或唛头等是否与货运单上所列一致。

（一）基本要求

1. 托运人提供的货物包装要求坚固、完好、轻便，能够保证在正常的操作运输情况下，货物可完好地运达目的地，同时，也不损坏其他货物和设备。

货物包装的具体要求是：包装不破裂；内装物不漏失；填塞要牢，内装物相互不摩擦；没有异味散发；不因气压、温度变化而引起货物变质；不伤害机上人员和操作人员；不污损飞机、设备和机上其他装载物；便于装卸。

2. 为了不使密闭舱飞机的空调系统堵塞，不得用带有碎屑、草末等的材料做包装，如草袋、草绳、粗麻包等。包装的内衬物，如谷糠、锯末、纸屑等不得外漏。

3. 包装外部不能有突出的棱角，也不能有钉、钩、刺等。包装外部需清洁、干燥，没有异味和油脂。

4. 托运人应在每件货物的包装上详细写明收货人的姓名和地址及托运人、通知人的信息。如包装表面不能书写，可写在纸板、木牌或布条上，再拴挂在货物上，填写时字迹必须清晰。

5. 包装窗口的材料要良好，不得用腐朽、虫蛀、锈蚀的材料。无论是木箱还是其他容器，为了安全，必要时可用塑料、铁箍加固。

6. 如果包装件有轻微破损，填写货运单时应在"Handling Information"上标注详细情况。

（二）对包装材料的具体要求

通用包装包括木箱、结实的纸箱（塑料打包带加固）、皮箱、金属或塑料桶等。

1. 液体类货物：不论瓶装、罐装或桶装，容器内至少应有5%～10%的空隙，封盖严密，容器不得渗漏；用陶瓷、玻璃容器盛装的液体，每一容器的容积不得超过500毫升，并需外加木箱包装，箱内装有内衬物和吸湿材料，内衬物要填牢实，以防内装容器碰撞破碎；用陶瓷、玻璃容器盛装的液体货物，外包装上应加贴"易碎物品"标贴。

2. 易碎物品：每件重量不超过25千克；用木箱包装并用内衬物填塞牢实；包装上应贴"易碎物品"标贴。

3. 精密仪器和电子管：多层次包装，内衬物要有一定的弹性，但不得使货物移动位置或互相碰撞摩擦；悬吊式包装，用弹簧悬吊在木箱内，适于电子管运输；加大包装底盘，不使货物倾倒；包装上应加贴"易碎物品"和"不可倒置"标贴。

4. 裸装货物：不怕碰压的货物如轮胎等，可以不用包装，但不易点数或容易碰坏飞机的仍需妥善包装。

5. 木制包装：木制包装或垫板表面应清洁、光滑、不携带任何种类的植物害虫。

6. 混运货物：一票货中含有不同物品称为"混运货物"。这些物品可装在一起，也可以分别包装，但不得包含贵重货物、动物、尸体、骨灰、外交信袋及作为货物运送的行李。

五、标记和标签

接货后，宋先生检查货物是否贴有标记，同时给每件货物贴上标签。

（一）标记

在货物外包装上由托运人书写的有关事项和记号包括托运人及收货人的姓名、地址、联系电话、传真、合同号、操作注意事项等。

（二）标签

1. 根据作用的不同，标签可以分为识别标签、特种货物标签和操作标签三种。

识别标签用来标明货物的货运单号码、始发地、经停地、目的地、件数、重量等，按使用方法的不同，可分为挂签和贴签两种。使用要求是：在使用标签之前，清除所有与运输无关的标记和标签；体积较大的货物需对贴两张标签；袋装、捆装、不规则包装除使用两个挂签外，还应在包装上写清货运单号码和目的站。识别标签样式见

图9-2。

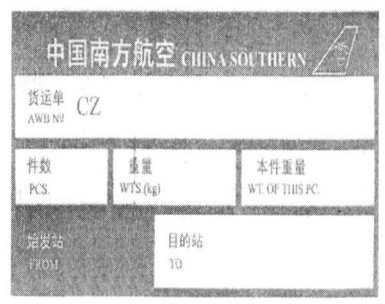

图 9-2 识别标签

特种货物标签用来说明特种货物的性质。按照特种货物种类的不同，分为活动物标签（见图9-3）、危险品标签和鲜活易腐物品标签（见图9-4）。

图 9-3 特种货物标签（活动物）　　图 9-4 特种货物标签（鲜活易腐物品）

操作标签用来说明货物储运过程中的注意事项，如易碎品、不得倒置、防潮等。不得倒置标签、防潮标签样式分别见图9-5、图9-6。

图 9-5 操作标签（不得倒置）　　图 9-6 操作标签（防潮）

2. 根据类别的不同，标签可分为航空公司标签和分标签两种。

航空公司标签（见图9-7）是实际承运人对其所承运货物做的标志。各航空公司的标签虽然在格式、颜色上有所不同，但内容基本相同。标签前3位阿拉伯数字代表承运航空公司的代号，后8位数字是总运单号码。

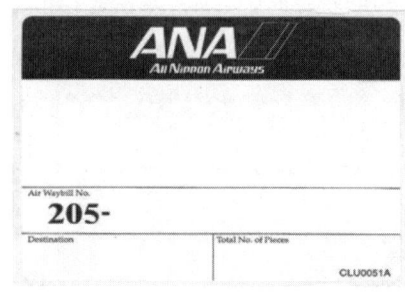

图 9-7　航空公司标签

分标签（见图 9-8）是航空代理公司的标志，分标签上应有分运单号码和货物到达城市或机场的三字代码。

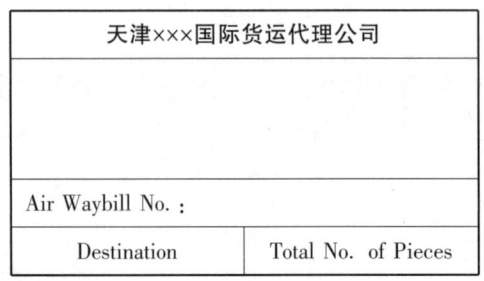

图 9-8　分标签

一件货物贴一张航空公司标签，有分运单的货物，再贴一张分标签。

六、配舱

配舱时，需出运的货物都已入库。这时需要核对货物的实际件数、重量、体积与托运书上预报数量的差别，考虑对预订舱位、板箱的有效利用及合理搭配，按照各航班机型、板箱型号、高度、数量等数据进行配载。同时，对于货物晚到、未到情况及未能顺利通关放行的货物做出调整处理，为制作仓单做准备。实际上，该过程一直延续到单、货交接给航空公司后才完毕。

七、订舱

订舱，是指航空货运代理公司就所接受的空运货物向航空公司正式申请舱位。具体做法是：接到发货人的单、货后，向航空公司吨控部门领取并填写订舱单，同时提供相应的信息，包括货物的名称、体积、重量、件数、目的地、要求出运的时间及其他运输要求（温度、装卸要求、货物到达目的地的时限等）。

从准确角度来讲，货运代理公司向航空公司订舱应待实际收到委托人单、货后进行，但若舱位紧张，为保险起见，可先行预订舱位，待实际收到货物后，再确认预订舱信息，变为订舱。货物订舱需要根据发货人的要求和货物本身的特点进行。一般来说，紧急物资、鲜活易腐物品、危险物品、贵重物品等，应尽量预订直达航班的舱位；

非紧急的货物，可以预订转运航班的舱位，其运费会相对低廉。订舱单样式见表9-3。

表9-3 订舱单

订舱单						
运单号	目的站	件数/数量	体积	品名	一程航班/日期	二程航班/日期

TEL： 联系人：宋先生 FAX：

航空公司将根据实际情况安排舱位和航班。航空公司舱位销售的原则是：保证有固定舱位配额的货物；保证邮件、快件舱位；保证优先预订及运价较高的货物舱位；保留一定的零散舱位；未订舱的货物按交运时间的先后顺序安排舱位。

货运代理订舱时，可依照发货人的要求选择最佳的航线和承运人，同时为发货人争取最低、最合理的运价。

订舱后，航空公司签发舱位确认书及装货集装器领取凭证，以表明舱位订妥。舱位确认书样式见图9-9。

CARGO MANIFEST

MAWB No.：988-3284 3403

FLIGHT No./DATE：OZ998/DEC 31

HAWB No.	NAME OF SHIPPER	NAME OF CONSIGNEE	QTY	G. WT	DESCRIPTION	DEST
EAA-1006002	X ELETRONICS CO.,LTD. NO. ××× HEBEI RD,QINHUANGDAO,CHINA TEL：0335-805×××× FAX：0335-805×××	LS COMMUNICATION CO.,LTD.LS BLOG #350 ANYANG-SIXYEONG，KOREA TEL：82-31-×××× FAX：82-31-××××	5 CTNS	30.0kgs	COIL	ICN
TOTAL：						

图9-9 舱位确认书

预订舱位时，有时会由于货物、单证或海关等原因而使得最终舱位不够或者空舱，所以要综合考虑，有一定的预见性，以尽量减少此类事情发生，并且在事情发生后及时采取必要的调整和补救措施。

八、出口通关

依据《海关法》，出口货物的发货人应当向海关如实申报，交验进出口许可证件和有关单证。出口报关，是指发货人或代理人在发运货物之前，向出境地海关办理出口手续的过程。

除海关特准外，出口货物的发货人或其代理人应当在货物运抵海关监管区后、装货的二十四小时前，向海关申报。出口报关基本程序是：首先将发货人提供的出口货物报关单的各项内容预录入，并传送至海关系统，同时上传报关随附单证，实施电子报关。待电子报关数据被海关接受并通过电子审单无误放行后，货物方能进入下一步流转环节（见图9-10、图9-11）。

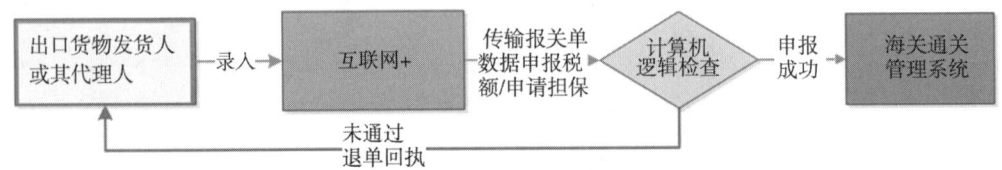

图9-10　出口报关流程示意图

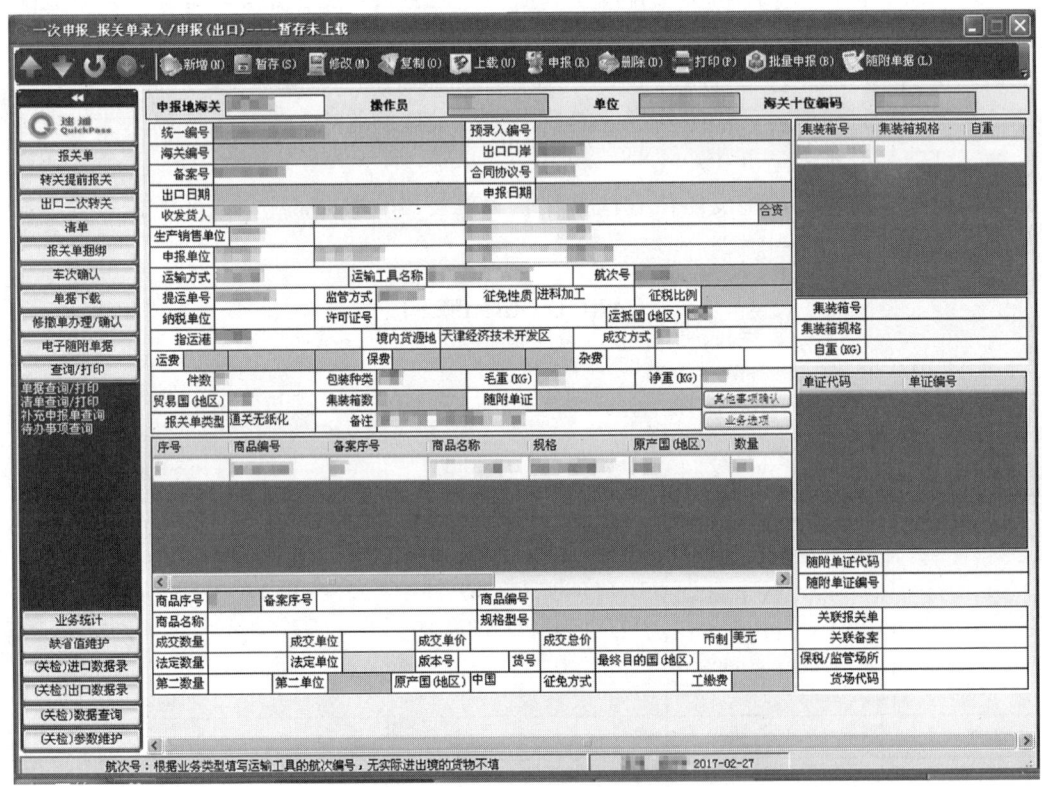

图9-11　电子申报界面

（一）检验检疫

根据出口商品的种类和性质，按照进、出口国家（地区）的有关规定，对其进行商品检验、卫生检验、动植物检验等。

（二）出口报关

出口报关是指发货人或代理人在发运货物之前，向出境地海关办理出口手续的过程。

九、出仓单

配舱方案制定后就可着手编制出仓单。

出仓单应有承运航班的日期、装载板箱形式及数量、货物进仓顺序编号、总运单号、件数、重量、体积、目的地三字代码和备注。出仓单交给出口仓库，用于出库计划，并向装板箱环节业务员进行交接。

出仓单在装板箱环节用作出口仓库提货的依据，同时用作缮制"国际货物交接清单"的依据。该清单用于向航空公司交接货物时使用。出仓单还可用于外拼箱。在报关环节中，当报关有问题时，可根据出仓单有针对性地反馈，以采取相应措施。

出仓单样式见表9-4。

表9-4　出仓单

单号	件数	重量	目的港	板号
180-12345678	12	450	ICN	PMC3728
180-12345677	10	270	ICN	PMC3728
180-12345688	120	1520	PUS	PMC3728
180-12345666	17	310	LAX	PMC2857
180-37256598	320	936	BUS	PMC2857
日期 2019.12.31	航班 OZ998			

十、提板、箱

根据订舱计划向航空公司申领板、箱并办理相应的手续。提板、箱时，应领取相应的塑料薄膜和网。对所使用的板、箱要登记、销号。

货运代理公司将体积为2立方米以下货物作为小货交与航空公司拼装；大于2立方米的大宗或集中托运拼装货，一般均由货运代理自己装板装箱。

订妥舱位后，航空公司吨控部门将根据货量出具发放"航空集装箱、板"凭证，货运代理公司凭以向航空公司板、箱管理部门领取与订舱货量相应的集装板、集装箱。大宗货物、集中托运货物可以在货运代理公司自己的仓库、场地、货棚装板、装箱，亦可在航空公司指定的场地装板、装箱。装板、装箱注意事项如下：

1. 不要用错集装板、集装箱，不要用错板型、箱型。每个航空公司为了加强本航空公司的板、箱管理，都不允许其他航空公司的航班使用本公司的板、箱。

2. 不要超装箱板尺寸。一定型号的板、箱用于一定型号的飞机，板、箱外有具体尺寸规定，一旦超装板、箱尺寸，就无法装上飞机。因此，装板、箱时，要注意货物的尺寸，既不超装，又要在规定的范围内用足板、箱的可用体积。

3. 要垫衬、封盖好塑料纸，防潮、防雨淋。

4. 集装板、箱内货物尽可能配装整齐，结构稳定，并接紧网索，防止运输途中倒塌。

5. 对于大宗货物、集中托运货物，尽可能将整票货物装于一个或几个板、箱内运输。装妥整个板、箱后剩余的货物尽可能拼装在同一板、箱内，防止散乱、遗失。

十一、签单

货运单在盖好海关放行章后还需要到航空公司签单。签单时主要审核运价使用是否正确及货物的性质是否适合空运，如危险品等是否已办理相应的证明和手续。只有签单确认后才允许将单、货交给航空公司。

十二、交接发运

交接是货运代理公司在预订舱位的航班时间24小时前，根据航空公司规定，向航空公司或机场货运站交单交货。

交单就是将随机单据和应由承运人留存的单据交给航空公司。随机单据包括第三联航空运单正本、分运单（如有）、发票、装箱单、产地证明、品质鉴定书、出口商品配额等。

交货就是与航空公司或机场货运站办理与单据相符的货物的交接手续。交货之前必须粘贴或拴挂货物标签，核对清点货物，缮制货物交接清单，机场货运站审单验货后，签收交接清单。

航空公司或机场货运站接单接货后，将货物存入其出口仓库内，同时将单据交航空公司吨控部门，以平衡配载。

十三、装机出运及航班跟踪

货物装机完毕，由航空运输公司签发航空总运单，货运代理公司签发航空分运单。

1. 航空总运单（Master Air Way-bill，MAWB）。凡是由航空公司签发的航空运单称为"总运单"。航空总运单是航空公司据以办理货物运输和交付的依据，每一批经航空运输的货物都有自己相对应的航空总运单。总运单与分运单内容几乎相同，只不过由航空公司统一签发。航空总运单对代理人和航空公司都非常重要，因为它承载了货物的最主要信息。货物运输的过程就是信息流动的过程，信息流保证了货物运送的安全性和准确性，总运单表明代理人是航空公司的销售代理，表示授权的代理人在市场上可以销售航空公司的舱位。航空公司根据代理人的实际情况和结算周期，分时间间隔发放给代理人一定数量的货运单，通常代理人销售完一定数量的运单后，与航空公司结算。因此，总运单是代理人与承运人交接货物的凭证，同时又是承运人运输货物的正式文件。在总运单中，托运人栏和收货人栏都是代理人。在中国，只有航空公司才能发布总运单，任何代理人不得自己印刷并发布总运单。

2. 航空分运单（House Air Way-bill，HAWB）。在集中托运的情况下，除了航空公司签发航空总运单外，集中托运人在办理集中托运业务时还需签发航空分运单。航空分运单由航空货运代理根据托运书缮制。

货物按预订航班出运，飞机起飞离境后，通过 SITA 将货物信息传给空港数据平台，再上传到"单一窗口"系统，才允许对此批货物进行结关。

单、货交接给航空公司后，航空公司可能会因种种原因，如航班取消、延误、溢载、故障、改机型、错运、倒垛或装板不符合规定等，未能按预定时间运出，所以货运代理公司从单、货交给航空公司后就需对航班、货物进行跟踪。

需要联程中转的货物，在货物运出后，应要求航空公司提供二程、三程航班中转信息，确认中转情况，并及时将上述信息反馈给客户，以便遇到不正常情况时能够及时处理。

十四、信息服务

货运代理公司需在多个方面为客户做好信息服务，如订舱信息、审单及报关信息、仓库收货信息、交运称重信息、一程二程航班信息、单证信息等。

货运代理公司在发运货物后，应及时将发运信息传递给发货人，向其提供航班号、运单号和出运日期等，并随时提供货物在运输过程中的准确信息。与此同时，将盖有海关验讫章的出口货物报关单、出口收汇核销单等退还发货人。如涉及海关核发的加工贸易手册、出口商品配额等单据，也一并退回。

对于集中托运货物，还应将发运信息预报收货人所在地的国外代理，以便其及时接货、及时查询、及时分拨处理。

十五、费用结算

费用结算主要涉及与发货人、承运人和国外代理人三方面的结算。

1. 发货人费用结算。在运费预付的情况下，收取航空运费、地面运输费、各种服务费和手续费。

2. 承运人费用结算。向承运人支付航空运费及代理费，同时收取代理佣金。

3. 国外代理结算主要涉及付运费和手续费。到付运费实际上是由发货方的货运代理公司为收货人垫付的，因此收货方的货运代理在将货物移交收货人时，应收回到付运费并退还发货方的代理人。同时，发货方的货运代理公司应向目的地的货运代理公司支付一定的手续费及产生的其他相关费用。

由于货运代理公司之间存在长期的互为代理协议，因此与国外代理结算不采取一票一结的办法，而采取抵消账单、一月一结的办法。按照惯例，每月初由发货方的代理公司缮制并出示账单，交收货方的代理公司确认。

至此，此笔线圈出口货运代理业务顺利完成。一个月后，宋先生收到退回的报关单核销联和退税联。在确认秦皇岛 X 电子公司确已付清全部空运费及内陆运费后，宋先生及时将报关单寄送 X 电子公司，供其办理外汇核销及出口退税。

归纳本章内容，出口货物航空代理运输流程见图 9-12、图 9-13。

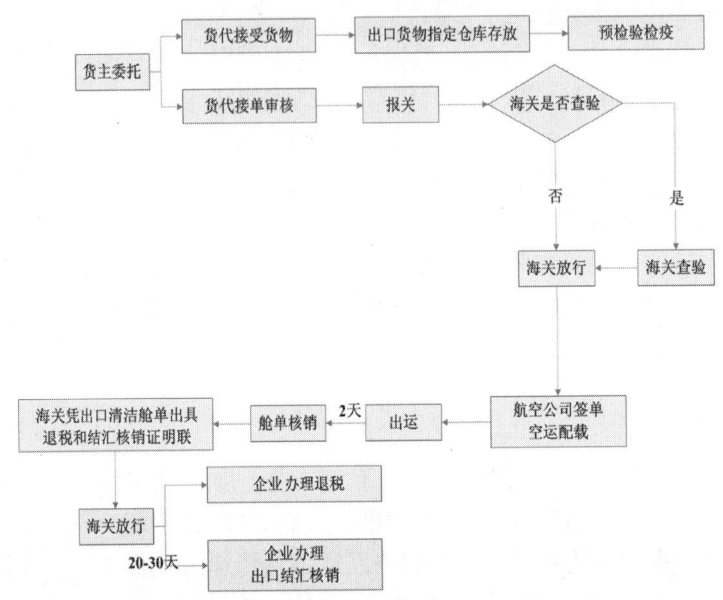

图 9-12　空运出口货运代理流程

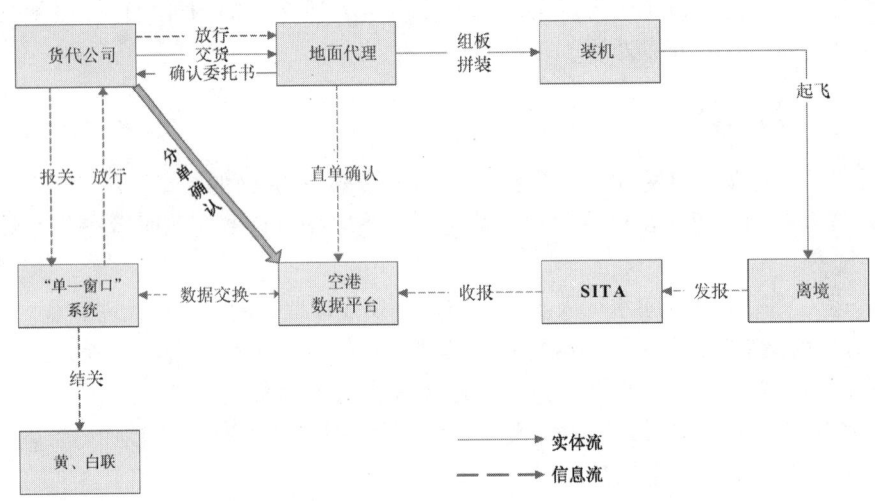

注：黄色是退税联，白色是收汇核销联。

图 9-13　出口货物实体流、信息流示意图

经过此次业务合作，委托人和代理人签订了长期代理协议。

代理协议样本如下：

航空货物运输代理协议

协议号：

甲方：

乙方：

甲乙双方经平等协商，就航空货物运输代理业务的有关事宜，达成协议如下：

1. 甲方接受乙方的委托，按照乙方签署的货物托运书的要求，提供航空公司运单及订舱服务。

2. 甲方根据乙方委托，同时为乙方提供航空提单及订舱服务；乙方应在提交货物前向甲方提供货物托运书、货物订舱单，包括货物的品名，如果需要的话，应提交货物的鉴定书。

3. 根据承运人规定，航空公司对于随机文件遗失不负责任，乙方自行决定文件随机或自行递送。

4. 结算按照抵押支票或提前汇款的方式执行，乙方须向甲方提前支付 10 万元人民币的支票或现金入甲方账户作为抵押，无论何时，当货运费到达 10 万元时，乙方应再支付 10 万元的支票或现金入甲方账户，以后以此类推，如果一个月运费金额不到 10 万元，将在第二个月收到账单确认无误后 15 天之内将运费付清，甲方应按照结账的具体情况及时给乙方开出发票。如果乙方在规定的时间内未将运费汇至甲方指定的账户，甲方将以运费 0.005% 的标准，按日计收罚金。

5. 甲方负责将乙方所交运的货物准时、快捷地送达目的地并且及时反馈货物的发运信息，路线及航空公司续程的情况。

6. 自接收货物时起至交付承运人时止，甲方对因自身过错导致的货物的灭失、损坏承担赔偿责任；自航空公司签发相关交接单据时起，因货运单据遗失、货物丢失或损坏等引起的法律责任已转移给航空公司，在乙方足额支付运、杂费的前提下，甲方协助乙方按照航空公司的有关规定进行索赔。

7. 乙方同意甲方因航空公司或其他客观原因造成的任何延误不承担违约的责任；双方因争议而启动仲裁或者诉讼程序时，航空公司货运单的效力优先于其他书面证据。

8. 本协议自双方签字并盖章之日起生效，对本协议的任何涂改均无效。本协议有效期一年。如有变更，双方应当另行书面确认。

9. 与本协议有关的纠纷，双方应友好协商解决，如协商无法解决，双方一致同意向甲方注册地人民法院提起诉讼解决。

甲方：　　　　　　　　　　　　　　　乙方：

签字：　　　　　　　　　　　　　　　签字：

日期：　　　　　　　　　　　　　　　日期：

◇ **同步练习**

1. 请访问中国国际货运航空网（https：//www. airchinacargo. com），了解航空公司对托运人的各项要求。

2. 请访问锦程物流网空运频道（http：//air. jctrans. com/），扩展相关航空货运知识。

第十章 情境五：松香空运进口操作流程

DI-SHI ZHANG QINGJING WU：SONGXIANG KONGYUN JINKOU CAOZUO LIUCHENG

◇ **知识目标**

熟悉空运进口货运代理操作规范。

了解航空总运单与分运单的关系。

◇ **能力目标**

能够正确办理与航空公司地面服务的单、货交接。

能够适时处理与报关报检环节的衔接。

◇ **情境设置**

D 国际货运代理公司的宋先生顺利完成第一笔业务后，他接手的第二笔业务便是受托在天津提取自韩国仁川空运进口的松香并陆运至天津 H 电子公司。他该如何操作呢？

一、代理预报

天津 H 电子公司有一批松香准备进口，公司拟将进口提货运输工作委托给 D 国际货运代理公司。这天，宋先生接到 H 电子公司赵小姐的电话和国外代理传真，要求宋先生安排接货。

代理预报是指在国外发货之前，由国外代理公司将运单以及商业单证（副本）、航班、件数、重量、品名、实际收货人及其地址、联系电话等内容通过传真或电子邮件发给目的地代理公司。

到货预报的目的是使代理公司做好接货前的准备工作。此时应注意的事项有：注意中转航班信息，中转点航班的延误会使实际到达时间和预报时间出现差异；注意分批货物，从国外一次性运来的货物在国内中转时，由于国内载量的限制，往往采用分批的方式运输。

二、交接单、货

3 天之后，航空公司电话通知宋先生提取货物。

航空货物入境时，与货物相关的单据（正本）也随机到达，运输工具及货物处于海关监管之下。货物卸下后，航空公司或其代理将货物存入航空公司或机场的监管仓库，进行进口货物舱单录入（见图 10-1），将舱单上的总运单号、收货人、始发站、目的站、件数、重量、货物品名、航班号等信息通过电脑传输给海关留存，供报关用。同时根据运单上的收货人地址缮制并寄发提货通知。若运单上的收货人或通知人为货运代理公司，则把运输单据及与之相关的货物交给该货运代理公司。

船空公司的地面代理人向货运代理公司交接的有：国际货物交接清单（见图 10-2）、航空总运单（见图 10-3）、航空分运单（见图 10-4）、发票（见图 10-5）、装箱单（见图 10-6）及货物。

AIR CARGO MANIFEST

MARKSMAN Logistics Service Co, Ltd.

801,Kolon Digital Tower Aston B/D,505-14
Gasan-dong,Geumsheon-gu,Seoul,South Korea
TEL:82-2-2082-Ma Haili
FAX:82-2-2082-Ma Haili

CONSIGNED TO: Ma Haili CARGO FORWARDING
CO,LTD.
TEL NO./FAX NO. :
CONSOL NO. :A00908-047
M/AWB NO. :988-79919501
FLIGHT NO. :OZ327
DEPARTURE DATE:AUG. 07. 2009
ORG/DES:ICN/TSN

HAWB NO.	DES	WGT	SHIPPER	CONSIGNEE	DESCRIPTION OF GOODS
MKM895968	TSN	663.00K	SARIC Innovation Plastics Korea LTD 240 - 18, MOKHAENG - DONG, CHUNGJU-CITY, CHUNG CHEONGBUKDO,KOREA CONTRACT: Ma Haili	Ma Haili ELEC-TRONICS CO. ,LTD. NO.6, XIANG AN ROAD,TEDA TIANJIN 300457,PRC CONTRACT: Ma Haili Phone: Ma Haili	26 Q'TY OF POLYCARBONATE RESIN LEXAN FXE1414L - WH9D312 26 BAG
TOTAL		663.00K			

图 10-1 进口货物舱单

国际货物交接清单

货运单号码	品名	件数	重量	始发站	目的站
合计 票数		件数		重量	
交货人签字		承运人签字			
备注					

代理公司名称：_____
填开部门：_____   年   月   日

图 10-2 国际货物交接清单

988	ICN	7991	9501	988 7991 9501

Shipper's Name and Address	Shipper's Account Number	NOT NEGOTIABLE		
MARKSMAN LOGISTIC SERVICES CO., LTD #801,KOLON DIGITAL TOWER ASTON B/D 505-14 GASAN-DONG, KUMCHEON-GU, SEOUL,KOREA		**Air Waybill** Issued by	**ASIANA AIRLINES**	

Consignee's Name and Address	Consignee's Acount Number			
▓▓▓ INTERNATIONAL CARGO FORWARDING CO.LTD C803 JINGONG BUILDING,NO. 99 LIUWEI ROAD, HEDONG DISTRACT,TIANJIN,CHINA,TEL:00860222438▓▓		It is agreed that the goods described herein are accepted in apparent good order and condition (except as noted) for carriage SUBJECT TO THE CONDITIONS OF CONTRACT ON THE REVERSE HEREOF, ALL GOODS MAY BE CARRIED BY ANY OTHER MEANS, INCLUDING ROAD OR ANY OTHER CARRIER UNLESS SPECIFIC CONTRARY INSTRUCTIONS ARE GIVEN HEREON BY THE SHIPPER. THE SHIPPER'S ATTENTION IS DRAWN TO THE NOTICE CONCERNING CARRIER'S LIMITATION OF LIABILITY. Shipper may increase such limitation of liability by declaring a higher value of carriage and paying a supplemental charge if required.		

Issuing Carrier's Agent Name and City		Accounting Information		
MARKSMAN Logistics Service Co.,Ltd.		SAME AS CONSIGNEE		

Agent's IATA Code	Account No.			
17-3 7097/0024				

Airport of departure and Requested Routing

INCHON,KOREA

to	By First Carrier	to	by	to	by	Currency	CHGS	WT/VAL OTHER				Declar	Declared		
TSN	Routing and astination OZ					KRW	Code	PPD	COLL	PPD	COLL	Value For Carriage	Value for Customs		
									CC		CC	N.V.D.	N.C.V.		

Airport of Destination	Requested Fight/Date		Amount of	INSURANCE-If carrier offers insurance and such insurance is required in accordance with the conditions
TIANJIN,CHINA	OZ327	AUG. 07. 2009	Insurance NIL	thereof , indicate amount to be insured in figures in box marked "amount of insurance"

Handling Information

ATTACHED: COMM INV & P/LIST

No. of pieces	Gross Weight	kg lb	Rate class		Chargeable weight	Rate Charge	Total	Nature and Quantity of Goods(incl. Dimensions or Vol.)
RCP				Commodity Item No.	663.0	2,930	1,942.590	CONSOLIATION SHIPMENT AS PER ATTACHEDCARGO MANIFEST
1 N/M	663.0	k	Q					"FREIGHT PREPAID"

Prepaid	Weight charge	Collect	Other Charges
1,942.590			FUEL SURCHARGE:KRW 179.010
	Valuation Charge		
	Tax		
Total Other Charges Due Agent			Shipper certifies that the particulars on the face hereof are correct and that insofar as any part of the consignment contains
			dangerous goods, such part is properly described by name and is in proper condition for carriage by air according to the
Total Other Charges Due Carrier			applicable Dangerous Goods Regulations.
179.010			**MARKSMAN Logistics Service Co., Ltd.** Signature of Shipper or his agent

Total Prepaid	Total Collect	AS AGENT FOR THE CARRIER	ASIANA AIR LINE	
2,121.600				
Currency Conversion Rates	CC Charges in dest. Currency	AUG,07,2009	ICN	**sunnyshin**
		Executed on	at	Signature of Issuing carrier or its Agent

For Carrier's Use	Charges at Destination	Total Collect Charges
Only at Destination		

ORIGINAL 3(FOR SHIPPER)   988 7991 9501

图 10-3　航空总运单

988	ICN	7991	9501	KM895968

Shipper's Name and Address	Shipper's Acount Number	NOT NEGOTIABLE

SARIC Innovation Plastics Korea LTD

240-18,MOKHAENG-DONG,CHUNG JU-CITY,

CHUNGCHEONGBUKDO,KOREA

CONTRACT:

Phone No:

Air Waybill

Issued by　　MARKSMAN Logistics Service Co.,Ltd.

Consigneer's Name and Address	Consigneer's Acount Number

ELECTRONICS CO.,LTD

NO.

CONTRACT:

Phone:

FAX:

It is agreed that the goods described herein are accepted in apparent good order and condition (except as noted) for carriage SUBJECT TO THE CONDITIONS OF CONTRACT ON THE REVERSE HEREOF, ALL GOODS MAY BE CARRIED BY ANY OTHER MEANS, INCLUDING ROAD OR ANY OTHER CARRIER UNLESS SPECIFIC CONTRARY INSTRUCTIONS ARE GIVEN HEREON BY THE SHIPPER, THE SHIPPER'S ATTENTION IS DRAWN TO THE NOTICE CONCERNING CARRIER'S LIMITATION OF LIABILITY. Shipper may increase such limitation of liability by declaring a higher value of carriage and paying a supplemental charge if required.

Issuing Carrier's Agent Name and City	Accounting Information

MARKSMAN Logistics Service Co.,Ltd.

SAME AS CONSIGNEE

Agent's IATA Code	Account No.

17-3 7097/0024

Airport of departure and Requested Routing

INCHON,KOREA

Referencen NO.	Optional Shipping Information

to	By First Carrier	to	by	to	by	Currency	CHGS Code	WT/VAL		OTHER		Declear	Declard
								PPD	COLL	PPD	COLL	Value For	Value for
TSN	Routing and destinatio:					USD						Carriage	Customs
	OZ							CC		CC			
												N.V.D.	N.C.V.

Airport of Destination	Requested Fight/Date	Amountof	INSURANCE-If carrier offers insurance and such insurance is required in accordance with the conditions
TIANJIN,CHINA	OZ327	AUG. 07. 2009	Insurance NIL	thereof ,indicate amount to be insured in figures in box marked "amount of insurance"

Handling Information

ATTACHED: COMM INV & P/LIST

No. of pieces	Gross Weight	kg lb	Rate class	Chargeable weight	Rate Charge	Total	Nature and Quantity of Goods(incl. Dimensions or Vol.)
RCP			Commodity Item No.	663.0		AS ARRANGED	26 Q'TY OF POLYCARBONATE RESIN
1	663.0	k	Q				LEXAN FXE1414L-WH9D312 26 BAG
N/M							INV NO.GEPK-6102
							"PREIGHT COLLECT"

Prepaid	Weight charge	Collect	Other Charges
	AS ARRANGED		
	Valuation Charge		
	Tax		
Total Other Charges Due Agent			Shipper certifies that the particulars on the face hereof are correct and that insofar as any part of the consignment contains dangerous goods, such part is properly described by name and is in proper condition for carriage by air according to the applicable Dangerous Goods Regulations.
Total Other Charges Due Carrier			MARKSMAN Logistics Service Co., Ltd.
			Signature of Shipper or his agent

Total Prepaid	Total Collect	AS AGENT FOR THE CARRIER	ASIANA AIR LINE
Currency Conversion Rates	CC Charges in des.t. Currency	AUG,07,2009　　ICN	sunnyshin
		Executed on　　　at	Signature of Issuing carrier or its Agent

For Carrier's Use	Charges at Destination	Total Collect Charges
Only at Destination		

ORIGINAL 3(FOR SHIPPER)　　　　MKM895968

图 10-4　航空分运单

SELLER SABIC Innovation Plastics Korea LTD 240-18,MOKHAENG-DONG,CHUNG JU-CITY,CHUNGCHEONGBUKDO,KOREA CONTRACT:LEE Ji-Eun. Phone No:82-43-850-8171	COMMERCIAL INVOICE	
To HI-P TIANJIN ELECTRONICS CO.,LTD CONTRACT:Ma Haili Phone:1382193733 FAX:22-23599358	No. GEPK-6102	Date AUG/6TH/2009
Transport details From INCHON KOREA TO XINGANG CHINA	S/C No. 1038425	L/C No.
	Terms of payment 45Days After Invoice Date	

Marks and numbers	Description of goods ; No. and kind of packages	Quantity	Unit price	Amount
N/M	POLYCARBONATE LEXAN FXE1414LWH9D312 26BAG	650,000KG	7.056USD/KG EXW INCHON	4586.40USD

Total G. W. : 675,000KG

Total Meas. :

Total Value in Words: US dollars four thousand five hunderd and eighty-six point four

SARIC Innovation Plastics Korea LTD

图 10-5 发票（随机文件）

Issuer SABIC Innovation Plastics Korea LTD 240-18,MOKHAENG-DONG,CHUNG JU-CITY,CHUNGCHEONGBUKDO,KOREA CONTRACT:LEE Ji-Eun, Phone No:82-43-850-8171	*PACKING LIST*	
To HI-P TIANJIN ELECTRONICS CO.,LTD CONTRACT:Ma Haili Phone:13821937331 FAX:22-23599358	Invoice No. GEPK-6102	Date AUG/6TH/2009

Marks and numbers	Description of goods； No. and kind of packages	N. W. /CTN	G. W. /CTN	Meas. /CTN	Qty. /CTN
N/M	POLYCARBONATE LEXAN FXE1414LWH9D312	650,000KG	675,000KG	26BAG IN ONE PALLET	650,000KG

SARIC Innovation Plastics Korea LTD

图 10-6 装箱单（随机文件）

交接时要做到单、单核对，即交接清单与总运单核对；单、货核对，即交接清单与货物核对。核对后，若出现问题，处理方式见表 10-1。

表 10-1 交接清单处理方式表

总运单	交接清单	货物	处理方式
有	无	无	总运单退回
有	无	有	清单上加总运单号
无	有	有	总运单后补
无	有	无	更改货物清单
有	有	无	总运单退回
无	无	有	货物退回

另外，还需注意对于集中托运货物，要做好航空公司总运单和货运代理公司分运单的换单工作。在换单时，需出示货运代理公司的介绍证明书并加盖公章。

货运代理公司在与航空公司办理交接手续时，应根据运单及交接清单核对实际货物，若存在有单无货或有货无单的情况，应在交接清单上注明，以便航空公司组织查询并通知入境地海关。发现货物短缺、破损或有其他异常情况，应向航空公司索要事故证明，作为实际收货人交涉索赔事宜的依据。货运代理公司请航空公司开具商务事故证明的情况通常如下：

1. 包装货物受损。包括纸箱开裂、破损、内中货物散落；木箱开裂、破损，有明显受撞击迹象；纸箱、木箱未见开裂、破损，但其中液体漏出。

2. 裸装货物受损。包括无包装货物明显受损，如金属管、塑料管压扁、断裂、折弯；机器部件失落，仪器表面破裂等。

3. 木箱或精密仪器上防震、防倒置标志泛红。

4. 货物件数短缺。

部分货损不属于运输责任，因为在实际操作中，部分货损是指整批货物或整件货物中极少或极小一部分受损，是航空运输较易发生的损失，故航空公司不一定愿意开具证明，即使开具了"有条件、有理由"证明，货主也很难向航空公司索赔，但可据此向保险公司提出索赔。对货损责任难以确定的货物，可暂将货物留存机场，待商货主单位一并到场后处理。

三、理货和仓储

宋先生自航空公司接货后，即短途驳运进自己的监管仓库，组织理货及仓储等工作。

（一）理货内容

1. 逐一核对每票件数，再次检查货物破损情况，遇有异常，如确有接货时未发现的问题，可向航空公司提出交涉。

2. 按大货、小货、重货、轻货，单票货、混载货，危险品、贵重品，冷冻品、冷藏品，分别堆存、进仓。堆存时要注意货物箭头朝向，总运单、分运单标志朝向，注意重不压轻、大不压小。

3. 登记每票货的储存区号，并输入电脑。

（二）仓储注意事项

鉴于航空进口货物的贵重性、特殊性，其仓储要求较高，需注意以下事项：防雨、防潮、防重压、防变形、防温升变质、防暴晒、防危险品危及人员及其他货品安全。

四、理单和到货通知

（一）理单

1. 分类理单、编号。货运单据一般有以下几种分类方法：按进口代理人理单，便于掌握、反馈信息，做好对代理人的对口服务；按货主理单，将重要的、经常有大批货物的货主单独分类，便于联系客户、制单报关和送货、转运，从而提供优质服务；按口岸、内地或区域理单，便于联系内地货运代理，安排集中转运；按运费到付、预付理单，便于安全收费；按寄发运单、自取运单客户理单。

分类理单的同时，需将各票总运单、分运单编上货运代理公司自己设定的编号，以便内部操作及客户查询。

2. 编配各类单证。货运代理人将总运单、分运单与随机单证、国外代理先期寄达的单证（如发票、装箱单、合同副本、装卸及运送指示等）、国内货主或经营到货单位预先交达的各类单证进行编配。

货运代理公司的操作理单人员需逐单审核、编配。其后，凡单证齐全、符合报关条件的即转入制单、报关程序；否则，应及时与货主联系，催齐单证，使之符合报关条件。

（二）到货通知

货物到达目的港后，货运代理人应从航空运输的时效出发，为减少货主仓储费，避免滞报金，尽早、尽快、尽妥地通知货主到货情况，提请货主配齐有关单证，尽快报关。

"尽早"就是到货后，第一个工作日内就要设法通知货主。"尽快"就是尽可能用传真、电话预通知货主，单证需要传递的，尽可能使用特快专递，以缩短传递时间。"尽妥"就是一星期内需保证以电函、信函形式第三次通知货主，并应将货主尚未提货情况告知发货人代理；2个月时，再以电函、信函形式第四次通知货主；3个月时，货物需上缴海关处理，此时再以信函形式第五次通知货主，告知货主货物将被处理，提醒货主采取补救方法。

到货通知应向货主提供到达货物的以下内容：总运单号、分运单号、货运代理公司编号；件数、重量、体积、品名、发货公司、发货地；运单、发票上已编注的合同号，随机已有单证数量及尚缺的报关单证；运费到付数额，货运代理公司地面服务收费标准；货运代理公司及仓库的地址、电话、传真、联系人；提示货主海关关于超过14天报关收取滞报金及超过3个月未报关货物上缴海关处理的规定。

五、进口通关

对进出口商品进行检验检疫，通常是国际货物买卖中的一项重要内容。检验检疫环节与报关环节由海关不同部门同时开展。

进口商品分法定检验商品和非法定检验商品。法定检验进口商品是列入进出口商品检验种类表及其他法律、法规规定必须经过出入境检验检疫部门检验合格方能进口的商品。除此以外的进口商品为非法定检验商品。

这两类商品在办理检验检疫手续上存在不同，法定检验进口商品在货到后，收货人或其代理人必须向口岸或到达站海关办理进口商品登记手续，然后按海关规定的地点和期限向到货地海关办理进口商品报验。非法定检验进口商品到货后，由收、用货部门直接办理进口通关手续，提货后可按合同的约定自行检验，若发现问题需凭商检证书索赔的，应向所在地海关办理进口商品检验检疫。

（一）进口商品通关的时间及地点

1. 检验检疫时间的规定。

（1）收货人或其代理人应在合同列明的索赔有效期前不短于1/3的时间，向货物所在地海关申报检验检疫。

（2）索赔期已近，来不及完成检验出证的，报验人必须预先向国外办理延长索赔期手续。

2. 检验检疫地点的规定。

（1）外贸合同或运输契约规定进口商品检验地点的，应在规定的地点所在地海关申报。如合同规定凭卸货口岸海关出具的品质、重量检验证书计算价格、结算货款的，就应向卸货口岸海关申报。

（2）大宗散装商品、易腐变质商品，如粮食、原糖、化肥、化工原料、农产品等进口商品，必须向卸货口岸或到达站海关申报。

（3）卸货时，发现货物短件或外包装残损的，必须向卸货口岸或到达站海关申报。

（4）由内地收货、用货的，货物在国内运输途中又不会发生变质、变量而包装又完好的进口商品，可向到货地海关申报。

（5）需结合安装调试进行检验的成套设备、机电仪器产品及在口岸开件检验难以恢复包装的商品，应向到货地海关申报。

（二）进口商品通关应注意的事项

1. 同一合同、同一发票、同一提单限填一份申请单，同一合同、不同发票或提单的，应分别填写申请单。

2. 装船前已经过预检验、监造监制的进口法检商品，到达口岸时，仍应按规定进行申报。以货到后海关的检验结果为最终结果，并对检验不合格的进口商品签发检验证书，按合同规定对外索赔。

3. 对列入《实施安全质量许可制度的进口商品目录》内的进口商品按法定检验商品办理报验，并加附进口质量许可证复印件或提供许可证编号。

4. 收货人或其代理人应按合同、发票、提单等项填写申请单，书写工整、清晰、准确，不得随意涂改。

进口货物报关的申报期限为自装载货物的运输工具申报进境之日起 14 日内。申报期限的最后一天是法定节假日或法定休息日的，顺延至法定节假日或休息日后的第 1 个工作日。进口货物的收货人或其代理人超过规定期限向海关申报的，由海关按照有关的规定征收滞报金，滞报金的日征收金额为进口货物完税价格的 0.5‰，起征点为人民币 50 元，不足 50 元的免征。

进口报关过程中要注意以下问题：

1. 接到客户传真单据后，应确认货物的商品编码，然后查阅《中华人民共和国进出口税则》，确认进口税率。确认货物需要的监管条件，如需做相关检验，则应在报关前向有关机构报验。报验所需单据包括报验申请单、进口报关单等。

2. 当海关要求开箱查验货物时，应提前与场站取得联系，将所查箱子调至海关指定的场站。

海关通关放行后，货代可接走货物。

六、送货与转运

（一）送货上门业务

送货上门业务主要指进口清关后将货物直接运送至货主单位，运输工具一般为汽车。

（二）进口货物转关及监管运输

进口货物转关，是指货物入境后不在进境地海关办理进口报关手续，而是运往另一设关地点办理进口海关手续，在办理进口报关手续前，货物一直处于海关监督之下。转关运输也称"监管运输"，即此运输过程在海关监管之中。

需要转关运输的货物，首先应向指运地海关申请"同意接收××运单项下进口货物转关运输至指运地"的关封，然后向进境地海关递交相关材料，包括指运地海关同意转关运输的关封、转关运输申报表、国际航空运单、发票。进境地海关审核货运单证，同意后才能进行转关运输。

在转关运输中，无论是将货物转关运输至指运地航空公司监管仓库、货运代理公司监管仓库，还是收货人单位，待货物转关处于指运地海关监管之下后，指运地海关应将"转关运输货物准单"回执联填妥、盖章，寄还进境地海关核销。货运代理公司再据以核销自己的转关登记簿上的有关项目，以完成整个转关运输程序。

归纳本章内容，空运进口货运代理流程见图 10-7、图 10-8。

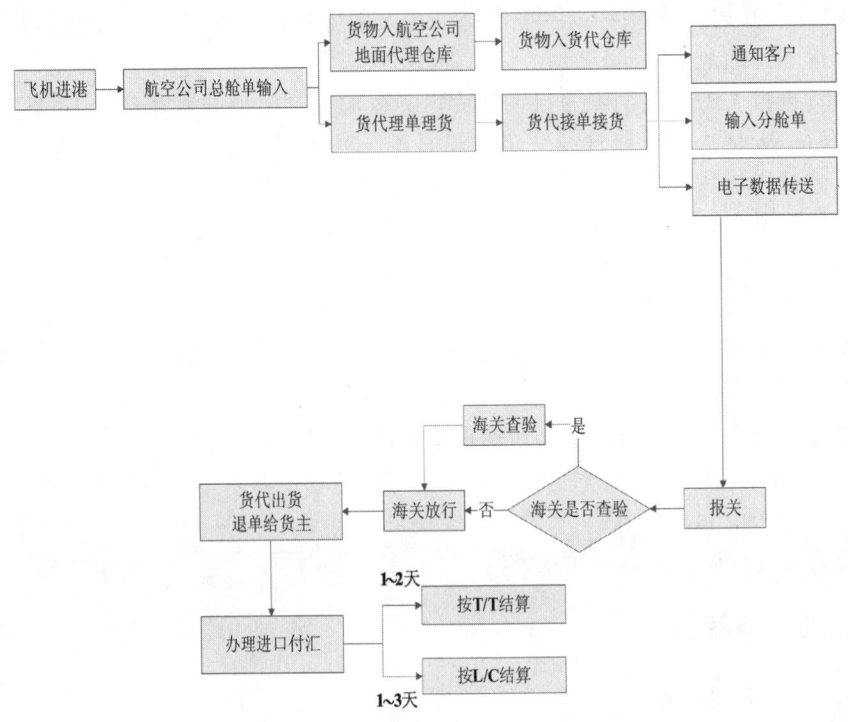

图 10-7　空运进口货运代理流程图

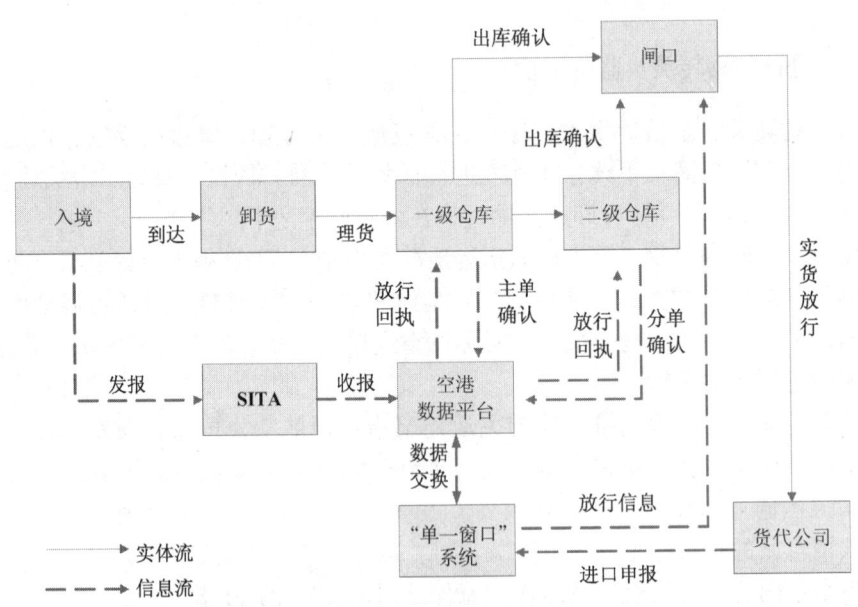

（注：一级仓库指受航空公司监管的地面代理仓库，二级仓库是货物分类后转入的下级仓库。）

图 10-8　进口货物实体流、信息流示意图

◇ **同步练习**

简述国际空运进口货物提货流程。

第十一章　国际铁路联运基础知识

DI-SHIYI ZHANG GUOJI TIELU LIANYUN JICHU ZHISHI

◇ **知识目标**

了解国际铁路联运基础知识。

熟悉国际铁路运输货物管理知识。

◇ **能力目标**

熟记我国与接壤国家的国境站名。

掌握我国及陆路接壤国家的轨宽。

第一节 基本概念与规定

一、国际铁路联运的概念

铁路运输是指利用铁路进行进出口货物运输的一种方式。在国际贸易运输中，铁路运输是仅次于海洋运输的主要运输方式，特别是在内陆接壤国家间的贸易中，起着重要的作用。即便是以海洋运输方式进出口的货物，也大多是靠铁路运输进行货物的集中与分散的。与其他运输方式相比，铁路运输运量大，速度快，受气候影响较小，运输过程中风险较小，运费较低，手续简单。

国际铁路联运是指使用一份统一的国际联运单据，在跨两个或两个以上国家铁路货物的运送中，由铁路负责经过两国或两国以上的全程运送，不需发货人和收货人参加的联运业务。

二、国际铁路联运的基本规定

目前，国际铁路货物运输公约主要有两个：一个是由奥地利、法国、德国、比利时等国家签订的《国际铁路货物运输公约》（Convention Concerning International Carriage of Goods by Rail，以下简称《国际货约》）；另一个是由波兰、捷克、匈牙利、罗马尼亚等国家签订的《国际铁路货物联运协定》（Agreement on International Railroad through Transport of Goods，以下简称《国际货协》）。

《国际货约》是在 1890 年制定的《国际铁路货物运送规则》（又称《伯尔尼货运公约》）基础上发展起来的。《国际货约》于 1961 年 2 月 25 日由奥地利、法国、联邦德国、比利时等国在瑞士伯尔尼签订，1970 年 2 月 7 日修订，1975 年 1 月 1 日生效，1980 年又进行了修订（此修订版又称"COTIF 公约"）。参加该公约的国家主要有德国（适用于原民主德国管辖内的铁路）、奥地利、瑞士、法国、意大利、比利时、荷兰、西班牙、葡萄牙、土耳其、芬兰、瑞典、挪威、丹麦、匈牙利、波兰、保加利亚、罗马尼亚、捷克、斯洛伐克等。

《国际货协》于 1951 年由罗马尼亚、匈牙利、波兰等 8 个国家签订。1954 年 1 月，我国加入该协定，其后，朝鲜、蒙古、越南等国也加入该协定。《国际货协》自签订以后至 1971 年先后经过多次修改和补充。现行的是 1971 年 4 月经铁路合作组织核准，并从 1974 年 7 月 1 日起生效的文本。目前，《国际货协》签约国有阿塞拜疆、阿尔巴尼亚、白俄罗斯、保加利亚、越南、格鲁吉亚、伊朗、哈萨克斯坦、中国、朝鲜、吉尔吉斯斯坦、拉脱维亚、立陶宛、摩尔多瓦、蒙古、俄罗斯、塔吉克斯坦、土库曼斯坦、乌兹别克斯坦、乌克兰和爱沙尼亚等。此外，波兰、捷克、斯洛伐克、匈牙利、德国等国虽已退出《国际货协》，但仍采用《国际货协》的规定。

三、我国国际铁路联运须遵守的规章

在我国进行的国际铁路联运中，作为承运人的铁路和发货人、收货人必须遵守的规章主要有以下几种：

(一)《国际货协》

该协定对运输合同的缔结、履行和变更，对承运人、发货人、收货人的权利、义务等事项均做了具体规定。主要内容包括以下方面。

1. 铁路承运人的责任

承担铁路货物联运的铁路承运人，应当对货物负连带责任，即铁路承运人应当负责完成货物的全部运输。铁路承运人的连带责任主要表现在：承运附有运单货物的铁路承运人，应对将货物运抵交货地的全程运输负责；每一后续铁路承运人，在接到附有运单正本货物的同时，必须履行根据该运单条款所签订的运输合同，并应承担由此而产生的义务；任何依法可被要求赔偿的铁路承运人，都必须对应由铁路承运人负责的货物损坏、灭失和运输逾期向发货人或收货人作出赔偿，被索赔的铁路承运人不能以损失的责任属其他铁路承运人为由而拒绝货主的索赔；已作出赔偿的铁路承运人，如对损失没有过失，可以向其他肇事铁路承运人要求返还其赔付的款项。同时，铁路承运人还应该对因自己的过失造成运单内所记载并添附文件的遗失的后果负责。铁路承运人也需对由于自己的过失未能执行货方合理的变更运输合同的请求所产生的后果负责。

2. 发货人的义务

发货人的合同义务主要有：

（1）正确申报货物。发货人应当保证在运单中正确申报货物、正确填写运单中的声明事项，尤其是托运危险货物时。否则，托运人应当对由此产生的后果负责。

（2）提交正确齐全的必要出口文件。发货人应当向铁路承运人提供必要的出口文件，并附在运单上。否则，应当承担铁路承运人由此遭受的一切损失。

（3）支付运费。国际铁路联运的运费支付不同于其他运输方式下的运费支付，它是由发货人和收货人分别分段支付的。发货人或收货人均有义务根据《国际货协》规定交付货物运送费用。

3. 铁路承运人的免责事项

根据《国际货协》第 22 条的规定，铁路承运人对由于下列原因造成的货物损失免除责任：

（1）铁路承运人不能预防和不能消除的情况；

（2）货物的特殊自燃属性引起的自燃、损坏、生锈、内部腐烂或类似的后果；

（3）由于发货人或收货人的过失，或由于其要求，而不能归咎于铁路承运人的；

（4）发货人或收货人的装车或卸车；

（5）发送路规章许可，使用敞车类货车运送货物；

（6）发货人或收货人的货物押运人未采取保证货物完整的必要措施；

（7）承运时无法发现的容器或包装的缺陷造成的货损；

（8）发货人用不正确的、不确切的或不完全的名称托运违禁品造成的货损；

（9）发货人未按本协定规定办理特定条件货物托运造成的货损；

（10）货物的正常损耗。

此外，铁路承运人对下列原因造成的货物逾期到达免除责任：

（1）发生雪（沙）害、水灾、崩陷和其他自然灾害，按照有关国家铁路中央机关的指示，限期在15天内；

（2）因按照有关国家政府的指令，发生其他行政中断或限制，以政府规定的时间为准。

4. 提取货物的规定

《国际货协》第16条规定，收货人在收到铁路承运人到货通知后，应当在规定时间内向铁路交付运单上载明的一切运送费用，并提取货物。只有当货物损毁丧失原使用价值时，收货人才可拒绝提领货物。如果在规定的运到期届满30天内铁路承运人仍不能交付货物，则认为货物已经灭失。但如果货物在规定的运到期届满后4个月内到达，收货人仍有义务提领货物。如果收货人在此前获得了铁路承运人赔偿，应当将此赔偿退还铁路承运人，但有权扣除迟到的罚款。

5. 铁路承运人的赔偿规定

铁路承运人在任何情况下对货物损失的赔偿金额都不得超过货物全部损失的金额。

对货物金额的计算，《国际货协》第24条规定，铁路承运人的赔偿金额应当按照货物买卖发票金额计算；对发货人有声明价格的，按照声明价格计算；对未声明价格的家庭用品，按照每千克2.7卢布计算。

对货物部分损失赔偿的计算，《国际货协》第25条规定，铁路承运人只赔付货物价值减损部分，不赔偿其他损失。

对于货物逾期到达损失的赔偿，《国际货协》第26条规定，由铁路承运人按照协定规定向收货人支付逾期罚款，但最高不超过所收运费总额，并且在全程运输过程中，某一铁路发生的提前运到时间可以冲抵另一铁路的逾期时间。

6. 货物索赔的规定

在发生因铁路承运人责任导致的货物损毁或逾期运抵时，货方可以按规定向铁路承运人提出索赔。《国际货协》第28条规定，索赔可由发货人向发送站提出，也可由收货人向到达站提出。索赔人应当提供充足的索赔证据，包括运单正本或副本、商务记录、损失证明等。货物逾期到达的索赔应当由收货人提出。铁路承运人在收到索赔通知后的180天内，应当进行审查并予以答复。合同任何一方对另一方的索赔和诉讼应当在货物到站后的9个月内提出。

（二）《国际货协统一过境运价规程》

《国际货协统一过境运价规程》（以下简称《统一货价》）是为了解决国际铁路联运中过境铁路运费的计收问题而专门制定的。它具体规定了参与《国际货协》的铁路承运人利用铁路运送过境货物时办理货物运送的手续、过境运送费用的计算、货物品名分级表、过境里程表和货物运费计算表等内容，是《国际货协》参与国的铁路承运人和发货人与收货人都必须遵守的强制性过境运价规定。1991年6月27日，保加利亚、中国、朝鲜、蒙古、罗马尼亚等国签订了《关于统一过境运价规程的协约》，《统一货价》自1991年7月1日起施行，费率以瑞士法郎计价。中国铁路自1991年9月1日起施行上述规定。

（三）《国境铁路协定》和国境铁路会议议定书

《国境铁路协定》是由相邻国家签订的，它规定了办理联运货物交接的国境站、车站及货物交接条件和方法，交接列车和机车运行办法及服务方法等内容。该协定是作为承运人的不同国家的铁路部门为协调国际铁路联运而签署的协定，与运输合同双方的合同权利、义务无直接关系。根据《国境铁路协定》的规定，两个相邻国家的铁路部门应定期召开国境铁路会议，对执行协定中的有关问题进行协商，签订国境铁路会议议定书。我国与蒙古、朝鲜、越南等国的铁路部门均分别签订有国境铁路协定和议定书。

（四）《铁路货物运价规则》

国际铁路联运运费的计收分为 3 段，中间段为过渡段，运价按照前面提到的《统一货价》的规定计收；发送路和到达路两段各自按照其国内铁路规定的费率计收运费。

各国铁路都制定有自己的《铁路货物运价规则》（以下简称《国内价规》），我国也颁布了《国内价规》。它是办理国际铁路联运时国内段货物运送费用计算和核收的依据。

第二节 国际铁路联运货运知识

一、国际铁路联运的范围

根据组织联运运输方法的不同，国际铁路联运的范围可以分成以下 3 类。

（一）我国与其他《国际货协》参与国之间的铁路货物联运

我国与其他《国际货协》参与国家，包括已退出《国际货协》但仍采用相关规定的国家之间的铁路货运，始发站以一份《国际货协》运送票据，由铁路负责直接或通过第三国铁路将货物运往终到站并交付收货人。

（二）我国向未参与《国际货协》国家出口货物

我国向未参与《国际货协》国家出口货物时，发货人在发送路用《国际货协》运送票据办理至参与《国际货协》的最后一个过境路的出口国境站的手续，由该站站长或收货人、发货人委托的收转人转运至最终到站。

由未参与《国际货协》国家的铁路向我国进口货物时，与上述办理程序相反。

（三）通过参与《国际货协》国家的港口向其他国家运送货物

分两种运输方式：

1. 我国通过波兰或德国等国港口向芬兰等国发货。这种运输方式为铁/海运输，称为"欧洲流向"。方法是发货人采用《国际货协》运单将货物运至过境铁路港口，由港口收转人办理过海至目的地手续。

2. 邻国利用我国港口向日本、东南亚等国发货。此种运输方式为海/铁运输，称为"东南亚流向"。由于俄罗斯有一支船队往返于东北亚地区与东南亚地区之间，利用我国港口采取海/铁运输的货物较少。

二、国际铁路联运办理种别

根据发货人托运的货物数量、性质、体积、状态等条件，国际铁路联运办理种别分为整车货物、零担货物和大吨位集装箱货物 3 种。

1. 整车货物是按一份运单托运的，重量、体积或形状需要单独一辆及其以上车辆运输的货物。

2. 零担货物是按一份运单托运的，重量不超过 5000 千克，按其体积或种类不需要单独车辆运送的货物。但如有关铁路之间另有商定条件，也可以不适用《国际货协》关于整车货物和零担货物的规定。

我国国内铁路规章规定如下情况不能按零担货物托运：

（1）需要冷藏、保温或加温运输的货物；

（2）规定限按整车办理的危险货物；

（3）易于污染其他货物的污秽品（例如，未经过消毒处理或未使用密封不漏包装的牲骨、湿毛皮、粪便、炭黑等）；

（4）蜜蜂；

（5）不易计算件数的货物；

（6）未装容器的活动物（铁路部门规定可按零担运输的除外）；

（7）一件重量超过 2 吨，体积超过 3 立方米或长度超过 9 米的货物（经发站确认不致影响中转站和到站装卸车作业的除外）；

（8）煤炭、原木、腐殖酸。

3. 大吨位集装箱货物是指按一张运单办理的、用大吨位集装箱（符合 ISOI 系列的国际标准集装箱）运送的货物或空的大吨位集装箱。

根据《国际货协》的规定，如果有关各国铁路机关间另有商定条件，则应适用该双边协定而不适用《国际货协》的上述规定。目前，我国分别与朝鲜、越南、蒙古、俄罗斯等国家签署了双边协定，对两国间的运送条件做出了具体的规定。因此，我国运送到这些国家的铁路联运货物，应按照双边协定办理。

根据货物运送速度，国际铁路联运可分为快运、慢运和整车货物随旅客列车挂运 3 种类别。

1. 慢运。整车货物或大吨位集装箱货物每 200 运价公里为一天（昼夜）；零担货物每 150 运价公里为一天（昼夜）。

2. 快运。整车货物或大吨位集装箱货物每 320 运价公里为一天（昼夜）；零担货物每 200 运价公里为一天（昼夜）。

3. 随旅客列车挂运的整车货物或大吨位集装箱货物：每 420 运价公里为一天（昼夜）。

三、国际铁路联运的限制

《国际货协》对不准运送或换装的货物、不准在一辆车内运送的货物、不准按一份或数份运单在一辆车内混装运送的货物、需要各国铁路间预先商定后才能承运的货物、需要押运人押运的货物和需要声明价值的货物等联运货物都明确地做出了规定。

（一）不准运送或换装的货物

根据《国际货协》的规定，在国际铁路联运中，下列货物不准运送或换装：

1. 参加运送的任何一国铁路的禁止运送的物品；
2. 参加运送的任何一国铁路的邮政专运物品；
3. 炸弹、弹药和军火，但狩猎和体育用品除外；
4. 爆炸品、压缩气体、液化气体、在压力下溶解的气体、自燃品和放射性物质（指《国际货协》附件2各表中未列载的）；
5. 一件重量不足10千克、体积不超过0.1立方米的零担货物；
6. 在换装联运中使用不能揭盖的棚车运送的一件重量超过1.5吨的货物；
7. 在换装联运中使用敞车类货车运送的一件重量不足100千克的零担货物，但不适用于《国际货协》附件第2号《危险货物运送规则》中规定的一件最大重量不足100千克的货物。

（二）不准按一份或数份运单在一辆车内混装运送的货物

根据《国际货协》的规定，在国际铁路联运中，下列货物不准按一份或数份运单在一辆车内混装运送：

1. 一种易腐货物同照管方法不同的另一种易腐货物；
2. 按《国际货协》附件第4号第6条规定需要遵守保温制度或特殊管理的易腐货物同非易腐货物；
3. 危险货物同按照《国际货协》附件第2号的规定禁止在一辆车内混装的其他货物；
4. 发货人装车的货物同铁路装车的货物；
5. 根据发送路国内规章不准许在一辆车内混装运送的货物；
6. 堆装运送的货物同其他货物。

四、国际铁路联运的特种货物运输

（一）危险货物的运送方式

所谓危险货物，包含两层意思：第一，作为货物内因的理化性质（物质具有的燃烧、爆炸、腐蚀、毒害、放射性）具有危险的性质；第二，由于货物在国际运输过程中，要进行装车、卸车、换装、随车运行等作业，这些作业偶有不当，就有可能造成货物的内因变化，导致事故的发生。

为了避免事故的发生，对危险货物的运送方式有强制性的规定：危险货物一般使

用棚车或危险货物专用车装运；整车危险货物应是同一品名或属于同类项、同性质的货物，不属于同类的货物拼装，应符合《国际货协》和发送路国内危险货物运输规定的要求；不准混装运送的危险货物，不得用一份运单办理运送。

（二）超限、超长、超重货物的运送方式

超限货物是指装车后，其任何部分的高度和宽度超过参加运送的任何一个铁路的机械和车辆限界的货物。

超长货物是指一件长度超过 18 米（运往越南的长度超过 12 米）的货物。

超重货物是指一件重量超过 60 吨（在换装运送中，罗马尼亚及越南的超重货物上限分别为 30 吨和 20 吨）的货物。

上述货物都不是普通货物，一般不能用办理普通货物联运的方法办理运送。按照《国际货协》的相应规定，集装箱货物、危险货物、鲜活易腐货物的运送，必须按照特殊方式办理；而超限、超长、超重货物，只有在参加运送的各铁路间预先商定后才能运送。

（三）鲜活易腐货物的运送方式

鲜活易腐货物是指运送过程中，需要采取一定的特殊设备（如保温车、冷藏车、保温集装箱、冷藏集装箱、气调集装箱等），或者需要采取特殊措施照料或照管（如冷藏、保温、防寒、加温通风、上水、换水、洒水、补充消耗制冷剂、供应禽畜饲料等），以防止发生腐烂（坏）、变质、死亡的货物。鲜活易腐货物分为易腐货物、活动物两大类。运送这些货物时，应遵守《国际货协》附件第 4 号和附件第 3 号的有关规定。

第三节 国际铁路联运路站知识

一、中朝铁路间货物运送

中朝铁路国境站有：丹东—新义州；集安—满浦；图们—南阳。

我国铁路主要采用标准轨距（1435 毫米，以下简称"准轨"），朝鲜铁路也是准轨。中朝铁路联运货车可以相互过轨，我国进口货物和车辆在我方国境站办理交接，出口货物和车辆则在对方国境站办理交接。

二、中越铁路间货物运送

中越铁路国境站有：凭祥—同登；山腰—老街。

越南铁路主要是米轨（1000 毫米），但连接我国凭祥的一段铁路为准轨和米轨的混合轨。我国铁路同越南铁路间经由凭祥的联运货车可以相互过轨，货物和车辆的交接暂在凭祥站办理。我国昆明的部分铁路是米轨，同越南铁路间经由山腰的联运货车可以相互过轨，我国进口货物和车辆在山腰站办理交接，出口货物和车辆在老街站办

理交接。需经昆明铁路准轨、米轨换装的联运货物，除有特定者外，暂不办理。

三、中俄铁路间货物运送

中俄铁路国境站有：满洲里—后贝加尔；绥芬河—格罗捷科沃；珲春—卡梅绍娃亚。

俄罗斯铁路是宽轨（1520毫米）。我国进口货物和车辆在我方国境站办理换装和交接，出口货物和车辆则在对方国境站办理换装和交接。

四、中哈铁路间货物运送

中哈铁路国境站有：阿拉山口—德鲁日巴。

哈萨克斯坦铁路是宽轨（1520毫米）。我国进口货物和车辆在我方国境站办理换装和交接，出口货物和车辆则在对方国境站办理换装和交接。

五、中蒙铁路间货物运送

中蒙铁路国境站有：二连浩特—扎门乌德。

蒙古铁路是宽轨（1520毫米）。我国进口货物和车辆在我方国境站办理换装和交接，出口货物和车辆则在对方国境站办理换装和交接。

◇ **知识链接**

涉及铁路联运的贸易合同的注意事项

我国通过国际铁路联运对外出口货物，多数是以CPT或CIP条件成交的，也有一部分是通过FCA成交的。

为了顺利执行合同中规定的国际铁路联运条款，避免合同的当事人在执行合同时发生争执，在贸易合同中要注意以下几点：

1. 交货条款要订得明确具体。

根据《国际贸易术语解释通则》（INCOTERMS2010），可以适用国际铁路联运的交货条款主要有：FCA货交承运人、CPT运费付至、CIP运费保险费付至。在合同中除了要写明上述术语外，交货地点一定要明确具体，如"布加勒斯特"，而不应含糊不清，如"某某国""欧洲主要城市""内陆城市"等。

2. 允许分批装运。

由于国际铁路联运计划等原因，对于某些成交数量大的货物，在合同中应规定"在合同交货期内允许分批装运"（Partial shipment to be allowed during the time of shipment）。

3. 规定结汇条件。

国际铁路联运的出口货物，是凭国际铁路联运的运单对外结汇的。在合同中应规定"凭国际货协运单结汇"（Payment to be effected against smgs rail way bill evidencing goods shipped by rail way）。

4. 避免信用证双到期。

在 CPT 和 CIP 条件下，我国的出口货物应由我国的卖方负责装车发运，为了防止某些时候因联运计划未能获得批准而造成不能履行合同，可以经过贸易当事人商定在合同中订明"信用证需列明，如不能按期装运，则信用证装运期和结汇有效期均可自动展延"（letter of credit must bear the words：if shipment can not be effected within the period stipulated hereof，both shipment and expiry dates will be extended automatically）。

5. 发货人通过铁路部门付运费的限制。

发货人通过铁路部门来付国际铁路联运货物的运费是有限制的，不是所有铁路运费发货人都可以通过铁路部门来支付，如中国出口到俄罗斯莫斯科的货物，从后贝加尔到莫斯科的货物的运费，发货人不能通过铁路部门来支付；再如中国出口经俄罗斯、波兰到德国的货物，过境波兰的运费，发货人也不能通过铁路来支付。

对这种情况，我国的卖方在商定交货条款时一定要加以考虑，不能通过铁路支付运费时，应与代理联系，由代理报价，并通过代理支付铁路运费。

◇ 同步练习

1. 请上网查询以下国际铁路通道的相关知识，并在横线上填入相对应的国名。

通往_____的沈丹线、长图线

通往_____的滨州线、滨绥线

通往_____的集二线

通往_____的昆河铁路、湘桂线

通往_____的北疆铁路

2. 试说出以上线路的双边国境站名称。

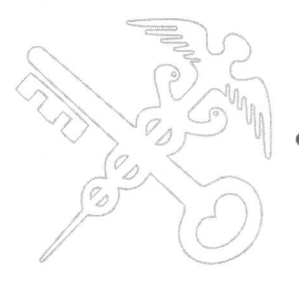

第十二章 情境六：运动鞋出口至蒙古国货运操作流程

**DI-SHIER ZHANG QINGJING LIU: YUNDONGXIE CHUKOU ZHI
MENGGUGUO HUOYUN CAOZUO LIUCHENG**

◇ **知识目标**

熟悉国际铁路联运出口货运代理操作规范。

熟悉国际铁路联运进口货物代理操作规范。

◇ **能力目标**

能够向客户提供铁路联运货物进出口业务咨询服务。

◇ **情境设置**

天津 J 贸易公司是一家专门进行运动鞋类进出口的外贸生产加工企业，并与蒙古国乌兰巴托市的吉尔特贸易公司有着数年的经贸关系。2012 年 10 月 21 日，J 贸易公司委托 A 物流有限公司代理出运一批运动鞋（税号 6404.1100）到吉尔特贸易公司，铁路运输，货主自备 20 英尺集装箱 2 个（运动鞋出口数量共计 18200 双，纸箱包装，每箱装 60 双，箱体积 0.164 立方米）。A 物流有限公司尚未开展国际铁路货运代理业务，但因 J 贸易公司是他们的海运业务老客户，故热情地指派公司赵小姐协助联系天津外运公司办理此笔业务。赵小姐热情好学，积极协调业务，并从中学到了许多新的知识。首先，她从外运陆运部张经理处得到一份国际铁路联运出口业务流程图（见图12-1）。

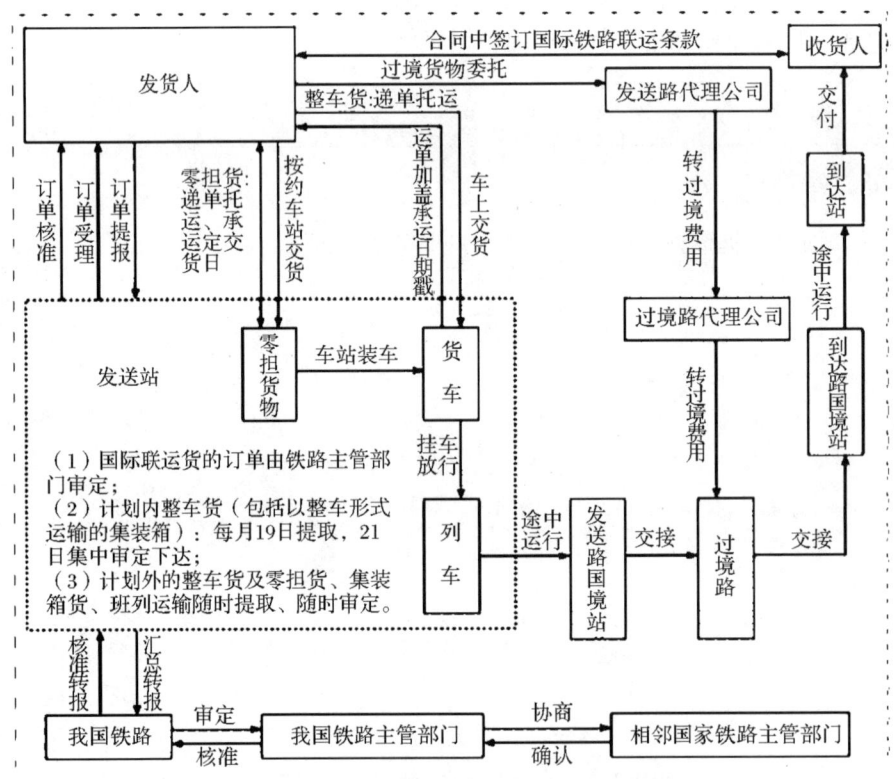

图 12-1　国际铁路联运出口业务流程图

不仅如此，张经理还热心地向赵小姐解释了国际铁路运输的一些基本流程。

第一节　托运、承运与发运

一、托运与承运

发货人在托运货物时，应向车站提供货物运单，以此作为货物托运的书面申请。

车站接到运单后，应认真审核，对整车货物运送的申请，应检查是否有批准的月度和旬度要车计划，检查货物运单各项内容的填写是否正确，如确认可以承运，应予以登记。车站在运单上登记货物和填入车站的承运日期或装车日期，即表示受理托运。发货人应按登记时指定的日期将货物搬入车站的货场或指定的货位，由铁路有关部门根据货物运单上的记载查对实际货物，并由车站方确认符合《国际货协》和有关规章制度的规定后，予以接收。整车货物一般在装车完毕，车站在货物运单上加盖了承运日期戳，即为承运。

零担货物的托运与整车货物不同，发货人在托运时，凭运单直接向车站申请托运。将货物过磅称重，并搬运到指定的货位上，交由铁路部门报关。车站将发货人托运的货物，连同货物运单一同接收完毕后，应在货物运单上加盖承运日期戳记，表示货物已承运。

托运、承运完毕，以运单为具体表现形式的运输合同即开始生效，铁路按《国际货协》的规定对货物有保管、装车并运送到指定目的地的责任。

二、货物发运

货物办理完托运和承运手续后，接下来是装车发运。货物装车，应在保证货物和人身安全的前提下，做到快速进行，以缩短装车作业时间，加速车辆周转和货物运送。

按铁路运输的规定，在车站公共装卸场所内进行的装卸工作，由铁路部门负责组织；其他场所如专用线装卸场，装卸工作则由发货人或收货人负责组织。但某些性质特殊的货物，如易腐货物、未装容器的活动物等，即使在车站货场内，也均由发货人组织装车或卸车。

1. 发货人向铁路部门托运货物时，应做好以下工作。

（1）货物的品质、规格、数量须符合合同的规定。凡需要进行检验和检疫的货物，应及时做报检工作。

（2）托运时应认真过磅称重，细致查点件数，并将重量和件数正确记载在运单上。除此之外，还应遵循下列规定。

①对用敞车类车辆运送不盖篷布、不需加封印的整车货物，在承运时，如总件数不超过100件，发货人在运单中应记载货物的件数和重量；如总件数超过100件，发货人在运单中只记载货物重量，并在运单"件数"栏内记载"堆装"字样。

②整车运送小型无包装精制品时，只按重量承运，不计件数。发货人应在运单"件数"栏内注明"堆装"字样。

③包装时已确定重量，并在每一件货物上标有标记重量的有包装货物，以及同一标记重量的货物，承运时不需要过磅称重。发货人应尽可能按标记重量或标准重量托

运货物，以减少货物过磅确定重量的手续。在这种情况下，发货人应在运单"确定重量方法"栏内记载货物总重量的确定方法。

（3）货物的包装应能充分保证防止货物在运送中的灭失和损坏，包括防止对其他货物和运输工具、包装及人员的可能损坏。危险货物应按《国际货协》附件第 2 号《危险货物运送规则》的条款进行包装。例如，本案例用纸箱包装的货物，应在箱面和箱底沿中线缝加贴牛皮纸或胶条。用麻布（或白布）包装的出口货物，发货人应做到包装完整整洁，包件捆紧，发运时应根据车辆情况妥善衬垫。装两层以上的桶装货物，发货人应在各层货物之间用垫木或其他适当的衬垫物妥善衬垫，以防止包装磨损擦破，货物撒漏。内外包装及衬垫，一般不采用稻草、麦秸等材料，如必须使用时，应附有植物检疫证书。

（4）货物标记和标志牌要为运送货物提供方便，便于识别货物，以利于装卸和收货人提货。发货人应在货件上做字迹清晰、不容易擦掉的标记，或拴挂货签。对整车货物（堆装货物除外），应在接近车门的货件上做标记，每车不少于 10 件。对零担货物，应在每件货物上做标记，标记的内容为：发送路和发站、到达路和到站、每件货物的记号和号码、发货人和收货人的姓名、零担货物的件数、运单号。这些内容应同运单记载一致。

如运送某些要求采取特别防护的货物，发货人应在每个货件上做"小心对待"标记或粘贴《国际货协》附件第 6 号格式的标志牌。标记应用发送国文字书写，并译成俄文，标示牌上的记载内容用发送国文字和俄文印刷。由中国发往越南、朝鲜的货物不需要译成俄文，货件上不应有旧的标记或标示牌及与运输无关的字画。

（5）货物的声明价格。发货人在托运货物时声明价格，其目的在于保证货物发生货损货差时，能够得到铁路部门按照货物的声明价格做出的全部赔偿。按《国际货协》的规定，发货人在托运下列货物时应声明价格：金、银、白金及其制品；宝石；贵重毛皮及其制品；摄制的电影片、画、雕像、艺术制品；古董、家庭用品。只有当发货人在运单"发货人的特别声明"栏内注明"不声明价格"的记载，并签字证明时，才准许承运无声明价格的家庭用品。

本案例中的运动鞋为上述货物以外的普通货物，可不进行价格声明。但如果发货人要求，也可声明价格。

2. 货物装车发运的主要步骤如下。

（1）货物进站。货物应按照铁路规定的时间进站。进站时，发货人应组织专人在车站接货，并会同铁路货运员对货物的包装状况、品名、件数、标记唛头与运单及随附单证等逐件进行检查，如发现问题或相互不符，要设法修复或更换，或查明原因予以更正。货物全部搬入车站经货运员验收完毕、符合运送要求后，发货人即同货运员办理货物交接手续，并在运单上签字确认。零担货物经铁路货运员查验与过磅，发货人按运单交付运杂费用后，货物在站内的报关和装车发运工作即由铁路部门负责。在专用线装车时，发货人应在火车调送前一日将货物搬至货位，并做好装车前的一切准备工作。

（2）请车和拨车。由铁路部门负责装车的货物，有关请车和拨车均由铁路部门自行处理。由发货人负责装车时，不论是在车站的货场内装车还是在专用线装车，发货人应按铁路部门批准的要车计划，根据货物的性质和数量，向车站请拨车辆。发货人要正确合理地选择车种和车辆吨位，尽量做到车种适合货种、车吨配合货吨，在保证安全的前提下充分利用车辆的载重量与容积，提高运输经济效益。铁路部门在火车调送到装货地点或车辆交接地点期间，应事先通知发货人；发货人根据进货通知按时接车，同时组织装车力量，在规定的时间内完成装货工作，按时交车，并将装货完毕时间通知车站。

（3）装车。货物装车应具备三个基本条件：第一，货物包装完整、清洁、牢固，货物标志与标记清晰完整；第二，车辆车体完整清洁，技术状况良好，具备装货条件；第三，单证齐全，内容完备、准确。由发货人装车的货物，发货人应对其负责装车的货物进行现场监装。由铁路部门负责装车的货物一般应由铁路部门监装，在必要时可要求发货人在车站货场检查装载情况。现场监装工作主要包括以下几方面：

①装车前，复核点数，检查货位上的货物是否符合装车条件。

②火车调到时，会同铁路货运员检查车辆是否符合装车要求。

③合理装载，装车时对配载货物做到心中有数、计算准确、装载合理，保证货物全部装车。检查货物是否装载恰当，确保货物运输安全。

④装车完毕，检查车辆是否封闭、加固，检查通风及相应的安全措施。

⑤记录车号，做好发运登记，并在出口货物明细单上填写车号、运单号和装车日期。如实际车数与原单记载有出入时，应及时做好修改和更正。

⑥装车结束后，及时向车站交付运费，取回盖有发站戳记的运单副本和运单副本抄件。

（4）加固。对于敞车、平车及其他特种车辆装运超限货物、箱装和裸体的机械设备及车辆等货物，应在装车时放置稳妥，捆绑牢固，以防止运送途中发生移动、坠落、倒塌及相互撞击，保证安全运送。

货物加固工作，应由铁路部门负责（自装车和专用线装车由发货人负责），但发货人应检查加固情况，如不合要求，应及时提醒铁路方面重新加固。

（5）施封。施封是保证货物运输安全的重要措施之一，以便分清铁路与发、收货人之间，铁路内部之间的相互责任。一般来说，装运国际联运出口货物的棚车、冷藏车、罐车必须施封。

货车施封时，应使用只有在毁坏后才能启开的封印。

铁路装车时由铁路施封，发货人装车由发货人施封或委托铁路施封，此时发货人应在运单"铅封"栏内注明"委托铁路施封"字样。对出口货物和换装接运的进口货物，各发站和进口国境站必须用10号铁线将车门上部门和门鼻儿拧紧，在车门下部门扣处施封。

（6）办理和使用运输标志。运输标志又称"唛头"（Mark），一般印制在货物外包装上。收货人唛头按以下顺序排列：

①订货年度代号。

②承办订货进出口公司代号。

③收货人代号。

④间隔代号。

⑤商品类别代号。

⑥合同编号。

⑦贸易国别地区代号。

（7）向国境站寄送合同资料。当铁路运载的货物属于联运进出口货物时，向国境站寄送合同资料是必不可少的一步。合同资料是国境站核放货物的重要依据，各进出口公司在对外合同签妥后，要及时向货物经由国境站的外运分支机构寄送合同的中文抄本。对于由外运分支机构接收分拨的小额订货，必须在抄寄合同的同时，按合同内容添附货物分类表。

寄送的合同资料应包括合同中文抄本及其附件、补充协议书、变更申请书、更改书和有关确认函电、提前交货清单等。合同资料的内容应包括合同号、订货号、品名、规格、数量、单价及经由国境站、到达路局、到站、收货人唛头、包装和运输条件等项目。向国外提供的合同变更资料，应同时寄送国境站外运分支机构参考。如改变货物的经由国境站，必须将更改后的中文合同的抄本寄送新经由国境站外运分支机构，并通知原经由国境站外运分支机构注销合同资料。

（8）办理货物发出后的事项。

①登记。发货人的运输人员在发货后，要将发货经办人员的姓名，货物名称、数量、件数、毛重、净重、发站、到站、经由口岸、运输方式、发货日期、运单号、车号及运费等项目，详细登记在发运货物登记表内，作为原始资料。

②通知及上报。如合同规定发货后发货人要通知收货人的，通知要及时；如规定要上报总公司和当地有关主管部门的，要及时上报。总之，要做好必要的通知和报告工作。

③修改和更正。如果货物发出后，发现单证或单货错误，要及时通知货物所经经由国境站外运分支机构，要求代为修正，如发货后需要变更收货人、到站或其他事项的，及时按规定通知原经由国境站办理变更。

第二节　国际联运货物的国境站交接

在相邻国家铁路的终点，从一国铁路向另一国铁路办理移交或接收货物和车辆的车站称为"国境站"。根据《国际货协》和国境铁路议定书的规定，国际铁路联运进出口货物在国境站的交接由两国铁路部门负责进行，并附有连带责任。

一、国际铁路联运进出口货物在国境站的交接

国际铁路联运进出口货物在国境站交接的一般做法是：

1. 国境站货运调度根据国内前方站和邻接国境站的货物列车到达预报和确报，通知交接主管处和海关做好列车的接车及检查准备工作。

2. 进出口货物列车到达进站后，铁路部门会同海关接车，并将列车附带的运送票据送交接主管处处理，货物及列车接受海关的监管和检查。

3. 交接主管处内部联合办公，由铁路、海关、外运分公司等单位按照业务分工进行流水作业，密切配合协作，加速单证和车辆的周转。其具体分工如下：

（1）铁路部门主要负责翻译运送票据，编制货物和车辆交接单，并以此作为向邻国铁路部门办理货物和车辆交接的原始凭证。

（2）外运分公司负责审核货运单证，纠正单证差错和处理错发、错运事故。并将进出口货物报关单、运单及其他随附单证送海关办理报关手续。

（3）海关根据报关单查验货物，在单、证、货相符，合乎国家政策法令规定的条件下，准予解除监督、验关放行。最后由双方铁路部门具体办理货物和车辆的交接手续，并签署交接证件。

二、进出口货物交接时的注意事项

1. 进出口货物单证资料审核。审核出口货物单证是国境交接站的一项重要工作，它对正确核放货物，纠正单证差错和处理错发、错运事故，保证出口货物顺利交接都具有重要意义。

出口货物运抵国境站后，交接所应将全部货运单证送外运公司进行审核，外运公司作为国境站的货运代理公司，审核单证时，要以运单内容为依据，审核出口货物报关单、装箱单、商检证书等记载的项目是否正确、齐全。如出口货物报关单项目遗漏或内容错误，或份数不足，应按运单内容订正或补制；如运单、出口货物报关单、商检证书三者所列项目不符，有关运单项目的订正或更改，由国境站联系发站并按发站通知办理；需要更改，订正商检证书、品质证明书或动植物检疫证时，应由出证单位通知国境站商检或检疫部门办理；海关查验实货，如发现货物与单证不符，需根据合同和有关资料进行订正，必要时应联系发货人解决。总之，国境站外运分公司在订正、补制单据时，只限于代发货人缮制单证，而对运单内容和项目，以及商检证书、品质证明书、检疫证、兽医证等国家行政机关出具的证件，均不代办订正或补制。

出口货物单证经复核无误后，应将出口货物报关单、运单及其他随附单证送海关，作为向海关申报和海关审核放行的依据。

2. 办理报关、报检等法定手续。铁路运输出口货物的报关，由发货人委托铁路部门在国境站办理。发货人应填制出口货物报关单，作为海关申报的主要依据。

出口货物报关单格式由我国海关总署统一制定。发货人或其代理人须按海关规定逐项填写，要求内容准确、详细，并与货物运单及其他单证记载相符，字迹端正、清晰，不可任意省略或简化。对于填报不清楚或不齐全的报关单，以及未按《海关法》的有关规定交验进出口许可证等有关单证者，海关将不接受申报；对于申报不实者，海关将按违章处理。铁路车站在承运货物后，即在货物报关单上加盖站戳，报关单与运单一起随货通行，以便国境站向海关办理申报。

需办理商品检验的货物，要向商品检验部门办理商品检验检疫手续，并取得证书。

上述证书在发站托运货物时，需连同运单、报关单一并随车同行，在国境站由海关执行监管，查证放行。

3. 凭铅封交接与按实物交接。货物的交接可分为凭铅封交接和按实物交接两种情况。

凭铅封交接的货物，根据铅封的站名、号码或发货人简称进行交接。交接时应检查封印是否有效或丢失，引文内容、字迹是否清晰可辨、与交接单内容是否相符，车辆左、右两侧铅封是否一致等，然后由双方铁路部门凭完整铅封办理货物交接手续。

按实物交接的货物，可分为按货物重量、按货物件数和按货物现状交接3种方式。按货物重量交接的，如两国铁路间使用敞车、平车和砂石车散装煤、石膏、焦炭、矿石、熟矾土等货物；按货物件数交接的，如两国铁路间用敞车类货车装载每批不超过100件的整车货物；按货物现状交接的，一般是难以查点件数的货物。

在办理货物交接时，交付方必须编制货物交接单，没有编制交接单的货物，在国境站不得办理交接。

4. 出口货物事故的处理。联运出口货物在国境站换装交接时，如发现货物短少、残损、污染、湿损、被盗等事故，国境站外运公司应会同铁路部门查明原因，分清责任，分别加以处理。由于铁路部门的原因造成的事故，请铁路部门编制商务记录，并由其负责整修。整修所需包装材料，由国境站外运公司根据需要协助提供，但费用由铁路部门承担。由于发货人的原因造成的事故，在国境站条件允许的情况下，由国境站外运公司组织加工整修，但需由发货人提供包装材料，负担所有的费用和损失；因技术条件限制，无法在国境站加工整修的货物，应由发货人到国境站指导处理，或将货物返还发货人处理。

第三节　铁路货物费用结算

在参与《国际货协》和未参与《国际货协》但采用《国际货协》规定的国家的铁路间运送货物时，运送费用按下列规定核收。

1. 发送路运送费用。即我国国内铁路运送费用，按承运当日"价规"规定计算，由发货人以人民币向车站支付。

2. 过境路运送费用。过境路是指在国际铁路联运中，货物发送路和到达路以外的途经铁路。过境路运送费用按承运当日《统一货价》规定计算，以瑞士法郎算出的款额，按支付当日规定的兑换率折算成当地货币，由发货人向发站支付。当货物需要通过几个过境铁路运送时，准许由发货人支付一个或几个过境铁路的运送费用，其余铁路的运送费用，由收货人支付。两个以上国家过境铁路的运送费用，按《统一货价》的规定以国境线为起讫点分开计算。

3. 到达路运送费用。到达路是指在国际铁路联运中，货物到达国家铁路的简称。到达路运送费用按承运当日〔我国进口货物，按进口国境站在运单上加盖日期戳当日〕到达路国内规章规定，由收货人以到达国货币向到站支付。

向未参与《国际货协》的国家或地区运送货物时，运送费用按下列规定核收：

1. 我国铁路的运送费用按我国国内规章规定计算，在发站向发货人核收。

2. 参与《国际货协》的各过境铁路的运送费用，按《统一货价》规定计算，在发站向发货人核收（相反方向运送时，在到站向收货人核收）。

3. 向未参与《国际货协》的国家运送货物时，核收转发送国家铁路的运送费用，按转发送国家所参加的国际联运协定计算，在到站向收货人核收（相反方向运送时，在发站向发货人核收）。

通过港口站运送货物时，运送费用按下列规定核收：

1. 我国通过参与《国际货协》的国家的铁路港口站向其他国家（及相反方向）运送货物时，我国铁路的运送费用按我国国内规章规定计算，在发站向发货人核收（相反方向运送时，在到站向收货人核收）。

2. 参与《国际货协》的国家的铁路通过我国铁路港口站往其他国家运送货物时，过境我国的运送费用按《统一货价》规定计算，并且必须在发站向发货人核收；相反方向运送时，则必须在货物到站向收货人核收。只有在港口站发生的杂费和其他费用，可在该港口站向代理人核收。

◇ **知识链接**

集装箱货运发送、到达作业流程见图 12-2、12-3。

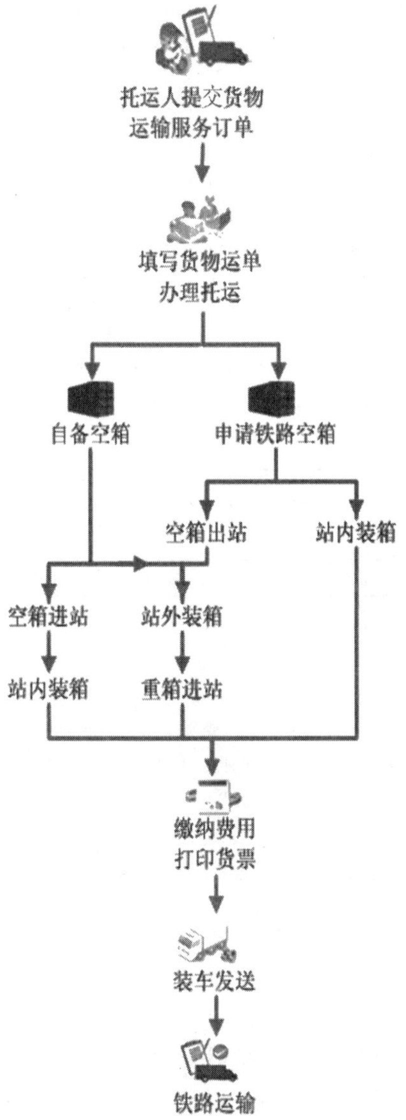

图 12-2　集装箱货运的发送作业流程图

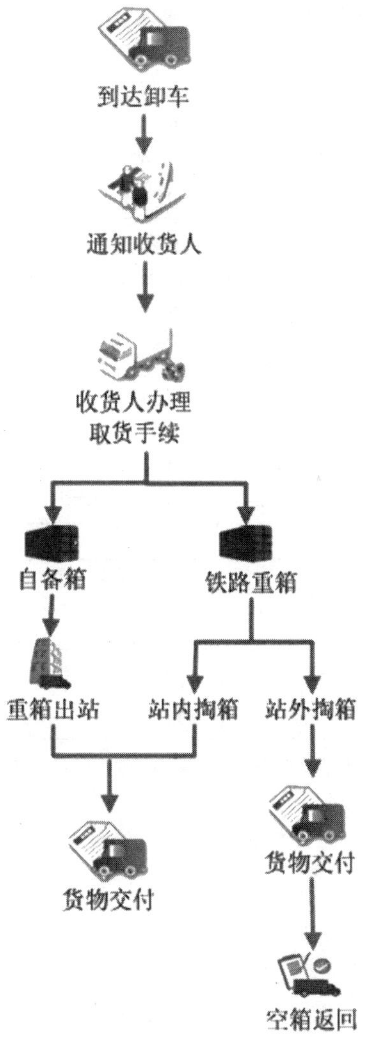

图 12-3　集装箱货运的到达作业流程图

第四节　货物交接

货物交接应遵循如下程序：

1. 货运调度根据前方列车到达预报，通知相关部门做好接车准备工作。

2. 货物列车进站后，铁路方面及时接车，并检验随车代交的运送票据。

3. 通知收货方接货。

◇ **知识链接**

国际铁路联运代理出口业务流程见图 12-4。

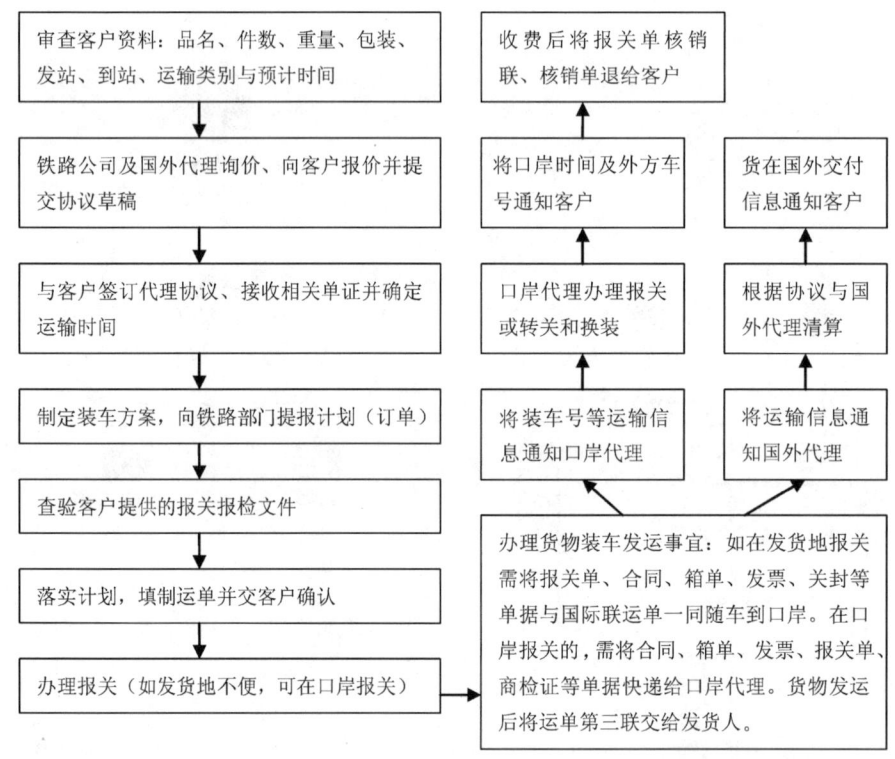

图 12-4　国际铁路联运代理出口业务流程图

◇ **同步练习**

1. 简述国际铁路货物运输费用的结算方式。

2. 国际铁路联运的范围包括同参与《国际货协》的国家的铁路之间的联运，同未参与《国际货协》的国家的铁路之间的联运及通过港口站的货物运输，试简述以上 3 种情况的货运操作方式。

第十三章　国际多式联运

DI-SHISAN ZHANG GUOJI DUOSHI LIANYUN

◇ **知识目标**

了解国际多式联运知识。

掌握大陆桥运输的相关知识。

◇ **能力目标**

能够根据货物属性及起运点和目的地的具体方位，为客户推介国际多式联运业务。

熟练掌握海铁联运的操作流程。

第一节　国际多式联运业务

一、国际多式联运（International Multimodal Transport）的概念

《联合国国际货物多式联运公约》对国际多式联运的定义是：按照多式联运合同，以至少两种不同的运输方式，由多式联运经营人把货物从一国境内接运货物的地点运至另一国境内指定交付货物的地点。

二、国际多式联运经营人的含义与特征

多式联运经营人（Multimodal Transport Operator）是指签订一项多式联运合同并以承运人身份承担完成此项合同责任的任何人。多式联运经营人必须具备如下特征：

1. 与货主本人或其代表订立多式联运合同，同时又以货主的身份与各区段的实际承运人订立运输合同；

2. 对全程运输所发生的货损、货差负责，但可向分承运人追偿；

3. 多式联运经营人可以拥有运输工具，也可以不拥有运输工具。

三、国际多式联运经营人的性质

国际多式联运经营人既不是发货人的代理或代表，也不是承运人的代理或代表，它是一个独立的法律实体，并具有双重身份。对货主而，它是承运人；对实际承运人而言，它又是托运人。它一方面与货主签订多式联运合同，另一方面又与实际承运人签订运输合同。它是总承运人，对全程运输负责，对货物灭失、损坏、延迟交付等均承担责任。在国际上经营国际多式联运业务的都是些规模较大、实力雄厚的国际货运公司。

四、国际多式联运经营人的类型

根据是否拥有运输船舶，国际多式联运经营人可以分为以船舶运输为主的国际多式联运经营人和无船国际多式联运经营人两大类。

1. 以船舶运输为主的国际多式联运经营人。这类国际多式联运经营人在利用自己拥有的船舶提供港至港服务的同时，将他们的服务扩展到包括陆上运输甚至空运在内的门到门服务。在一般情况下，他们可能不拥有也不从事公路、铁路、航空货物运输，而是通过与相关承运人订立分合同来安排相关的运输。此外，他们也可能不拥有场站设施，也不从事装卸与仓储服务，而是与相关场站经营人订立装卸与仓储合同来安排相关的装卸与仓储服务。

2. 无船国际多式联运经营人。根据是否拥有运输工具和场站设施，无船国际多式联运经营人可分为如下三类：

（1）承运人型。这类国际多式联运经营人不拥有运输船舶，但却拥有汽车、火车

或（和）飞机等运输工具，它与货主订立国际多式联运合同后，除了利用自己拥有的运输工具完成某些区段的实际运输外，对于自己不拥有或不经营的运输区段则需要通过与相关的承运人订立分包合同来实现区段的运输。与以船舶运输为主的国际多式联运经营人一样，这类国际多式联运经营人既是契约承运人，又是某个或几个区段的实际承运人。

（2）场站经营人型。这类国际多式联运经营人拥有货运站、堆场、仓库等场站设施。它与货主订立国际多式联运合同后，除了利用自己拥有的场站设施完成装卸、仓储服务外，还需要与相关的各种运输方式的承运人订立分合同，由这些承运人来完成货物运输。

（3）代理型。这类国际多式联运经营人不拥有任何运输工具和场站设施，需要通过与相关的承运人、场站经营人订立分合同，履行自己与货主订立的国际多式联运合同。

五、国际多式联运经营人的法律责任范围

国际多式联运经营人的责任期间是从接收货物之时起到交付货物之时止，在此期间内，对货主负全程运输责任，但在责任范围和赔偿限额方面，根据目前国际上的做法可以分为以下三种类型：

1. 统一责任制。统一责任制下，国际多式联运经营人对货主负不分区段运输的统一原则责任，即货物的灭失和损坏，包括隐蔽损失（损失发生的区段不明），不论发生在哪个区段，国际多式联运经营人都要按一个统一原则负责并一律按一个约定的限额进行赔偿。这一做法对国际多式联运经营人来说责任较大，赔偿额较高，所以实践中应用较少。

2. 网状责任制。网状责任制又称"分段责任制"，即多式联运经营人的责任范围以各运输区段原有的责任为限。如海上区段按《统一提单的若干法律规定的国际公约》（简称《海牙规则》），铁路区段按《国际货协》，公路区段按《国际公路货物运输合同公约》，航空区段按《华沙公约》处理。在不适合上述任何一个公约的情况下，按相应的国内法规处理。赔偿限额也是按各区段的国际公约的规定或相应国内法的规定赔付。对不明区段货物隐蔽损失，或作为海上区段按《海牙规则》办理，或按双方约定的一个原则办理。目前国际上大多采用网状责任制。根据《中华人民共和国海商法》第一百零四条至第一百零六条的规定，我国国际多式联运经营人也采用网状责任制。

3. 统一修正责任制。这是介于上述两种责任制之间的责任制，即在责任范围上按统一责任制，在赔偿限额上按网状责任制。也就是说，国际多式联运经营人在全程运输中对货损事故按统一标准向货主赔偿，但如果该统一赔偿标准低于实际货运事故发生区段的适用法律法规所规定的赔偿标准，则按该区段高于统一赔偿标准的标准，由国际多式联运经营人负责向货主赔偿。统一修正责任制与统一责任制相比，加大了国际多式联运经营人的赔偿责任，故实际应用更少。

国际多式联运经营人不管采用哪种规定，都应在其签发的多式联运提单或提单的背面条款中对责任范围加以明确。

六、国际多式联运单据

（一）多式联运单据的定义与作用

在国际多式联运过程中，虽然一票货物由多种运输方式、几个分承运人共同完成运输，但使用的却是同一张货运单据，即多式联运单据。这样，货物在由一种运输方式转换至另一种运输方式时，不必再经过重新分类、核对、检查、开箱、装箱等过程，起到了统一化、简单化及方便货主的作用。

《联合国国际货物多式联运公约》对多式联运单据（Multimodal Transport Document 或 Combined Transport Document）的定义是：多式联运单据是指证明国际多式联运合同成立及证明多式联运经营人接管货物并负责按照多式联运合同条款交付货物的单据。因此，多式联运单据不是运输合同，而是运输合同成立的证明，是多式联运经营人收到货物的收据和凭以交付货物的凭证。

（二）多式联运单据的主要内容

多式联运单据是当事人之间进行国际多式联运业务活动的凭证。因此，要求单据的内容必须正确、清楚、完整。多式联运单据的主要内容包括：

1. 货物的外表状况、数量、名称、包装、标志等；
2. 多式联运经营人的名称和主要营业场所；
3. 发货人、收货人的名称、地址；
4. 多式联运经营人接管货物的日期、地点；
5. 经双方明确议定的交付货物的时间、地点；
6. 表示多式联运单据可转让或不可转让的声明；
7. 多式联运单据的签发时间、地点；
8. 多式联运经营人或其授权人的签字；
9. 有关运费支付的说明；
10. 有关运输方式、运输路线、运输要求的说明等。

多式联运单据除按规定的内容、要求填写外，还可根据双方的实际需要，在不违背单据签发国法律规定的情况下，加注其他项目，如关于特种货物运输的说明、所运输货物批注的说明、不同运输方式下承运人之间的临时洽商批注等。

多式联运单据所记载的内容，通常由货物托运人填写，或由多式联运经营人或其代表根据托运人提供的有关托运文件填写。但在多式联运经营人接管货物时，被认为货物托运人或发货人已向多式联运经营人保证，其在多式联运单据中所提供的货物品类、标志、件数、尺码、数量等情况准确无误。

如果货物的灭失、损坏是由于发货人或货物托运人在单据中所提供的内容不准确或不当造成的，发货人应对多式联运经营人负责，即使在多式联运单据已转让的情况下也不例外。当然，如果货物的灭失、损坏是由于多式联运经营人在多式联运单据中列入不实资料，或漏列有关内容所致，该多式联运经营人则无权享受赔偿责任限制，而应按货物的实际损害情况赔偿。

（三）多式联运单据的签发

多式联运经营人在接收托运的货物时，必须与接货单位（集装箱货运站或码头堆场）出具的货物收据进行核对无误后，方可签发多式联运单据。多式联运单据由多式联运经营人或其授权代表签发，在不违背多式联运单据签发国法律规定的情况下，多式联运单据可以是手签、手签笔迹复印、打透花字、盖章或用任何其他机械或电子仪器打印的。

多式联运经营人凭货物收据，根据发货人或货物托运人的要求，签发可转让或不可转让的多式联运单据。

1. 签发可转让的多式联运单据。

（1）应列明按指示交付，或向持单人交付；

（2）如列明按指示交付，需经背书转让；

（3）如列明向持单人交付，无须背书即可转让；

（4）如签发一套一份以上的正本单据，则应注明正本份数；

（5）对于所签发的任何副本，应在每份副本上注明"不可转让"的字样。

在实际业务中，对多式联运单据的正本和副本的份数规定不一，主要视发货人的要求而定。在交付货物时，多式联运经营人只要按其中一份正本交付货物，便已履行向收货人交付的义务，其余各份正本自动失效。

2. 不可转让的多式联运单据。

如果货物托运人要求多式联运经营人签发不可转让的多式联运单据，多式联运经营人或其他授权代表应在多式联运单据的收货人一栏内，载明收货人的具体名称，并打上不可转让的字样，货物在运抵目的地后，多式联运经营人只能向单据中载明的收货人交付货物。

如果多式联运单据中载明的收货人以书面形式通知多式联运经营人将单据中所记载的货物交给其在通知中指定的其他收货人，而在事实上多式联运经营人也这样做了，则可认为该多式联运经营人已履行了交货的义务。

为了适应信用证下的多式联运的结汇需要，国际商会 UCP500 第 26 条对多式联运单据做了规定：如果信用证要求包括至少有两种不同形式的运输（多运），除非信用证另有规定，银行将接受下列单据：

（1）表面上看来标有多式联运经营人的名字或其代理人名字的单据；

（2）用文字印戳或其他方式表明货物已接管的单据；

（3）即使信用证禁止转运，银行也将接受表明可能转运或将转运的多运单据，但以同一运输单据包括全程运输为条件。

七、大陆桥运输

在国际货物联运中，大陆桥发挥了重要作用，促进了国际货运的发展。

（一）大陆桥运输的定义

大陆桥运输（Land Bridge Transport），是指使用横贯大陆的铁路、公路运输系统为中间桥梁，把大陆两端的海洋连接起来的运输方式。从形式上看，它是海—陆—海的连贯运输，但实际在做法上已在世界集装箱运输和多式联运的实践中发展成多种多样。大陆桥运输一般都是以集装箱为媒介，因为采用大陆桥运输，中途要经过多次装卸，如果采用传统的海陆联运，不仅增加运输时间，而且大大增加装卸费用和货损货差。以集装箱为运输单位，则可大大简化理货、搬运、储存、保管和装卸等操作环节，同时集装箱经过了海关铅封，中途不用开箱检验，而且可以迅速直接转换运输工具，故采用集装箱是开展大陆桥运输的最佳方式。

（二）西伯利亚大陆桥

西伯利亚大陆桥利用俄罗斯西伯利亚铁路作为陆地桥梁，把太平洋东部地区与波罗的海和黑海沿岸及西欧大西洋口岸连起来。此条大陆桥运输线东自符拉迪沃斯托克的纳霍特卡港口起，横贯欧亚大陆，至莫斯科，然后分三路：一路自莫斯科至波罗的海沿岸的圣彼得堡港，转船往西欧、北欧港口；一路从莫斯科至俄罗斯西部国境站，转欧洲其他国家铁路（公路）直运欧洲各国；另一路从莫斯科至黑海沿岸，转船往中东、地中海沿岸。所以，从东北亚地区至欧洲，通过西伯利亚大陆桥有海—铁—海、海—铁—公路和海—铁—铁三种运送方式。

自 20 世纪 70 年代初以来，西伯利亚大陆桥运输发展很快。目前它已成为东北亚地区往返西欧的一条重要运输路线。日本是利用此条大陆桥的最大顾主。整个 80 年代，其利用此大陆桥运输的货物数量每年都在 10 万个集装箱以上。为了缓解运力紧张状况，苏联又建成了第二条西伯利亚铁路。但是，西伯利亚大陆桥也存在三个主要问题：

（1）运输能力易受冬季严寒影响，港口有数月冰封期；

（2）货运量西向大于东向约 2 倍，来回运量不平衡，集装箱回空成本较高，影响了运输效益；

（3）运力仍很紧张，铁路设备陈旧。随着新亚欧大陆桥的正式营运，这条大陆桥的地位正在下降。

（三）新亚欧大陆桥

1990 年 9 月，我国陇海—兰新铁路的最西段乌鲁木齐至阿拉山口的北疆铁路与苏联土西铁路接轨，第二条亚欧大陆桥运输线全线贯通。该运输线于 1992 年 9 月正式通车。此条运输线东起我国连云港，西至荷兰鹿特丹，跨亚欧两大洲，连接太平洋和大西洋，穿越中国、哈萨克斯坦、俄罗斯，与第一条运输线重合。它经白俄罗斯、波兰、德国到荷兰，辐射 20 多个国家和地区，全长 1.08 万千米，在我国境内全长 4134 千米。这条运输线与第一条运输线相比，总运距缩短 200 千米~2500 千米，可缩短运输时间五天，减少运费 10% 以上。

（四）北美大陆桥

北美的加拿大和美国都有一条横贯东西的铁路（公路）大陆桥，它们的线路基本相似，其中美国大陆桥的作用更为突出。美国有两条大陆桥运输线：一条是从西部太平洋口岸至东部大西洋口岸的铁路（公路）运输系统，全长约 3200 千米；另一条是从西部太平洋口岸至南部墨西哥湾口岸的铁路（公路）运输系统，长500~1000千米。

美国的大陆桥运输由于东部港口拥挤等原因处于停顿状态，但在大陆桥运输的运用过程中，派生并形成小陆桥（Mini Land Bridge）和微型陆桥运输方式（Micro Land Bridge）。

所谓小陆桥运输，就是比大陆桥的海—陆—海形式缩短一段海上运输，成为海—陆或陆—海形式。例如，东亚至美国东部大西洋口岸或美国南部墨西哥湾口岸的货运，由原来全程海运，改为由东亚装船运至美国西部太平洋口岸，转装铁路（公路）专用车运至东部大西洋口岸或南部墨西哥湾口岸，以陆上铁路（公路）作为桥梁，把美国西海岸同东海岸和墨西哥湾连起来。

所谓微型陆桥运输，也就是比小陆桥运输更短一段。由于没有通过整条陆桥，而只利用了部分陆桥，故又称"半陆桥运输"，是海运加一段从海港到内陆城乡的陆上运输或相反方向的运输形式。微型陆桥运输近年来发展非常迅速。

（五）美国OCP运输条款

"OCP"是Overland Common Points的缩写，意即"内陆公共点地区"，简称"内陆地区"。其含义是根据美国费率规定，以美国西部9个州为界，也就是以落基山脉为界，其以东地区均为内陆地区范围，这个范围很广，约占美国全国三分之二的地区。按OCP运输条款规定，凡是经过美国西海岸港口转往上述内陆地区的货物，如按OCP条款运输，就可享受比一般直达西海岸港口更低的优惠内陆运输费率，一般低3%~5%。相反方向，凡从美国内陆地区起运经西海岸港口装船出口的货物，同样可按OCP运输条款办理。同时，按OCP运输条款，可享受比一般正常运输低的优惠海运运费，每吨约低3~5美元。

采用OCP运输条款时必须满足以下条件：

1. 货物的最终目的地必须属于OCP地区范围内，这是签订运输条款的前提。

2. 货物必须经由美国西海岸港口中转。因此，在签订贸易合同时，有关货物的目的港应规定为美国西海岸港口，即为CFR或CIF美国西海岸港口条件。

3. 在提单备注栏内及货物唛头上应注明最终目的地OCP×××城市。

例如，我国出口至美国一批货物，卸货港为美国西雅图，最终目的地是芝加哥。西雅图是美国西海岸港口之一，芝加哥属于美国内陆地区城市，此笔交易就符合OCP规定。经双方同意，就可采用OCP运输条款。贸易合同和信用证中的目的港可填写"西雅图（内陆地区）"，即"CIF Seattle（OCP）"。除在提单上填写目的港西雅图外，还必须在备注栏内注明"内陆地区芝加哥"字样，即"OCP Chicago"。

第二节　国际海铁联运操作实务

一、海铁联运的概念

由于我国海商法对于多式联运的规定是，在各种运输方式的组合中必须有一种方式是海运，根据业务量所占比重，此处重点介绍海铁联运。

海铁联运（Rail-ocean Transportation），是进出口货物由铁路运到沿海海港直接由船舶运出，或是货物由船舶运输到达沿海海港之后，由铁路运出的只需"一次申报、一次查验、一次放行"就可完成整个运输过程的一种运输方式（中转港转关）。

二、海铁联运集装箱集疏运操作流程

随着集运技术的提高，海铁联运在国际货物运输中扮演着越来越重要的角色。以天津为例，天津港接连开通至欧洲、东南亚地区的集装箱新航线，服务能力不断提升。目前，天津港已同世界上180多个国家和地区的500多个港口有贸易往来，拥有120条集装箱航线，每月有550余班航班直达世界各地。

天津港通过铁路网连接二连浩特、阿拉山口、霍尔果斯、满洲里4个过境口岸，进而联通"一带一路"沿线的亚、欧等地，形成了新的国际集装箱运输快速通道，提升了国内集装箱发运和接卸能力，同时为做强做优"津蒙俄""津新欧"物流通道品牌提供了基础支撑。

（一）集装箱港口的作业流程

集装箱港口内集装箱的作业流程见图13-1，其中箭头双向表示集装箱进口和出口两种作业流程。就进口作业来说，按照集装箱船靠泊—岸桥对集装箱船上的集装箱进行装卸作业—港口内集疏运工具将集装箱运至堆场—堆场龙门吊在堆场对集装箱进行装卸和堆码作业—由集卡或铁路运输方式将集装箱运送出港口的流程进行。

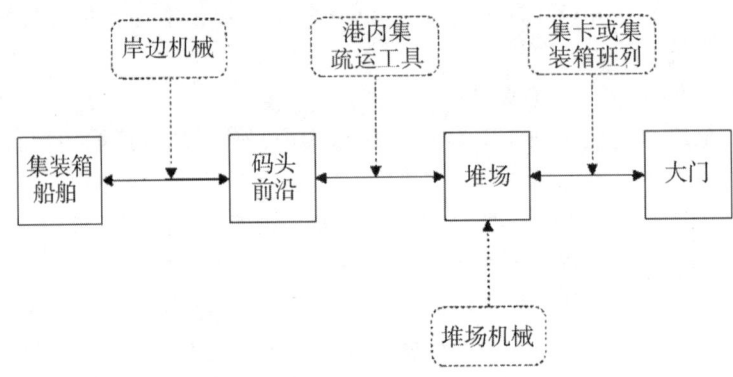

图13-1 集装箱港口的作业流程

集装箱港口的作业流程分为出口作业流程和进口作业流程两种作业流程。

1. 出口作业流程

集装箱港口的出口作业流程依次是接箱作业、堆场作业、装船作业。

（1）接箱作业。根据船期和船公司或船代的出口计划配船图，由集装箱管理员登记一段时间内将要进港的船舶，并提前将集装箱在堆场的堆存位置安排好，集装箱会在装船之前运送到集装箱堆场，在堆场闸口，集卡会凭借有效单据证明来进行集装箱的预进场处理，在集卡到达堆场后再进行关于集装箱的交接，将集装箱的相关信息记录好，及时处理发生相关问题的集装箱。

（2）堆场作业。装船之前要进行集装箱核对、箱务处理，若集装箱是中转出口的集装箱，则要进行联系和回位，如遇需要拆装箱的集装箱要进行调控和回位，然后需要对出口集装箱进行相关检查，还有特殊集装箱的联系、安排与处理等。

（3）装船作业。作业总体分成装船前准备和实际装船两方面。

集装箱装船前的主要准备工作是预配载码头的船舶，大概分为3个步骤：

第一步，根据船公司或者船代上传的船舶积载信息，由配载部门对每一条船舶的主要信息进行登记；

第二步，按照每一条船每一航次的积载箱量，根据船代提供的关于船舶订舱的信息和货代提供的关于海关已放行集装箱的信息、核对相同码头堆场里已经到达的集装箱；

第三步，依据班次船舶箱位积载信息，按集装箱的箱型、重量、性质、尺码、到港先后、类别、场地方位信息、船舶的稳性、装卸分路作业情况等配船，做出集装箱装船顺序单送到相关部门，准备进行装船。

实际装船作业由调度室统一指挥，由港口内的作业队来完成实际作业，码头前沿的集装箱装卸桥或岸桥来完成集装箱的装船作业。

2. 进口作业流程

集装箱港口的进口作业流程依次是进口卸船作业、堆场作业、出场作业。

（1）进口卸船作业。在集装箱船到达之前，船公司或船代将船舶积载图、船舶进口舱单、船期计划等相关资料交至港务部门，以便其从船舶积载图中得到即将进港船舶装船箱位、集装箱尺寸箱型、集装箱号、积载数量及重量、卸货港、装箱港、特种货物积载等相关信息，然后根据这些信息科学地编制集装箱卸船顺序单，根据港口堆场的情况，预先安排集装箱的堆存场地。查验船舶积载图与船舶进口舱单的信息是否相契合后，调度室根据港口泊位情况以及船舶近期计划安排船舶的停靠泊位，依照卸船、堆场计划等安排卸船机械，组织卸船作业。将卸下的集装箱按事先安排好的集装箱堆存位置安排堆存作业。

（2）堆场作业。由安排驳箱、移箱、收箱、核箱和提箱计划作业五部分组成。驳箱作业是指对集装箱的驳运疏港作业，在这一过程中需要实时跟踪集装箱在各堆场的分布情况。移箱作业是指安排一关三检的查验移箱、安排修箱的移箱、归位的移箱、场地整理的移箱等，目的是提高堆场的堆存率，掌握集装箱运转动态。核箱作业是辅助其他作业的，能够更准确地指导集装箱的堆场作业。

（3）出场作业。提取集装箱的作业，有空箱提取和重箱提取两种情况。对于空箱的提取，需要核对单证上的要求与闸口已存信息，才能提取集装箱。如遇特殊情况，如批量驳箱，需要按照有关指示才能放箱。重箱的提取，重箱的信息包括海关的放行信息与堆场堆存信息，需要按照这两种信息进行提箱作业，到闸口处时还要检验箱体状况和审查有效单证。

（二）铁路集装箱运输作业流程

1. 铁路运输的种类

铁路集装箱运输的方式主要有集装箱定期直达班列、集装箱专运列车、一般快运货物列车和普通货物列车。

（1）集装箱定期直达班列。货源不固定、铁路设备固定，定点定线定期运（为了适应更高的要求，还会编开集装箱五定班列），要预报收发货人，预约箱位，准时发到，实行有计划的接去送达；固定车底，车底循环使用，对两端站的装卸作业要求不高；运送易腐货物使用此种列车效率很高。列车编组长度一般为20辆转运车，这种集装箱输送方式可以大大减少运输途中编组站的编组作业，加速集装箱的运送，是一种高效的、高级的集装箱运送方式。

（2）集装箱专运列车。当有定期航线的集装箱船舶到达时，有大量的集装箱卸下，其中运程较长的集装箱就由集装箱专运列车运送，这种集装箱专运列车一般是不定期开行的，且去向也不定，编组长度较长，但在铁路列车运行图上有专门的列车运行线。

（3）一般快运货物列车。对于小批量的集装箱，不适合编入集装箱定期班列和集装箱专运列车的，且亟待发出的集装箱一般纳入此种班列中运送。

（4）普通货物列车。集装箱运量小且去向不固定的集装箱可以采用这种运送方式，这种运送方式的运送效率较低。

2. 铁路运输作业流程

集装箱港站的作业分为集装箱出口作业和进口作业。

（1）出口作业：

①接入从铁路进港的列车；

②按去向将车辆进行分类；

③按要求将分类后的车辆通过集卡运输或者集装箱班列的运输送到港口的铁路装卸线上，对于已入箱的货物可以将其运往码头前沿等待装船，或者先卸载到堆场进行保管后，若货物需要整理则运往码头前沿的仓库，之后转运到前方堆场，最后装船；若货物不需要整理，可以直接进入码头前沿等待装船。

（2）进口作业：

①先按照需求计划将空车派送到装车点；

②将装车完成的车辆进行分类并集结；

③按要求将车辆编组，编组成列的集装箱班列发送到各目的车站。

由于港站的位置设置不同，有的设置在港口外，有的设置在港口内；而且港口内的铁路装卸线的位置也有所不同，有的延伸到码头前沿，有的位于港区堆场内，港站的作业流程会有所不同。

设置在港口内部的港站，港口内部会设有铁路专用线，这样可以方便将集装箱货物通过铁路装卸线送到港口内的集装箱堆场，还可以通过铁路装卸线进行取送车作业，同样也可以运用集卡来完成这个运输过程。甚至，为了减少中间的作业程序，也可在铁路装卸线上进行直装直卸作业。

海铁联运的业务流程及与相关内部业务系统之间的信息传递流程可参考表13-1。

表 13-1 海铁联运的业务流程及与相关内部业务系统之间的信息传递流程

系统模块 业务流程	海铁联运 信息平台	堆场业务 信息系统	码头业务 信息系统	海关放行 信息平台	铁路业务 信息系统
船舶维护	②接收船舶计划		①制定船舶计划		
客户进场预录	①客户网上申报进场计划	②接收进场计划信息			
堆场预录审批	②接收进场计划审核结果，同时向码头和铁路发送进场计划	①进场计划审核	③接收审核完毕的进场计划		③接收审核完毕的进场计划
铁路预估车皮					根据船期及预录箱量预估未来铁路上线车皮量
码头核对确认			核对进口舱单与堆场进场计划		
码头卸箱确认	②接收卸船信息		①卸船完毕后，发送卸船信息		
码头转栈审批	②接收码头转栈计划，向相关堆场发送转栈计划	③接收转栈计划，并执行计划	①制定转栈计划，向海铁联运信息平台发送转栈计划。		
码头提箱备案	②接收免港务费信息并更新数据		①生成免港务费清单，向海铁联运信息平台发送免港务费信息		
码头出闸确认	②接收码头出闸信息并更新数据		①出闸完毕后，发送进场预录箱的码头出闸信息		
堆场入闸确认	②接收堆场入闸信息	①集装箱到达堆场后，向海铁联运信息平台发送入闸信息			
堆场测偏载	②接收堆场超偏载信息	①将超偏载检测信息发送到海铁联运信息平台			

表13-1　续1

系统模块 业务流程	海铁联运 信息平台	堆场业务 信息系统	码头业务 信息系统	海关放行 信息平台	铁路业务 信息系统
铁路车皮预约	①向铁路业务信息系统发送超偏载数据				②根据超偏载信息审核车皮预申请权利，向海铁联运信息平台发送预申请结果
铁路预算车皮	①接收车皮预申请结果				②根据进场及超偏载预申请结果，预估未来铁路上线车皮量
海关放行确认	②接收海关放行信息	①手动向海铁联运信息平台发送过境集装箱放行信息		①自动向海铁联运信息平台发送过境集装箱放行信息	
铁路车皮订车	①核对放行信息及车皮预申请情况，都通过时给予车皮申请，最后向铁路业务信息系统发送请车数据				②接收车皮申请数据，并在系统内做车皮申请，申请后向海铁联运信息平台发送已申请车皮信息
车皮申请反馈	接收铁路业务信息系统发送的已申请车皮信息				
铁路车皮受理	②接收车皮审批结果，并将信息发送到堆场业务信息系统	③接收车皮审批结果			①审批客户车皮申请，并将申请情况反馈到海铁联运信息平台
铁路班列计划	②接收班列计划，并将信息发送到堆场业务信息系统	③接收班列计划和装车箱号明细			①制作班列计划，并将班列计划发送到海铁联运信息平台

表13-1　续2

系统模块＼业务流程	海铁联运信息平台	堆场业务信息系统	码头业务信息系统	海关放行信息平台	铁路业务信息系统
堆场装车计划		装火车计划			
堆场装车作业	②接收装车信息，向铁路业务系统发送已装车数据	①组织装车作业，并在系统内核销出场，发送装车信息到海铁联运信息平台			
运单制作					接收装车数据，并根据装车信息给客户办理运单手续
货物追踪	①查询货物运输情况，向铁路业务信息系统发送数据				②接收查询数据并查询运输情况，将结果反馈到海铁联运信息平台
货物追踪反馈	通过短信或网页形式反馈最新铁路运输情况				

注：①②③为流程内的工作顺序。

第十四章 "一带一路"与中欧班列

DI-SHISI ZHANG "YI DAI YI LU" YU ZHONGOU BANLIE

◇ **知识目标**

了解"一带一路"倡议的基本内容。

掌握"一带一路"国际运输通道及其沿线主要国家。

◇ **能力目标**

能根据托运货物的起始港和目的港选择适当的中欧班列路线。

熟悉了解中欧班列通关手续。

第一节 "一带一路"概述

一、"一带一路"倡议的背景

（一）历史背景

广义的"丝绸之路"，是陆上丝绸之路和海上丝绸之路的合称，是指起源于古代中国，连接亚洲、非洲和欧洲的古代商业贸易路线，这条路线主要贩运的是中国的丝绸，因此得名。

1877年，德国地质地理学家李希霍芬在其著作《中国》一书中，把"从公元前114年至公元127年间，中国与中亚、中国与印度间以丝绸贸易为媒介的这条西域交通道路命名为"丝绸之路"，这一名词很快被学界所接受并正式运用。其后，德国历史学家郝尔曼在20世纪初出版的《中国与叙利亚之间的古代丝绸之路》一书中，根据新发现的文物考古资料，进一步把丝绸之路延伸到地中海西岸和小亚细亚，确定了丝绸之路的基本内涵，即它是中国古代经过中亚通往南亚、西亚以及欧洲、北非的陆上贸易交往的通道。

陆上丝绸之路起始于中国古代都城长安（今西安），经过中亚、西亚等地区到达地中海，以罗马为终点，全长6440千米，丝绸是这条路线上最具代表性的货物。随着时代发展，丝绸之路成为古代中国与西方所有政治、经济、文化往来通道的统称。

元代开始，丝绸之路各地区间交往的目的发生了明显变化，大多是以宗教、文化交流为使命，而不再是以商人为主导，这间接反映了丝绸之路的衰落。明代中后期以后，明朝政府采取了闭关锁国的政策，与此同时，航海技术不断发展，海上运输逐渐兴起，使丝绸之路贸易全面走向衰落。

在唐朝中期以前，古代中国对外主通道是陆上丝绸之路，之后由于战乱及经济重心转移等原因，海上丝绸之路取代陆路成为中外贸易交流的主要通道。海上丝绸之路是古代中国对外贸易往来和文化交流的海上通道，其雏形形成于秦汉时期，繁荣于唐宋时期，转变于明清时期，是已知的最古老海上航线。

中国境内海上丝绸之路主要由广州、泉州和宁波三个主港和其他支线港组成。唐宋时期，广州成为中国第一大港，明清初期海禁，广州长期处于"一口通商"的局面，是世界海上交通史上唯一的两千余年长盛不衰的大港；宋末至元代时，福建泉州成为中国第一大港，并且与埃及的亚历山大港并称为"世界第一大港"，随后泉州港也因明清海禁而衰落，泉州是唯一被联合国教科文组织承认的海上丝绸之路起点；东汉初年，宁波地区已与日本有所交往，到了唐朝，成为中国大港之一，两宋时，北方的外贸港先后被辽、金所占，或受战事影响，外贸大量转移至宁波。

海上丝绸之路主要有东海和南海两条航线，东海航线主要是前往日本列岛和朝鲜半岛，南海航线主要是前往东南亚及印度洋地区。东海航线主要由宁波进出港，南海航线则主要由广州进出港。

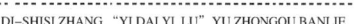

（二）时代背景

自 2008 年全球金融危机以来，全球产业结构进入了深度调整期，世界经济复苏缓慢，发达国家增长乏力，经济增长速度不断回落，经济增长的疲软严重拖累世界贸易的增长，世界贸易持续低迷，出口形势急剧恶化，世界商品与服务贸易的出口正在经历深度调整。

二、"一带一路"倡议的提出与推进

"一带一路"（The Belt And Road）是"丝绸之路经济带"和"21 世纪海上丝绸之路"的简称。"一带一路"贯穿欧亚大陆，东联亚太经济圈，西接欧洲经济圈。历史上，陆上丝绸之路和海上丝绸之路就是我国同中亚、东南亚、南亚、西亚、东非、欧洲进行经贸和文化交流的大通道，"一带一路"是对古丝绸之路的传承和提升，获得了广泛认同。

2013 年 9 月和 10 月，中国国家主席习近平在出访中亚和东南亚国家期间，先后提出共建"丝绸之路经济带"和"21 世纪海上丝绸之路"（以下简称"一带一路"）的重大倡议，得到国际社会高度关注。中国国务院总理李克强参观 2013 年中国—东盟博览会展馆时强调，铺就面向东盟的海上丝绸之路，打造带动腹地发展的战略支点。加快"一带一路"建设，有利于促进沿线各国经济繁荣与区域经济合作，加强不同文明交流互鉴，促进世界和平发展，是一项造福世界各国人民的伟大事业。[①]

2013 年 11 月，党的十八届三中全会通过的《中共中央关于全面深化改革若干重大问题的决定》明确提出："加快同周边国家和区域基础设施互联互通建设，推进丝绸之路经济带、海上丝绸之路建设，形成全方位开放新格局。"

2014 年 11 月的中央财经领导小组第八次会议专门研究了丝绸之路经济带和 21 世纪海上丝绸之路规划，发起建立亚洲基础设施投资银行和设立丝路基金。

在博鳌亚洲论坛 2015 年年会上，习近平主席呼吁各国积极参与"一带一路"建设。随后，中国政府发布《推动共建丝绸之路经济带和 21 世纪海上丝绸之路的愿景与行动》，明确了"一带一路"的共建原则、框架思路、合作重点、合作机制等。

2016 年 3 月，国家"十三五"规划纲要正式发布，"推进'一带一路'建设"成为其中专门一章。

2016 年 8 月，习近平主席在推进"一带一路"建设工作座谈会上，进一步提出 8 项要求。从统一思想到统筹落实，从金融创新到人文合作，从话语体系建设到安全保障，面面俱到。

目前，已有 100 多个国家和国际组织参与到"一带一路"建设中来，中国同 30 多个沿线国家签署了共建合作协议、同 20 多个国家开展了国际产能合作，联合国等国际组织也态度积极，以亚投行、丝路基金为代表的金融合作不断深入，一批有影响力的标志性项目逐步落地。"一带一路"建设从无到有、由点及面，进度和成果超出预期。

---

① 《推动共建丝绸之路经济带和 21 世纪海上丝绸之路的愿景与行动》。

三、"一带一路"倡议的共建原则与构架思路

（一）共建原则

恪守联合国宪章的宗旨和原则。遵守和平共处五项原则，即尊重各国主权和领土完整、互不侵犯、互不干涉内政、和平共处、平等互利。

坚持开放合作。"一带一路"相关的国家基于但不限于古代丝绸之路的范围，各国和国际、地区组织均可参与，让共建成果惠及更广泛的区域。

坚持和谐包容。倡导文明宽容，尊重各国发展道路和模式的选择，加强不同文明之间的对话，求同存异、兼容并蓄、和平共处、共生共荣。

坚持市场运作。遵循市场规律和国际通行规则，充分发挥市场在资源配置中的决定性作用和各类企业的主体作用，同时发挥好政府的作用。

坚持互利共赢。兼顾各方利益和关切，寻求利益契合点和合作最大公约数，体现各方智慧和创意，各施所长，各尽所能，把各方优势和潜力充分发挥出来。

（二）框架思路

"一带一路"贯穿亚欧非大陆，一头是活跃的东亚经济圈，一头是发达的欧洲经济圈，中间广大腹地国家经济发展潜力巨大。丝绸之路经济带重点畅通中国经中亚、俄罗斯至欧洲（波罗的海）；中国经中亚、西亚至波斯湾、地中海；中国至东南亚、南亚、印度洋。21世纪海上丝绸之路重点方向是从中国沿海港口过南海到印度洋，延伸至欧洲；从中国沿海港口过南海到南太平洋。

根据"一带一路"走向，陆上依托国际大通道，以沿线中心城市为支撑，以重点经贸产业园区为合作平台，共同打造新亚欧大陆桥、中蒙俄、中国—中亚—西亚、中国—中南半岛等国际经济合作走廊；海上以重点港口为节点，共同建设通畅安全高效的运输大通道。中巴、孟中印缅两个经济走廊与推进"一带一路"建设关联紧密，要进一步推动合作，取得更大进展。

四、"一带一路"与中欧班列

铁路是国民经济大动脉，同时也是建设丝绸之路经济带的主轴。铁路设施的联通对推进"一带一路"建设意义重大。

"一带一路"贯穿亚欧非大陆，联通活跃的东亚经济圈与发达的欧洲经济圈，中间广大腹地国家经济发展潜力巨大。连接欧亚大陆的铁路干线主要有北、中、南三条，分别是俄罗斯的铁路干线网络、中亚铁路干线及泛亚铁路的部分干线和欧洲高加索亚洲交通走廊。欧亚铁路的互联互通进一步推动了中国与欧亚各国间的经贸往来，加快实现了亚欧铁路一体化建设，也促进了丝绸之路经济带沿线地区的经济发展，搭建起了与沿途国家的经济联系和文化交往桥梁。

目前我国最主要的国际铁路联运业务为中欧班列。

中欧班列（China Railway Express，缩写CR express）是由中国国家铁路集团有限公司组织，按照固定车次、线路、班期和全程运行时刻开行，运行于中国与欧洲以及

"一带一路"沿线国家间的集装箱等铁路国际联运列车，是深化我国与沿线国家经贸合作的重要载体和推进"一带一路"建设的重要抓手。2016年，推进"一带一路"建设工作领导小组办公室印发《中欧班列建设发展规划（2016—2020年）》（以下简称《规划》），《规划》提出以优化服务、提供有效供给为主线，统筹兼顾当前和长远、地方和全局、陆运和海运、我国与沿线国家利益的关系，充分发挥政府、市场、企业的作用，将中欧班列打造成为具有国际竞争力和良好商誉度的世界知名物流品牌，成为"一带一路"建设的重要平台。

开通中欧班列的初衷是为了对接国家西进战略，打破运输问题对内陆城市的限制，促进内陆城市的经济发展。目前，中欧班列已成为丝绸之路经济带发展的重要组成部分，有力带动了沿线各国的经济发展，紧密其与国际市场的联系。

中欧班列缩短了中国与欧洲国家之间的运输距离和运输时间，对于服务中欧贸易、加强我国与东欧及中亚国家的贸易往来，以及拉动我国中西部地区的经济发展意义重大。中欧班列具有安全快捷、绿色环保、受自然环境影响小等综合优势，已成为国际物流中陆路运输的骨干方式，为贯通中欧陆路贸易通道，实现中欧间的道路联通、物流畅通，服务中国与欧洲间的经贸发展，推进"一带一路"建设提供了运力保障。

第二节 "一带一路"国际运输通道

运输通道是交通运输网络的骨干，承担着区际运输联系的大部分或全部任务，运输通道是否畅通对于运输网整体的效益起决定性作用。为促进区域经济的发展，我国在"一带一路"倡议的框架下，陆上依托国际大通道，以沿线中心城市为支撑，以重点经贸产业园区为合作平台，共同打造新亚欧大陆桥、中蒙俄、中国—中亚—西亚、中国—中南半岛等国际经济合作走廊；海上以重点港口为节点，共同建设通畅安全高效的国际运输通道。

一、"一带一路"国际运输通道

（一）海上国际运输通道

海上运输通道是指大量物流经船舶运输通过的海域，是大多数海上航线的必经之地，在经济与安全方面有重大战略价值。

历史上的海上丝绸之路有三条航线，分别为：

1. 东海航线。主要从中国的东部港口出发到达朝鲜、日本；

2. 南海航线。主要从中国的东南和南部港口出发，经东南亚、南亚的各个沿海国家到达西亚、北非和印度洋西岸的沿海国家；

3. 美洲航线。主要从福建泉州出发，经菲律宾的马尼拉到达美洲。

21世纪海上丝绸之路的构建主要围绕着南海航线展开，根据其所处的地理位置和各国联系的紧密程度，划分为三部分即东盟航线、南亚航线、波斯湾和红海航线。

1. 东盟航线。东盟是21世纪海上丝绸之路空间范围内距离中国最近并与中国联系最紧密的部分。东盟的人口与经济总量巨大，大部分国家都是中低收入国家，经济增长迅速，除老挝之外都是海洋国家，拥有新加坡、马尼拉、雅加达、海防等众多港口城市。

2. 南亚航线。南亚航线位于21世纪海上丝绸之路的中段，面向印度洋，是世界商贸水上要道，全球一半集装箱货运、三分之一散货运输及三分之二石油运输都要取道印度洋，它是东南亚和东亚连接非洲、中东、欧美的必经之路。印度、巴基斯坦、斯里兰卡等南亚国家虽然经济发展水平相对落后，但经济增长速度较快，前景乐观。主要港口城市包括加尔各答、孟买、卡拉奇、瓜德尔、科伦坡。

3. 波斯湾和红海航线。波斯湾和红海航线区域范围内主要是阿拉伯国家联盟。由西亚和北非的21个阿拉伯国家组成，包括阿尔及利亚、阿联酋、阿曼、埃及、巴勒斯坦、巴林、吉布提、卡塔尔、科威特、黎巴嫩、利比亚、毛里塔尼亚、摩洛哥、沙特、苏丹、索马里、突尼斯、也门、伊拉克、约旦、科摩罗。阿拉伯国家联盟是世界上最主要的能源基地，拥有全球62%的石油储量和24%的天然气资源，对中国乃至全世界能源安全都至关重要。

（二）陆路运输通道

1. 亚欧大陆桥。亚欧大陆桥是指中国、日本、韩国以及东南亚各国的货物经海运至俄罗斯中东部港口，再经跨越亚欧的俄罗斯西伯利亚铁路及亚欧各国相互衔接的铁路网运至欧洲的海铁联运通道。目前运营的亚欧大陆桥有第一、第二和第三亚欧大陆桥。

第一亚欧大陆桥又称西伯利亚大陆桥，是亚欧大陆桥中最早运营的大陆桥，于1967年试运行。其路径为东北亚货物经海运至俄罗斯纳霍德卡港，换装转运至经西伯利亚铁路至莫斯科，进行二次转运，方向一经布列斯特运至西欧，方向二经圣彼得堡转海运至北欧以及其他中亚、西亚各国。

第二亚欧大陆桥又称新亚欧大陆桥，其路径为东北亚货物经海运至江苏连云港，换装转运经铁路运至新疆阿拉山口，出境经哈萨克斯坦、俄罗斯及亚欧各国铁路运至欧洲、中亚、西亚目的地。新亚欧大陆桥较西伯利亚大陆桥有以下优势：第一，亚欧之间的货运距离显著减少；第二，东亚、中亚、西亚的货运距离大幅度缩短；第三，新亚欧大陆桥东端桥头堡自然条件优越，位置优势明显，气候温和，一年四季可不间断作业。

第三亚欧大陆桥以广东沿海港口群（以深圳港为代表）为起点，再由云南昆明经缅甸、孟加拉国、印度、巴基斯坦、伊朗，从土耳其进入欧洲，最终抵达荷兰鹿特丹港，横贯亚欧21个国家（包含非洲支线4个国家：叙利亚、黎巴嫩、以色列和埃及）。与第一、第二亚欧大陆桥相比，第三亚欧大陆桥沿途铁路网更加密集。

2. N.E.W通道。N.E.W通道英文全称为 The Northern East-West Freight Corridor，即北部东—西货运走廊。这一概念最早由挪威的 Futurum AS 公司于1997年提出。是指通过亚欧大陆的铁路线（中国—哈萨克斯坦—俄罗斯—北欧）和大西洋航线，把中国和北美东部连接起来的运输线路。N.E.W与传统海运相比有两大优势，首先可以大大缩短运输时间，其次是保障货物的运输安全。

二、"一带一路"国际运输通道发展规划

"一带一路"倡议本质上是国际大通道建设和经济大走廊建设。"一带一路"倡议的框架思路中指出，"一带一路"贯穿亚欧非大陆，一头是活跃的东亚经济圈，一头是发达的欧洲经济圈，中间广大腹地国家经济发展潜力巨大。丝绸之路经济带重点畅通中国经中亚、俄罗斯至欧洲（波罗的海）；中国经中亚、西亚至波斯湾、地中海；中国至东南亚、南亚、印度洋。21世纪海上丝绸之路重点方向是从中国沿海港口过南海到印度洋，延伸至欧洲；从中国沿海港口过南海到南太平洋。

（一）中蒙俄经济走廊

根据中蒙俄区位特征、资源和交通布局，中蒙俄经济走廊有两条重要通道：第一条是从华北京津冀到呼和浩特，从边境城市二连浩特到蒙古乌兰巴托，然后再到俄罗斯；第二条是沿着中东铁路从大连、沈阳、长春、哈尔滨到满洲里和俄罗斯的赤塔。与丝绸之路经济带从西北地区走新亚欧大陆桥相比，这条经济通道连接东三省，向东可以抵达符拉迪沃斯托克出海口，向西到俄罗斯赤塔进入亚欧大陆桥，具有运输成本低、时间短、经过国家少、通关成本低等优势。

（二）中国—中亚—西亚经济走廊

中国—中亚—西亚经济走廊与亚欧大陆桥突出铁路交通优势不同，这条连接中国、中亚和西亚沿线国家的经济走廊是一条能源大通道，是中国—中亚石油管道和天然气管道的必经之地。随着合作的深入，一批物流合作基地、农产品快速通关通道、边境口岸相继启动或开通，双方海关物流更加通畅，中国—中亚—西亚经济走廊将不断延伸到伊朗、伊拉克、沙特阿拉伯、土耳其等西亚北非地区的众多国家，成为另一条打通欧亚非三大洲的经济走廊。

（三）新亚欧大陆桥经济走廊

新亚欧大陆桥又名"第二亚欧大陆桥"，是从中国山东省日照市、江苏省连云港市到荷兰鹿特丹的国际化铁路交通干线。出国境后可经3条线路抵达荷兰的鹿特丹港。它的东西两端连接着太平洋与大西洋两大经济中心，基本上属于发达地区，但空间容量小，资源缺乏；而其辽阔狭长的中间地带即亚欧腹地，除少数地区外，基本上属于欠发达地区，特别是中国中西部、中亚、西亚、中东、南亚地区，地域辽阔，交通不便，但空间容量大、资源丰富、开发前景好、发展潜力大。新亚欧大陆桥覆盖超过世界75%的人口，60%的领土面积，50%的经济总量。新亚欧大陆桥方便沿线国家贸易往来，降低了运输成本和运输风险。

第三节　中欧班列运行状况

一、中欧班列的形成与发展

开行中欧班列，起初是为解决中国惠普有限公司重庆生产基地的物流运输问题。惠普笔记本产品通过海铁联运方式运输到欧洲，虽然会延长交货期，并且提高物流成本，但是因为重庆的劳动力价格比较低，所以综合成本，惠普公司是可以接受的。惠普公司在中国生产的产品，六到七成通过海运方式运输到欧洲，其余部分通过空运方式运输。然而海运需要 30 多天才能到达欧洲，物流时间已影响到产品的市场价格，惠普公司迫切需要找到该问题的解决办法。为了打破运输瓶颈以促进重庆发展，重庆市正式向国家相关部门提出开行重庆至欧洲铁路大通道"五定"班列的请求，并在 2011 年 3 月 19 日成功开行首列中欧班列"渝新欧"（重庆—杜伊斯堡）。

此后，武汉、郑州、成都、苏州、长沙、义乌等城市都陆续开行运往欧洲的铁路集装箱班列，特别是在国家提出"一带一路"倡议之后，中欧班列更是被许多城市视为促进发展的大好机遇。此前，中国与欧洲之间的贸易主要依靠海运方式，中国与欧洲之间需要有一条更加安全、更加高效的贸易通道，这在客观上为发展中欧班列提供了良好的外部条件。同时，随着国际范围内的产业布局调整，更多高技术含量、高附加值的产品需要以更快的速度运往欧洲，这成为中欧班列产生以及迅速发展的意义。目前，中欧铁路中通运输去程时间通常需要 12~16 天，比传统的海运方式节省了至少 10 天时间。

2016 年 9 月 29 日，26 袋邮包、共计 139 件邮件搭乘中欧班列从重庆出发，于 15 天后顺利抵达德国法兰克福邮件处理中心，截至 10 月 21 日已全部成功投递。这标志着中欧班列全程运邮测试成功，开创了中欧国际铁路运邮的先河。

中欧班列已经成为丝绸之路经济带发展的重要组成部分。目前，中欧班列已经展开了西、中、东 3 条通道运行线：西部通道经由我国中西部，通过阿拉山口、霍尔果斯口岸出境；中部通道经由我国华北地区，通过二连浩特口岸出境；东部地区则经由我国东南部沿海地区，通过满洲里、绥芬河口岸出境。

中欧班列为商品贸易提供了一个全新的战略通道和一种全新的贸易方式，正在逐步成为我国许多省市落实国家"一带一路"倡议、加快对外开放的重要载体。尤其是对我国内陆地区而言，中欧班列已成为促进内陆地区开放的重要举措。内陆地区传统的贸易运输方式大致有两种，一种是陆海联运或者海铁联运，而另一种则是航空运输。中欧班列的开行丰富了内陆地区贸易的运输方式，同时也成为内陆地区对外开放的新业态，是内陆地区融入国家"一带一路"倡议的重要手段。截至 2018 年 8 月，中欧班列累计开行数量达到 10000 列。

二、中欧班列开行线路情况

中欧班列自开通以来，开行数量迅速增长。其中，2011 年至 2016 年分别开行 17

列、42 列、80 列、308 列、815 列、1702 列。进入 2017 年，中欧班列实现井喷式增长，全年开行 3673 列，同比增长 116%，超过 2011 年至 2016 年前六年开行数量总和。2018 年继续保持快速增长势头，上半年共开行 2490 列、同比增长 69%。初步实现重去重回，返程班列比例稳步提升，2017 年同比增长 123%、占去程的 53%；2018 年上半年同比增长 100%、占去程的 69%。各地政府高度重视，竞相开行班列，主要城市累计开行数量为：成都 1976 列、重庆 1936 列、郑州 1283 列、武汉 972 列、苏州 414 列、义乌 350 列。

2013 年习近平主席提出"一带一路"倡议后，国内各地开往欧洲的国际铁路班列迅速发展。中欧班列的运行线分为直达线和中转线，直达线是指开行于内陆地区主要货源地节点、沿海重要港口节点与国外城市之间的点对点班列线；而中转线是指经由主要铁路枢纽节点，集结本地区及其他城市零散货源开行的班列线。中欧班列（直达）去程线路情况见表 14-1。

表 14-1 中欧班列（直达）去程线路情况

序号	国内出发	装车站	经由口岸	到达国家	到达城市	运行时限	每周发车时间
1	成都	城厢	阿拉山口	波兰	罗兹	平均时间：14 天	每天一班
				荷兰	蒂尔堡		
				德国	汉堡、纽伦堡		
2	成都	城厢、普兴	阿拉山口	波兰	罗兹	平均时间：14 天	每天一班
				荷兰	蒂尔堡		
				德国	汉堡		
3	成都	城厢	霍尔果斯	波兰	罗兹	平均时间：15 天	周三、周五
				荷兰	蒂尔堡		
				德国	杜伊斯堡、汉堡		
4	成都	城厢	满洲里	波兰	罗兹	平均时间：14 天	周一
				荷兰	蒂尔堡		
				德国	杜伊斯堡、汉堡		
5	重庆	团结村、重庆南	阿拉山口	德国	杜伊斯堡	平均时间：16 天	每天一班
				格鲁吉亚	波季		
6	重庆	团结村、重庆南	霍尔果斯	德国	杜伊斯堡	平均时间：12 天	周一、周四、周六、周日
7	重庆	团结村、重庆南	二连浩特	德国	杜伊斯堡	平均时间：16 天	周二、周六
8	重庆	团结村、重庆南	满洲里	德国	杜伊斯堡	平均时间：18 天	周一
				俄罗斯	切尔克斯克		
9	郑州	圃田	阿拉山口	德国	汉堡	平均时间：16 天	周五

表14-1 续

序号	国内出发	装车站	经由口岸	到达国家	到达城市	运行时限	每周发车时间
10	郑州	圃田	霍尔果斯	德国	汉堡、杜伊斯堡	平均时间：13天	周二
11	郑州	圃田	二连浩特	德国	汉堡	平均时间：16天	周四、周六
12	武汉	吴家山	阿拉山口	德国	汉堡、杜伊斯堡	平均时间：16天	周二
				捷克	帕尔杜比采		
13	武汉	吴家山	二连浩特	德国	杜伊斯堡、汉堡	平均时间：13天	按需开行
14	武汉	吴家山	满洲里	俄罗斯	莫斯科	平均时间：17天	周四
				白俄罗斯	明斯克		
15	长沙	霞凝	阿拉山口	德国	杜伊斯堡	平均时间：18天	周六
16	义乌	义乌西	阿拉山口	波兰	华沙	平均时间：22天	周一、周四
				西班牙	马德里		
				德国	汉堡、杜伊斯堡		
17	义乌	义乌西	霍尔果斯	西班牙	马德里	平均时间：13天	按需开行
18	义乌	义乌西	满洲里	白俄罗斯	明斯克	平均时间：13天	按需开行
19	长沙	霞凝	二连浩特	德国	杜伊斯堡	平均时间：18天	周四
20	苏州	苏州西	满洲里	波兰	华沙	平均时间：14天	周六、周日、周一
21	赤峰	赤峰、木里图	满洲里	德国	汉堡	平均时间：14天	按需开行
22	长沙	霞凝	满洲里	德国	杜伊斯堡	平均时间：16天	周二、周日
23	长春	长春北	满洲里	德国	施瓦茨海德	平均时间：18天	周一、周二、周四、周六
24	营口	鲅鱼圈港	满洲里	波兰	华沙	平均时间：14天	按需开行
				斯洛伐克	布拉迪斯拉发		
25	天津	新港	满洲里	俄罗斯	莫斯科	平均时间：19天	按需开行
26	沈阳	沈阳东	满洲里	俄罗斯	莫斯科	平均时间：13天	按需开行
27	包头	包头西、沙良、七苏木	二连浩特	俄罗斯	莫斯科	平均时间：14天	按需开行
28	苏州	苏州西	二连浩特	波兰	华沙	平均时间：13天	按需开行
29	厦门	东孚	阿拉山口	德国	汉堡	平均时间：16天	周六

三、中欧班列运营状况

目前，各地已开通的中欧班列线路组织形式主要有三种类型：第一种是政府主导型，由政府主导的国有或国有控股企业与铁路及沿途国家铁路物流企业成立班列运营企业，以中欧班列（重庆—杜伊斯堡）为代表。第二种是政府支持型，由政府支持成立班列运营企业，以中欧班列（成都—罗兹）和中欧班列（郑州—汉堡）为代表。第三种是民营合资型，以民营合资物流企业作为班列运营主体，以中欧班列（义乌—马德里）为代表。

2018年，国内开行中欧班列的城市达到59个，班列可通达欧洲15个国家的49个城市。其中有部分班列已实现常态化运营，包括中欧班列（重庆—杜伊斯堡）、中欧班列（武汉—杜伊斯堡）、中欧班列（成都—罗兹）、中欧班列（郑州—汉堡）等。

（一）中欧班列（重庆—杜伊斯堡）

中欧班列（重庆—杜伊斯堡）即"渝新欧"班列，2018年共开行1442列，其中去程714列，回程728列，可抵达"一带一路"沿线15个国家，境外集散分拨点超过40个，同时还新增20多个欧洲大客户，开发了奶粉、纸浆、木材、汽配等多领域回程货物，进口货值超过60亿元人民币，同比增长30%。

重庆本地及周边产品占"渝新欧"班列货源的50%，华东地区占30%，华南地区占20%。货源从IT产品扩展到汽摩产品、汽车零部件、机械装备和食品等。进口商品种类也拓展到汽车及零部件、医疗设备、日用生活品、金属及制成品等。"渝新欧"班列的服务范围已经覆盖到我国西南、华东、华中、华南以及港澳台地区，成为各地中欧班列中运行最稳定、发运班次最多、辐射带动性最强的班列。

（二）中欧班列（武汉—杜伊斯堡）

2018年，中欧班列（武汉—杜伊斯堡）累计开行173列，其中85%以上的列车发往德国，然后从德国分拨到欧洲各地，约15%的列车直接发往俄罗斯、波兰、法国等地。

（三）中欧班列（成都—罗兹）

中欧班列（成都—罗兹）即"蓉欧"快铁，2018年共开行1587列，开行数量连续三年位居国内中欧班列线路首位。"蓉欧"快铁一头连接中国西部经济总量最大的省会城市成都，一头对接欧洲大陆新兴的交通枢纽罗兹，全程仅需11天，货物抵达后1~3天可分拨至各国。"蓉欧"快铁是国内运输时间最短的中欧班列，用时仅为海运的三分之一，而成本仅为空运的六分之一到八分之一。成都出口货物到波兰罗兹后，可以在1~3天内通过欧洲铁路或公路网络快速分拨至欧洲任何地方。

（四）中欧班列（郑州—汉堡）

中欧班列（郑州—汉堡）即"郑新欧"班列。该国际货运班列（经阿拉山口、霍尔果斯、二连浩特出境）运行最灵活、线路最多。2018年全年开行752班，累计货值超过32.3亿美元，货重34.68万吨，再创历史新高。

目前国内开往欧洲的中欧班列中，"郑新欧"班列在载货总量、常态化开行频次、境内外货源覆盖范围、增值服务品种等方面，在各趟中欧班列中名列前茅。承运发送

的商品种类主要为高档鞋帽、服装、布匹等轻纺类，模具、金属制品、汽车、汽车配件、工业机械配件、工程机械、医疗器械、通信设备等工业产品，笔记本电脑、移动硬盘等电子类产品以及轮胎、磨料等。货物来源主要为本省及周边省份 1500 千米以内地区，以及少量的转运货物。

第四节　中欧班列运输流程

一、中欧班列业务流程

中欧班列沿线经过蒙古、哈萨克斯坦、俄罗斯、土耳其、吉尔吉斯斯坦等多个国家，其中转关和转轨是国际联运中的关键环节，对中欧班列的运行时间及安全有着较大影响。

中欧班列可以通过货主或其他代理（船公司、货运代理、港口）等办理班列业务。

1. 中心站业务发送流程。

集装箱进入海关监管区—转主箱区—装车—发运。具体发送流程如下：

（1）客户在铁路 95306 信息系统中提交货物运输需求，生成运单。

（2）客户持运单到计划岗位办理运单审核，审核内容包括货物重量不超规定载重量；货物运单填记项目齐全；货物品名符合所装箱型要求等。

（3）运单审核通过后，客户持运单到预约岗位集卡预约进站，预约的箱、车、票等信息应正确无误，根据中心站海关监管区堆场使用规则分配待发箱箱位。

（4）当货物运抵海关监管区后，中心站通过铁路信息交换平台提取运单信息，生成运抵报告，并对货物进行称重检查。

（5）客户在海关申报系统报关，海关依据中心站和客户报关信息进行匹配，进入通关审核模式。

（6）待海关检验完毕后，即通关审核完毕，由海关向中心站发送放行指令，中心站接收到指令即制票装车，组织挂运。

（7）进款室核算制票岗位根据承运货运员签章审核通过的运单制票，在国际货协运单各联上加盖车站承运日期戳，将运单副本交托运人。

（8）客户按制票金额到进款室缴纳相关费用，凭货票丙联到进款室换取发票。

（9）中心站按计划装车挂运。

2. 中心站业务到达流程。

集装箱到达卸车—转入海关监管区—收到海关放行指令—货物放行出站。具体到达流程如下：

（1）货物卸车进入运抵海关监管区后，中心站场站信息系统通过铁路信息交换平台实现数据交换，生成运抵报告。

（2）客户在海关申报系统报关，海关依据中心站和客户报关信息进行匹配，进入通关审核模式。

（3）待海关检验完毕后，即通关审核完毕，由海关向中心站发送放行指令，即可办理放行（包含转关）。

（4）办理交付手续。

（5）客户集卡预约进场，提箱出站。

二、中欧班列通关手续

国际铁路联运涉及不同国家之间的货物运输，涉及的作业环节多，而众多环节中最重要的便是通关，通关的便利程度直接影响国际铁路联运的运作效率，所以对于国际铁路联运而言，应高度重视通关环节。

货物通关程序的基本环节包括：申报、审单、查验、放行。

1. 申报环节是货物通关程序中最关键环节，因为货物申报的主要目的是向海关提交与进出口货物有关的基本数据和单证，以便海关对进出口货物的合法性做出确认，防止走私。如果申报数据不准确，会影响到海关对货物的监管并降低货物通关效率。

2. 审单程序主要由海关完成。审单的主要目的是审查单证的真实性、准确性，并确保商品编码和适用税率是有效的。海关根据税则计算出当事人应缴纳的关税。

3. 查验是海关对进出口货物实施监管的一种具体行为。海关依法为确定进出口货物的品名、规格、成分、原产地、货物状态、数量和价格是否与申报内容相符，对货物进行实际检查的行政执法行为。通过对进出口货物进行实际核查，确定单货、证货是否相符，有无申报不实等违法行为，并为今后的征税、统计和后续管理提供可靠的监管依据。

4. 放行是口岸海关监管现场作业的最后一个环节。口岸海关接受进出口货物的申报后，经过审核报关单据、查验实际货物，并依法办理征收货物税费手续后，在相关单据上盖放行章，允许货物离开海关监管现场。

三、中欧班列换装流程

根据相邻国家的铁路轨距标准是否相同，国境站一般可以分为两种：一种是不用办理换装作业，即相邻国家的铁路轨距标准相同，货运班列过境时不需要办理换装作业，直接运往邻国；另一种是需要办理换装作业，即相邻国家的铁路轨距标准不相同，货运班列过境时必须完成换装作业后才能发往邻国。因此，换装作业对于国际铁路联运具有重要作用。

国际铁路联运的换装作业受到很多因素影响，例如，人员、设备及通关制度等。

人员因素指进行换装作业的操作人员对该作业流程的熟悉程度；设备因素主要包括换装线长度及数量、换装机械的配置数量等；通关制度因素的影响体现在只有通关环节顺利完成后才能进行换装作业，通关作业的效率影响换装效率。

以宽轨列车换准轨列车为例，国境站的换装作业大致可分为两部分，第一部分是将货物从宽轨重车上卸下；第二部分是将货物装上准轨列车。

1. 宽轨重车换装作业流程。

宽轨重车通过边检场完成边检作业后进入到发场，继而完成列检、商检及核对现车、票据交接、检验检疫等作业；

宽轨重车在调车场解体；

调机将宽轨重车送入换装区进行换装作业；

换装完毕的宽轨空车在调车场集结；

宽轨空车转入到发场进行列检和海关检查等作业；

宽轨空车去边检场进行边检作业后出发。

2. 准轨列车作业流程。

准轨空车到达准轨到发场，进行列检、商检、核对现车等作业；

准轨空车在准轨调车场解体；

准轨调机将集结好的准轨空车送入换装线进行换装作业；

准轨调机将完成换装作业的重车送入准轨调车场集结等待；

准轨重车在调车场完成编组；

准轨重车转入准轨到发场进行列检、商检等作业；

准轨重车出发。

从以上换装作业流程可以看出，国际铁路联运换装作业流程复杂，再加上中欧班列沿线国家换装能力有限，影响了运输时间，降低了运输效率。同时换装作业过程中，需要进行多次装卸车，这也给中欧班列运输的货物带来了一定运输风险。

◇ **同步练习**

1. 上网查阅"一带一路"倡议给你的家乡可能带来的变化。

2. 现在我国开通的中欧班列有多少班？各自的路线是什么？

制单岗

ZHIDANGANG

制单岗隶属单证部，是国际货运代理公司不可或缺的岗位，其作用不容忽视。由于国际贸易的特点是"单证交易"，单证缮制水平的高低不仅影响货代公司的形象，更直接关系到货物是否可以顺利通关进出境、客户是否可以安全结汇。

单证部应与客户方负责单证的人员联系，催促并审核客户的货运委托书，并确认是否可以以委托单为准制作提（运）单。若可以，将已经制作好的提（运）单样本传真至承运人即可；若不可，则应要求客户提供提（运）单样本，再进行提（运）单的校对。制单员应在工作中注意积累经验和增强主观能动性，从而确保将与客户校对提（运）单的次数降到最少。

根据运输方式的不同，制单岗工作人员应当熟悉本篇所述各种单证的缮制。

第十五章　海运制单

DI-SHIWU ZHANG HAIYUN ZHIDAN

◇ **知识目标**

了解单证在国际贸易、国际物流中的重要作用。

掌握海运提单的性质、作用及种类。

◇ **能力目标**

能够熟练填制海运出口托运单。

能够根据信用证及托运单正确缮制海运提单。

第一节　海运出口托运单与场站收据联单

一、海运出口托运单的主要内容

海运出口托运单是出口企业向货运代理申请租船订舱的一张单据，是日后缮制提单的主要依据。如果缮制错漏，就会直接影响结汇单证的正确制作，进而影响安全结汇。

海运出口托运单格式各异，但主要包括如下内容。

1. 托运人：一般情况下，填写出口公司的名称和地址。

2. 收货人：按照客户对提单收货人栏的要求，做成记名收货人或指示收货人。

3. 被通知人：这一栏中应填写接受船方发出到货通知的公司名称及地址。

4. 托运单编号：一般填写商业发票的号码。

5. 目的地：填写出运货物目的港。填写时应注意港口重名的现象，为避免误会，一般应将目的港所在的国家（地区）名一同写在这一栏中。

6. 运输标志：由出口公司按照与进口方的约定准确填写，若无唛头，则填写为"N/M"。

7. 数量：托运单数量指最大包装的件数。例如，出口 10 万码花布，分别用粗坯布捆成 100 捆，则此栏应填写 100 捆而不是 10 万码。若出口货物有若干种包装，则应先填写各种大包装件数，然后合计总件数。

8. 货物描述：对此栏内容的填写允许只写大类名称或统称。但是，如果同时出口不同的商品，应分别填写，而不能只填写其中一种数量较大的商品。

9. 重量：应分别计算毛重和净重，但毛重更为重要。

10. 尺码：该栏目填写一批货的尺码总数，单位为立方米。

11. 装运期：该栏目填写日期，说明出口商所要求的最迟出运日期。

12. 存货地点：内容用中文填写，以方便承运人及其代理人安排车辆进行门到门操作。

13. 分批：要严格按照合同或信用证的要求，填写"允许"或"不允许"。

14. 转船：同上。

15. 运费：一般不显示具体运费，只填写"运费待付"或"运费已付"。

16. 提单正本份数：一般为 3 份。

17. 提单副本份数：根据实际需要填写。

18. 特别条款：填写信用证或合同中有关运输方面的特殊要求。

19. 签字：经办人签字，加盖企业章。

二、场站收据联单

在集装箱货物运输操作实践中，为了简化手续，经常是委托人填写场站收据联单（见图 15-1）代替托运单。此时，场站收据第一联、第八联的作用等同于托运单。由于其格式统一，使用范围广泛，此处重点介绍场站收据联单的填制方法。

Shipper　（发货人）	D/R No.（编号）
Consignee　（收货人）	场站收据　DOCK RECEIPT　第六联
Notify Party　（通知人）	Received by the Carrier the Total number of containers or other packeges or units stated below to be transported subject to the temrs and conditions of the Carrier's regular form of Bill of Lading (for Combined Transport or port to Port Shipment) which shall be deemed to be incorporated herein.
Pre carriage by　（前程运输）　Place of Receipt　（收货地点）	Date　（日期）：
Ocean Vessel　（船名）　Voy. No.（航次）　Port of Loading　（装货港）	场站章
Port of Discharge　（卸货港）　Place of Delivery　（交货地点）	Final Destination for Merchant's Reference （目的地）

Particulars Furnished by Merchants

Container No. （集装箱号）	Seal No. （封志号） Marks & Nos. （标记与号码）	No. of containers or P'kgs. （箱数或件数）	Kind op Packages：Description of Goods　（包装种类与货名）	Gross Weight 毛重（公斤）	Measurement 尺码（立方米）
TOTAL NUMBER OF CONTAINERS OR PACKAGES(IN WORDS) 集装箱数或件数合计（大写）					

Container No.　（箱号）　Seal No.　（封志号）　Pkgs.　（件数）　Container No.　（箱号）　Seal No.　（封志号）　Pkgs.　（件数）

	Received　（实收）	By Terminal clerk　（场站员签字）

FREIGHT & CHARGES	Prepaid at　（预付地点）	Payable at　（到付地点）	Place of Issue（签发地点）
	Total Prepaid　（预付总额）	No. of Original B(s)/L （正本提单份数）	BOOKING　（订舱确认） APPROVED BY

Service Type on Receiving □-CY，□-CFS，□-DOOR		Service Type on Delivery □-CY，□-CFS，□-DOOR		Reeter Temperature Required. （冷藏温度）		°F	°C
TYPE OF GOODS （种类）	□Ordinary， （普通）	□Reefer， （冷藏）	□Dangerous， （危险品）	□Auto. （裸装车辆）	危险品	Glass： Property： IMDG Code Page： UN NO.	
	□Liquid， （液体）	□Live Animal， （活动物）	□Bulk （散货）	□_____			

图 15-1　场站收据联单

1. 场站收据联单的填制方法。

（1）发货人（Shipper）：注明托运人或货主或信用证上的卖方，或无船承运人等。

（2）收货人（Consignee）：注明货主或信用证上的买方，或无船承运人，或某某指示人等。

（3）被通知人（Notify Party）：注明被通知方的名称、地址、电话、传真等；当没有被通知方时，显示"Same as Consingee"。

（4）场站收据编号（D/R No.）：或称为关单号，注明船代接受订舱时提供的号码，或提单号码。

（5）委托方（Forwarder）：注明货运代理人的业务编号、托运人的名称、托运人的编号等。

（6）前程运输（Pre-carriage by）：联程运输时，相对收货地之前一段的货物运输承运方式或承运人填列在此栏中。一般海运托运单中，此栏不填。

（7）收货地点（Place of Receipt）：注明货物实际收货地点（一般为港口所在城市）。

（8）船名/航次（Ocean Vessel/Voy. No.）：船代在接收订舱时，按照配船要求注明。

（9）装货港（Port of Loading）：注明货物实际装运海港名称。

（10）卸货港（Port of Discharge）：注明将货物卸下的港口（一般是船舶班轮航线上的港口，但未必是货物的交货地）。

（11）交货地点（Place of Delivery）：注明承运人将货物实际交付的地点（可以是船舶班轮航线上的港口，也可以是通过其他船舶转运过去的交货港口，或通过铁路、公路运输方式转运过去的内陆交货地点）。

（12）目的地（Final Destination for Merchant's Reference）：客户或应贸易文件要求需要在提单上显示的货物交付的最终目的地。因为承运人是以交货地作为联运的交货点，所以承运人一般在出具的提单上并不显示此项内容。经承运人的同意，承运人或其签单代理人可以在提单的"包装种类与货名"栏中的包装、货名下空白处显示该项内容。

（13）集装箱号（Container No.）：此栏对应正本提单的相应栏，提单上显示的集装箱号显示在此栏的靠下空白部分。在场站收据联单中，若有集装箱号的显示需要，则填制在第21栏中。

（14）标记与号码（Seal No./Marks & Nos.）：注明贸易合同上、发票上、装箱单上标明的信用证等文件规定的货物标记与号码。

（15）箱数或件数（No. of Containers or Packages）：注明贸易合同上、发票上、装箱单上标明的信用证等文件规定的货物件数。

（16）包装种类与货名（Kind of Packages/Description of Goods）：注明贸易合同上、发票上、装箱单上标明的信用证等文件规定的货物的包装种类、商品名称、商品规格等。

（17）毛重（Gross Weight）：注明每一类货物的包装毛重，单位是千克；两类以上要有合计数。

（18）尺码（Measurement）：注明每一类货物的包装尺码（体积），单位是立方米；两类以上要有合计数。

（19）交接方式、箱量、箱型、运费条款：注明货物的交接方式［如整柜（FCL）］、箱量（如1×20′）、箱型（GP）、运费条款（Freight Prepaid）等。

（20）集装箱数或件数合计（大写）：若是多票托运单自拼整箱，则相应托运单上根据货物的件数、包装用英文大写字母表示托运单上的件数，如3票托运单拼1×20′GP，其中1票的货物包装是"10CTNS"，则大写为"SAY TEN CARTONS ONLY"；若是 1 票托运单中有多个集装箱，则用英文大写字母表示集装箱数量或包装件数，如 100CTNS，装 2× 20′普箱，FCI，CY/CY 交接，可以表示为 "SAY TWO CONTAINERS ONLY" 或 "SAY ONE HUNDRED ONLY"。

（21）集装箱号（Container No.）：此位置在第 7 联中，由理货公司人员在此栏中填写集装箱号码和封志号等。

（22）运费与附加费（Freight & Charges）：此位置在第 8 联中，一般在此栏填写与集装箱海运有关的海运运费和海运附加费的结算金额，或由货代填写，或由船代确认后填列货主与船公司约定的运价协议号（船公司以运价协议号的形式，确定与货主的运费结算标准，如 S/C SHAO450）。

其他各联单的 "集装箱数或件数合计（大写）" 栏目下的各栏目不尽相同，由相关人员按实际需要填写。

2. 填写场站收据联单应注意以下几点。

（1）场站收据由托运人使用打字机填制，在托运过程中，任何项目更改，应由提出更改的责任方编制更正通知单，及时送达有关主管部门，并由船代通知海关。

（2）场站收据的收货方式或交接方式应根据运输条款如实填写，同一单不得出现两种收货方式或交货方式。

（3）冷藏出运，应正确填报冷藏温度，必须用摄氏温度表示。

（4）危险品出运，应正确填报类别、性能、危规页数和联合国编号，如国际危规规定主标以外还有副标，在性能栏目用 "（主标）/（副标）" 方式填报。

（5）需要特种箱运输的货物，托运人在填制场站收据时应注明货物所需箱型，如超高箱（O/H）、框架箱（F/R）、平板箱（D/F）、开顶箱（O/T）、冷冻箱（R/F）、超宽箱（O/W），以方便配舱装运。

（6）第 2 联和第 9、10 联右下角空白栏为托运人备注说明。

第二节　海运提单

一、海运提单的含义

海运提单（Marine/Ocean Bill of Lading）简称 "提单"，是在海上运输（主要是班轮运输）方式下，由承运人或其代理人签发的，确认已经收到（或已装船）某种货物，并且承诺将其运到指定地点交与提单持有人的一种具有法律效力的证明文件。

二、海运提单的性质与作用

1. 海运提单是承运人或其代理人签发的货物收据（Receipt for the Goods），证明已按提单所列内容收到货物。

2. 海运提单是托运人与承运人之间订立的运输契约的证明（Evidence of Contract of Carrier）。在班轮运输的条件下，它是处理承运人与托运人在运输中产生争议的依据。

3. 海运提单是一种货物所有权的凭证（Documents of Title）。提单的合法持有人凭提单可在目的港向轮船公司提取货物，也可以在载货船舶到达目的港之前，通过转让提单而转移货物所有权，或凭以向银行办理押汇货款。

三、海运提单的种类

1. 根据货物是否装船，分为已装船提单和备运提单。

已装船提单（On Board B/L or Shipped B/L），是指承运人已将货物装上指定的船只后签发的提单。这种提单的特点是提单上面有载货船舶名称和装货日期。

备运提单（Received for Shipment B/L），是指承运人收到托运的货物后在待装船期间，签发给托运人的提单。这种提单上面没有装船日期，也无载货的具体船名。在国际贸易中，一般来讲，买主只接受已装船提单。

2. 根据货物表面状况有无不良批注，分为清洁提单和不清洁提单。

清洁提单（Clean B/L），是指货物装船时，表面状况良好，承运人在签发提单时未加任何货损、包装不良或其他有碍结汇批注的提单。

不清洁提单（Unclean B/L or Foul B/L），是指承运人收到货物之后，在提单上加注了货物外表状况不良或货物存在缺陷和包装破损的提单。例如，在提单上批注"铁条松动"（Iron Strip Loose of Missing）、"包装不固"（Insufficiently Packed）、"X件损坏"（X Package in Damaged Condition）等。但是，并非提单有批注即为不清洁提单。国际航运公会于1951年规定下列3种内容的批注不能视为不清洁：第一，不明白地表示货物或包装不能令人满意，如只批注"旧包装""旧箱""旧桶"等；第二，强调承运人对于货物或包装性质所引起的风险不负责任；第三，否认承运人知悉货物内容、重量、容积、质量或技术规格。这3项内容已被大多数国家和航运组织所接受。在使用信用证支付方式时，银行一般不接受不清洁提单。有时在装船时会发生货损或包装不良，托运人常要求承运人在提单上不做不良批注，而向承运人出具保函［也称赔偿保证书（Letter of Indemnity）］，向承运人保证如因货物破残损及承运人因签发清洁提单而引起的一切损失，由托运人负责。承运人则给予灵活处理，签发清洁提单，便于在信用证下结汇。对这种保函，有些国家的法律和判例并不承认，如美国法律认为这是一种欺骗行为。所以，使用保函时要视具体情况而定。

在集装箱货物运输中，由于承运人是以整集装箱为单位收货，故经常在提单上加注一些"不知条款"，如"Shipper's Load and Count"或"Said to Contain…"。从此角度来讲，也就无所谓清洁与不清洁提单了。

3. 根据收货人抬头的不同，分为记名提单、不记名提单和指示提单。

记名提单（Straight B/L），又称"收货人抬头提单"，是指在提单的收货人栏内，具体写明收货人名称的提单。由于这种提单只能由提单内指定的收货人提货，所以提单不易转让。

不记名提单（Open B/L），又称"空白提单"，是指在提单的收货人栏内不填明具体的收货人或指示人的名称而留空的提单。不记名提单的转让不需任何背书手续，仅凭提单交付即可，提单持有者凭提单提货。

指示提单（Order B/L），是指收货人栏内只填写"凭指示"（To Order）或"凭某人指示"（To Order of …）字样的一种提单。这种提单通过背书方式可以流通或转让。

所以，又称"可转让提单"。指示提单上不列明收货人，可凭背书进行转让，有利于资金的周转，在国际贸易中应用较为普遍。提单背书（Endorsment）有空白背书和记名背书两种：空白背书是由背书人（即提单转让人）在提单背面签上背书人单位名称及负责人签章，但不注明被背书人的名称，也不需取得原提单签发人的认可。指示提单一经背书即可转让，意味着背书人确认该提单的所有权转让。记名背书除需由背书人签章外，还要注明被背书人的名称。如被背书人再进行转让，必须再加背书。指示提单有凭托运人指示、凭收货人指示和凭进口方银行指示等类型，分别需托运人、收货人和进口方银行背书后方可转让或提货。

信用证上有关提单的条款经常有"…made out to order and endorsed in blank"，其做法是收货人处写为"to order"，然后在提单背面加盖发货人的印章，即空白背书。这是目前使用最多的形式，习惯上称为"空白抬头、空白背书"。

4. 根据运输方式的不同，分为直达提单、转船提单和联运提单。

直达提单（Direct B/L），是指轮船装货后，中途不经过转船而直接驶往指定目的港，由承运人签发的提单。

转船提单（Transhipment B/L），是指货物经由两程以上船舶运输至指定目的港，并由承运人在装运港签发的提单。转船提单内一般注明"在某港转船"（With Transhipment at…）的字样。

联运提单（Through B/L），是指海陆、海空、海河、海海等联运货物，由第一承运人收取全程运费并负责代办下程运输手续，在装运港签发的全程提单。卖方可凭联运提单在当地银行结汇。

转船提单和联运提单虽然包括全程运输，但签发提单的承运人一般都在提单上载明只负责自己直接承运区段发生的货损，只要货物卸离其运输工具，其责任即告终止。

5. 根据其他情况，可分为过期提单、倒签提单和预借提单。

过期提单（Stale B/L），是指卖方向当地银行交单结汇的日期与装船开航的日期相距太久，以致银行按正常邮程寄单，收货人不能在船到达目的港前收到的提单。此外，根据《跟单信用证统一惯例》的规定，在提单签发日期21天后才向银行提交的提单也属过期提单。

倒签提单（Anti-dated B/L），是指承运人应托运人的要求，签发提单的日期早于实际装船日期的提单。这是为了符合信用证对装船日期的规定，便于在该信用证下结汇。

装船日期的确定，主要是通过提单的签发日期证明的。提单的签发日期不仅对买卖双方有着重要作用，而且与银行向收货人提供垫款和向发货人转账、海关办理延长进口许可证、海上货物保险契约的生效等都有密切关系。因此，提单的签发日期必须依据接收货物记录和已装船的大副收据来签发。

在出口业务中，往往在信用证即将到期或不能按期装船时，采用倒签提单。有人认为倒签提单是解决迟期装船的有效方式，用起来特别方便，好像是一种正常签发提单的方式。但采用倒签提单、预借提单，均侵犯收货人的合法权益，构成侵权行为。如被发现，托运人和承运人要承担严重后果，故应杜绝使用（一般来说，船公司的主单不提供倒签服务，只有无船承运人出具的提单有可能由于客户要求提供倒签）。

预借提单（Advanced B/L）又称"无货提单"，是指因信用证规定装运日期和议付

日期已到，货物因故而未能及时装船，但已被承运人接管，或已经开装而未装完，托运人出具保函，要求承运人签发已装船的提单。预借提单与倒签提单同属一种性质，为了避免造成损失，尽量不用这两种提单。

四、海运提单的内容

各轮船公司都有自己的提单格式和提单条款，但其基本内容都是按照《海牙规则》加以规定的，见图 15-2。

Shipper		B/L NO. **PIL894856-4**
▓▓▓▓▓▓▓▓		**≋≋≋PIL** **PACIFIC INTERNATION LINES (PTE) LTD** (Incorporated in Singapore) **COMBINED TRANSPORT BILL OF LADING**
Consignee **TO ORDER**		Received in apparent good order and condition except as otherwise noted the total number of container or other packages or units enumerated below for transportation from the place of receipt to the place of delivery subject to the terms hereof. One of the signed Bills of Lading must be surrendered duly endorsed in exchange for the Goods or delivery order. On presentation of this document (duly) Endorsed to the Carrier by or on behalf of the Holder, the rights and liabilities arising in accordance with the terms hereof shall (without prejudice to any rule of common law or statute rendering them binding on the Merchant) become binding in all respects between the Carrier and the Holder as though the contract evidenced hereby had been made between them. **SEE TERMS ON ORIGINAL B/L**
Notify Party ▓▓▓▓▓▓▓▓		
Vessel and Voyage Number **GENNER V.0707M**	Port of Loading **SHANGHAI**	Port of Discharge **SOUTH AMPTON**
Place of Receipt	Place of Delivery	Number of Original Bs/L **THREE**
PARTICULARS AS DECLARED BY SHIPPER – CARRIER NOT RESPONSIBLE			

Container Nos/Seal Nos. Marks and/Numbers	No. of Container / Packages / Description of Goods	Gross Weight (Kilos)	Measurement (cu-metres)
JAKSON CO. JQ090368 SOUTH AMPTON NOS.1-200 PILU2956431/567753	MEN'S SHIRT PACKED IN 200 CARTONS CFS—CFS	3300KGS	14CBM

FREIGHT & CHARGES **FREIGHT PREPAID**	Number of Containers/Packages (in words) **SAY TWO HUNDRED CARTONS ONLY**
	Shipped on Board Date: **JAN. 20TH, 2010**
	Place and Date of Issue: **SHANGHAI, JAN. 20TH,,2010**
	In Witness Whereof this number of Original Bills of Lading stated Above all of the tenor and date one of which being accomplished the others to stand void.
	for PACIFIC INTERNATIONAL LINES (PTE) LTD as Carrier

图 15-2　海运提单

提单的正面内容及填制方法如下所述。

1. 托运人（Shipper/Consignor）：指委托运输的人，一般为出口公司，也就是信用证中的受益人，如果开证人为了贸易需要，要求做第三者提单（Third Party's B/L），在充分考虑风险防范后也可照办。

2. 收货人（Consignee）：收货人应严格按照信用证规定填写，一般有两种。

（1）记名式。直接写明收货人名称，例如，来证要求"Consigned to A. B. C. CO."，收货人栏中应填写"A. B. C. CO."，这样，这份提单的收货人已确定，提单不得转让。

（2）指示式。收货人栏内有指示（Order）字样的，意为承运人凭指示付货，这样的提单可通过指示人的背书而进行转让。例如，来证要求"B/L Issued to order of applicant"，意为"开证人指示"，查开证人为"TOPPING CO., LTD."，则收货人一栏填"To order of TOPPING CO.,LTD."，不可以填成"To order of applicant"。

3. 被通知人（Notify Party）：按信用证规定填写，一般是货物进口人或其代理人，被通知人的地址一定要填写详细。如信用证未规定，则正本提单这一栏空白，在副本提单这一栏填上信用证申请人的名称、地址；如来证要求两个或两个以上的公司为被通知人，则必须把这两个或两个以上公司的名称、地址都填上；如是记名提单或收货人指示提单且收货人有详细地址的，这一栏可不填。

4. 前程运输（Pre-carriage By）：此栏为多式联运方式而设，用来填写海运前一程的运输方式，单式海运不必填注。

5. 收货地点（Place of Receipt）：此栏为多式联运方式而设，用来填写头程收货地点，单式海运不必填注。

6. 船名船次（Ocean Vessel and Voy. -No.）：填写实际装运该批货物的船名和航次号。

7. 装货港（Port of Loading）：填写该批货物实际起运港的名称。

8. 卸货港（Port of Discharge）：填写实际卸货港（目的港）名称。如果货物转运，可在目的港之后加注"With Transhipment at…"（W/T AT）。

9. 交货地点（Place of Delivery）：填写最终目的地名称，如果货物的目的地与目的港一致，则此栏留空。如果货物在某国港口卸货后，还要使用其他运输工具转运至进口国（地区），卸货港名称（过境港口）后面必须有"In Transit"（过境）字样，否则将被征收额外的税金。此栏为联合运输方式而设，单式海运不必填注。

10. 集装箱号和铅封号（Container Number and Seal Number）：填写实际的集装箱号码与封号，有几个填几个。

11. 唛头（Marks and Numbers）：填写实际的唛头，如无唛头，则填"No Mark（N/M）"，但必须与发票上的唛头一致。

12. 商品描述及数量（No. and Kind of Pkg.，Description of Goods）：填写包装件数、包装种类和货物名称，必须与发票、装箱单等单证内容一致。提单上的货物名称的描述可以只写总的名称，而不必如发票上描述的那么详细。

13. 毛重（Gross Weight）：填写总毛重，应与其他单证一致，单位为千克。如使用公吨作为计量单位，则小数点后应保留 3 位。

14. 尺码（Measurement）：填写总尺码（立方米），即货物的体积，要求小数点后保留 3 位。

15. 运费条款（Freight Clause）：除非信用证有特别要求，一般海运提单都不填写运费的数额，只是表示运费是否已经付清或什么时候付清，主要有运费预付（Freight Prepaid）和运费到付（Freight Collect）。如 CIF 或 CFR 出口，一般均填上"运费预付"字样，千万不可漏列，否则收货人会因运费问题而不能及时提货。如系 FOB 出口，则可填"运费到付"字样，除非收货人委托发货人垫付运费。

16. 正本提单份数［No. of Original B（s）/L］：应按 L/C 规定签发，并用大写数字填写，如"ONE，TWO，THREE"。一般多为一式三份。

17. 提单日期及签发地点（Place and Date of Issue）：应为货物交付承运人或货物装船完毕的日期。所以，提单的签发日期不能晚于合同或信用证规定的装运期。提单的签发地点应按照装运地点填写。日期、地点如有不符，则构成单证不符，直接影响安全收汇。

除以上正面条款外，提单的背面条款一般包括：

1. 承运人的责任与义务条款。
2. 承运人免责条款。
3. 索赔与诉讼的责任与义务条款。
4. 有关特殊货物运输条款。
5. 其他条款。

第三节　海运单

海运单（Sea Waybill）是由船长或船公司或其代理人签发的证明已收到特定货物（已接管或已装船）并保证将货物运至目的地交付给指定收货人的一种凭证。海运单的正面内容（见图 15-3）与海运提单的正面内容基本一致，但是印有"不可转让"的字样。有的海运单在背面订有货方定义条款、承运人责任、义务与免责条款、装货、卸货与交货条款、运费及其他费用条款、留置权条款、共同海损条款、双方有责碰撞条款、首要条款、法律适用条款等内容。

SEA WAYBILL

集装箱运输有限公司

LINES CO.,LTD.

TLX:
FAX:

NON-NEGOTIABLE SEA WAYBILL FOR COMBINED TRANSPORT OR PORT TO PORT

1.Shipper — Insert Name, Address and Phone/Fax	Booking No.	Sea Waybill No.
	Export References	
2.Consignee — Insert Name, Address and Phone/Fax	Forwarding Agent and Reference	
	Point and Country of Origin	
3.Notify Party — Insert Name, Address and Phone/Fax **SAME AS CONSIGNEE**	Also Notify Party-routing & Instructions	

4.Combined Transport Pre-Carriage by **TRUCK**	5.Combined Transport Place of Receipt **AARHUS**		
6.Ocean Vessel Voy. No. **COSCO OCEANIA 022W**	7.Port of Loading **HAMBURG**	Service Contract No.	Commodity Code
8.Port of Discharge **XINGANG**	9.Combined Transport Place of Receipt	Type of Movement **LCL / LCL**	

Marks & Nos. Container / Seal No.	No. Of Containers or Packages	Description of Goods {If Dangerous Goods, See Clause 20}	Gross Weight	Measurement
6462304673/N	**1** **PACKAGES**	**1x20'DC CONTAINER STC: 3652-TCP/IP-X:TCP/IP COMMUNICATION FACILITY**	**164 KGS**	
OCEAN FREIGHT PREPAID SHIPPER'S LOAD STOW COUNT AND SEAL				
CBHU6326887 /F19772 /1 PACKAGES / LCL / LCL/20GP/				
TARE 2250 KG				

Declared Cargo Value US$	Description of Contents for Shipper's Use Only{Not part of This Sea Waybill Contract}

10.Total Number of containers and/or packages (in word)
Subject to Clause 7 Limitation — **SAY ONE CONTAINER TOTAL**

11. Freight & Charges	Revenue Tons	RATE	Per	Amount	Prepaid	Collect	Freight & Charges Payable at / by
EUR 85.51					**EUR 85.51**		

Received in external apparent good order and condition except as otherwise noted. The total Number of the packages or units stuffed in the container, the description of the goods and the Weights shown in this Sea Waybill are furnished by the merchants, and which the carrier has no reasonable means of checking and is not a part of this Sea Waybill contract. The carrier has Issued 1 Sea Waybill. The merchants agree to be bound by the terms and conditions of this Sea Waybill as if each had personally signed this Sea Waybill.
*Applicable Only When Document Used as a Combined Transport Sea Waybill.

Date Laden on Board

Signed by:

9805 Date of Issue MAY 25 2012   Place of Issue COPENHAGEN   Signed for the Carrier, COSCO CONTAINER LINES CO,.LTD.

CNT110153348

图 15-3　海运单

　　海运单与海运提单同样都是船方出具的货物收据，都是海上货物运输契约的证明。但它不是货物所有权凭证，收货人提货时无需出示海运单，承运人仅凭收货人提交的证明其为海运单上指定收货人的凭条交付货物。所以，使用不可转让海运单有利于进口商及时提货、简化手续、节省费用，并有助于减少欺诈现象。它是近十几年来欧洲、斯堪的那维亚半岛、北美和东北亚、中东地区开始通行的一种不可流通转让的海运

单据。

◇ **同步练习**

1. 单项选择题

（1）某公司出口一批货物，该批货物于 2019 年 3 月 15 日开始装运，5 天后装船完毕，应托运人的要求，船公司以 2019 年 4 月 13 日作为提单的日期签发提单，则该提单为（　　）。

A. 顺签提单　　　　B. 倒签提单　　　　C. 过期提单　　　　D. 预借提单

（2）经过背书才能转让的提单是（　　）。

A. 指示提单　　　　B. 不记名提单　　　C. 记名提单　　　　D. 清洁提单

（3）海运提单日期应理解为（　　）。

A. 货物开始装船的日期　　　　　　　　B. 货物装船过程中任何一天

C. 货物装船完毕的日期　　　　　　　　D. 签订运输合同的日期

（4）根据国际商会 UCP500 的规定，如果信用证没有规定交单期，则银行有权拒受迟于提单签发日后（　　）天提交的单据。

A. 15　　　　　　　B. 16　　　　　　　C. 5　　　　　　　D. 21

（5）海运单是（　　）。

A. 货物收据和海运合同的证明　　　　　B. 有价证券

C. 物权凭证　　　　　　　　　　　　　D. 流通证券

（6）提单收货人栏记载"To Order"，这表明（　　）。

A. 该提单是记名提单　　　　　　　　　B. 该提单是空白抬头提单

C. 该提单收货人是"To Order"　　　　　D. A 和 C

（7）依据我国海商法，集装箱运输下承运人的责任期间是（　　）。

A. 装运港接收货物时起至卸货港交付货物时止

B. 装上船至卸下船　　C. 船舷到船舷　　　D. 仓库到仓库

（8）使用海运单的风险是（　　）。

A. 承运人易遭受无单放货的指责或索赔

B. 收货人没有正本海运单而提货困难

C. 托运人可能在将货装船出运后难以收回货款，造成钱货两空

D. 以上三项都是

（9）出口商在货物装船取得提单后未能及时到银行议付，该提单将成为（　　）。

A. 顺签提单　　　　B. 倒签提单　　　　C. 过期提单　　　　D. 预借提单

（10）某公司出口的一批货物于 2019 年 8 月 3 日装运，并于同日船舶开航。经出口公司要求，船公司签发已装船提单的日期为 2019 年 7 月 28 日，则该提单为（　　）。

A. 倒签提单　　　　B. 顺签提单　　　　C. 过期提单　　　　D. 预借提单

（11）在班轮运输中，根据《海牙规则》，承运人对于货物的责任起讫为（　　）。

A. 自卖方仓库至买方仓库　　　　　　　B. 自装运港至目的港

C. 自装运港起吊至目的港脱钩　　　　　D. 自接收货物至交付货物

（12）海运提单收货人栏记载"To Order"，这表示该提单（　　）。

A. 不可转让　　　　　　　　　　　　B. 经背书后，可以转让

C. 不经背书即可转让　　　　　　　　D. 可以由持有人提货

(13) 国际海上货物运输中，规定了承运人赔偿责任限额最高的是（　　　）。

A. 中国海商法　　B.《维斯比议定书》　　C.《汉堡规则》　　D.《海牙规则》

(14) 根据《海牙规则》对承运人的货物运输责任期间的规定，"钩到钩"通常适用于（　　　）。

A. 使用岸上吊杆装卸货物　　　　　　B. 使用岸上起重机装卸货物

C. 使用船舶吊杆装卸货物　　　　　　D. 以上都是

(15)《海牙规则》规定的诉讼时效为（　　　）。

A. 半年　　　　　　　B. 1 年　　　　　　C. 2 年　　　　　　D. 3 年

(16)《统一提单若干法律规定的国际公约》是（　　　）。

A.《海牙规则》　　B.《维斯比议定书》　　C.《汉堡规则》　　D.《海牙议定书》

(17) 理论上，集装箱班轮运输下签发的提单通常是（　　　）。

A. 倒签提单　　　B. 收货待运提单　　　C. 已装船提单　　　D. 预借提单

(18) 某公司出口的一批货物于 2019 年 8 月 3 日开始装运，8 月 8 日装货完毕。应出口公司要求，船公司于 2019 年 8 月 5 日签发已装船提单，则该提单为（　　　）。

A. 倒签提单　　　B. 顺签提单　　　　C. 过期提单　　　D. 预借提单

(19) 证明海上货物运输合同和货物已经由承运人接收或装船，承运人保证据以交付货物的单证是（　　　）。

A. 海运提单　　　B. 大副收据　　　　C. 场站收据　　　D. 海运单

(20) 某外贸公司出口的一批货物于 2019 年 9 月 7 日开始装船，9 月 9 日装船完毕，9 月 10 日船舶开航，该外贸公司于 9 月 11 日凭大副签名的收货单向船公司换取正本提单，提单的日期为（　　　）。

A. 2019 年 9 月 7 日　　　　　　　　B. 2019 年 9 月 9 日

C. 2019 年 9 月 10 日　　　　　　　　D. 2019 年 9 月 11 日

2. 依照下列海运提单（见图 15-4），回答下列问题。

BILL OF LADING

Shipper	B/L No.
ABC Co., Ltd	Combined Transport BILL OF LADING

Consignee	
TO ORDER	

Notify Address	For delivery of goods please apply to :
XYZ Co., Ltd. Tel. No. 12345678	

Pre – carriage by	Place of Receipt	
Ocean Vessel　　Voy. No M. V. Gloria	Port of Loading Shanghai	
Port of Discharge YoKohama	Place of Delivery	Final　Destination　for　the　Merchant's Reference only

Container, Seal No. & Marks & Nos.	No. of Package & Description of Goods	Gross Weight kgs	Measurement m³
1234CN/5678JP	Vehicles 2 × 20'S.T.C. 4UNITS COSU8001215　　S.O.C 802376	36 000	40

Particulars Furnished by Merchants

FREIGHT & CHARGES Freight Prepaid	Revenue Tons.	Rate	Per	Prepaid	Collect

Ex. Rate：	Prepaid at	Payable at	Place and date of issue
	Total Prepaid	No. of Original B（s）/L TWO	Stamp & Signature DEF Co., Ltd, AS AGENT FOR GHI Co., Ltd. AS CARRIER

LADEN ON BOARD. THE VESSEL

Date

By ....

(TERMS CONTINUED ON BACK HEREOF)

图 15-4　海运提单（第十五章同步练习 2）

（1）该提单应由谁首先背书？

（2）作为收货人的代理人，你如何知道找谁提货？

（3）收货人提货时应交出几份提单？

（4）收货人提货时是否应支付海运费？

（5）卸货港在哪里？

（6）谁是承运人？

（7）该提单下有几个集装箱？

（8）"XYZ Co.,Ltd." 是否一定是收货人？

（9）提单是否一定要经过 "XYZ Co.,Ltd." 背书？

（10）该提单由谁签署？

（11）提单中的 "S. T. C" 是什么意思？

（12）提单中的 "S. O. C" 是什么意思？

3．缮制海运提单。

天津某进出口公司于 2019 年 5 月 8 日向德国出口电动玩具 200 箱，共 1000 个。每箱 21 千克，每箱体积为 40 厘米×35 厘米×30 厘米。运输船只为 "SUNFLOWER V. 133"，集装箱号和铅封号为 "PILU2041118/SEAL23231"，提单号为 "495372"。装运港为天津港，卸货港为德国汉堡。信用证条款摘要如下：

（1）LETTER OF CREDIT NO.：LC-515

（2）EXPIRY DATE：060315 PLACE IN CHINA

（3）APPLICANT：BLUE SKY（FAR EAST）CO.,LTD. NO. A-8 QUEEN ST. HAMBURG, GERMANY

（4）BENEFICIARY：TIANJIN TIFERT IMP/EXP CORP.

（5）AMOUNT：CURRENCY USD AMOUNT 10，200．00

（6）PARTIAL SHIPMENTS：ALLOWED

（7）TRANSHIPMENT：ALLOWED

（8）LOADING IN CHARGE：TIANJIN, CHINA

（9）FOR TRANSPORT TO：HAMBURG

（10）LATEST DATE OF SHIPMENT：100531

（11）DESCRIPTION OF GOODS：TOYS DETAILS AS PER ORDER NO. P01009

（12）FULL SET（3/3）OF ORIGINAL CLEAN ON BOARD MARINE BILLS OF LADING MADE OUT TO ORDER OF APPLICANT MARKED "FREIGHT COLLECT" AND NOTIFY APPLICANT.

（13）B/L MUST SHOW THIS LETTER OF CREDIT NO.

请根据上述材料填制以下海运提单（见图 15-5）。

Shipper	B/L NO.
	PIL
	PACIFIC INTERNATION LINES (PTE) LTD
	(Incorporated in Singapore)
Consignee	**COMBINED TRANSPORT BILL OF LADING**
	Received in apparent good order and condition except as otherwise noted the total number of container or other packages or units enumerated below for transportation from the place of receipt to the place of delivery subject to the terms hereof. One of the signed Bills of Lading must be surrendered duly endorsed in exchange for the Goods or delivery order. On presentation of this document (duly) Endorsed to the Carrier by or on behalf of the Holder, the rights and liabilities arising in accordance with the terms hereof shall (without prejudice to any rule of common law or statute rendering them binding on the Merchant) become binding in all respects between the Carrier and the Holder as though the contract evidenced hereby had been made between them.
Notify Party	
	SEE TERMS ON ORIGINAL B/L

Vessel and Voyage Number	Port of Loading	Port of Discharge
Place of Receipt	Place of Delivery	Number of Original Bs/L

PARTICULARS AS DECLARED BY SHIPPER – CARRIER NOT RESPONSIBLE

Container Nos/Seal Nos. Marks and/Numbers	No. of Container / Packages / Description of Goods	Gross Weight (Kilos)	Measurement (cu-metres)

FREIGHT & CHARGES	Number of Containers/Packages (in words)
	Shipped on Board Date:
	Place and Date of Issue:
	In Witness Whereof this number of Original Bills of Lading stated Above all of the tenor and date one of which being accomplished the others to stand void.
	for **PACIFIC INTERNATIONAL LINES (PTE) LTD** as Carrier

图 15-5　海运提单（第十五章同步练习 3）

第十六章 空运制单

DI-SHILIU ZHANG KONGYUN ZHIDAN

◇ **知识目标**

熟悉空运托运书的主要内容。

掌握航空运单的性质、作用及主要内容。

◇ **能力目标**

能够正确填制空运托运书。

能够准确缮制航空运单。

第一节　空运托运书

一、概念

空运托运书（Shipper's Letter of Instruction）是托运人办理货物托运时填写的书面文件，也是据以填开航空货运单的凭据，表单上列有填制货运单所需各项内容，并印有授权于承运人或其代理人代其在货运单上签字的文字说明，见图 16-1。

■■■■■ 航空公司
AIR ■■■■■■ ■■■■■■ CORP.

国 际 货 物 托 运 书
SHIPPER'S LETTER OF INSTRUCTION

货 运 单 号 码
NO. OF AIR WAYBILL
20

托运人姓名及地址 SHIPPER'S NAME AND ADDRESS 1 ↓	托运人账号 SHIPPER'S ACCOUNT NUMBER	供 承 运 人 用 FOR CARRIER USE ONLY	
		班 航 / 日 期 FLIGHT/DAY	班 航 / 日 期 FLIGHT/DAY
		6	
收货人姓名及地址 CONSIGNEE'S NAME AND ADDRESS 2 ↓	收货人账号 CONSIGNEE'S ACCOUNT NUMBER	已 预 留 吨 位 BOOKED	
		运费 CHARGES	
代理人的名称和城市 Issuiug Carrier's Agent Name and City 3		ALSO notify:	
始 发 站 AIRPORT OF DEPARTURE 4			
到 达 站 AIRPORT OF DESTINATION 5			

托运人声明的价值 SHIPPER'S DECLARED VALUE		保险金额 AMOUNT OF INSURANCE	所附文件 DOCUMENTS TO ACCOMPANY AIR WAYBILL
供运输用 FOR CARRIAGE 7	供海关用 FOR CUSTOMS 8	9	10

处理情况（包括包装方式．货物标志及号码等）
HANDLING INFORMATION (INGL.METHOD OF PACKING IDENTIFYING MARKS AND NUMBERS.ETC.)

11

件 数 NO. OF PACKAGES	实际毛重（公斤） ACTUAL GROSS WEIGHT（KG）	运价类别 RATE GLASS	收 费 重 量 GHARGEABLE WEIGHT	费 率 RATE/CHARGE	货物品名及数量（包括体积或尺寸） NATURE AND QUANTITY OF GOODS（INCL.DIMENSIONS OR VOLUME）
12	13	14	15	16	17

托运人证实以上所填全部属实并愿遵守承运人的一切载运章程
THE SHIPPER CERTIFIES THAT THE PARTICULARS ON THE FACE HEREOF ARE CORRECT AND AGREES TO THE
CONDITIONS OF CARRIAGE OF THE CARRIER.

托 运 人 签 字 SIGNATURE OF SHIPPER 18	日 期 DATE 19	经手人 AGENT	日 期 DATE

FORM BG001/2005(21cm×29.7cm)

图 16-1 空运托运书

二、空运托运书的具体内容与填制方法

1. 托运人姓名及地址、账号（Shipper's Name and Address & Account Number）：填托运人的全称、街名、城市名、国名，以及便于联系的电话号、电传号或传真号及账号。

2. 收货人姓名及地址、账号（Consignee's Name and Address & Account Number）：填收货人的全称、街名、城市名、国名（特别是在不同国家内有相同城市名称时，必须要填上国名），以及电话号、电传号或传真号。本栏内不得填写"Order"或"To order of the shipper"（按托运人的指示）等字样，因为航空货运单不能转让。

3. 代理人的名称和城市（Issuing Carrier's Agent Name and City）：填货物代理人的姓名及城市全称。

4. 始发站（Airport of Departure）：填始发站机场的全称。

5. 到达站（Airport of Destination）：填目的地机场的全称（不知道机场名称时，可填城市名称）的全称。如果某一城市名称用于一个以上国家时，应加上国名。例如，"LONDON UK"（伦敦，英国）、"LONDON KY US"（伦敦，肯达基州，美国）、"LONDON TO CA"（伦敦，安大略省，加拿大）。

6. 航班/日期（Flight/Day）：填航班号及日期。

7. 供运输用的声明价值（Declared Value for Carriage）：填供运输用的声明价值金额，该价值即为承运人负赔偿责任的限额。承运人按有关规定向托运人收取声明价值费，但如果所交运的货物毛重每千克不超过20美元（或其等值货币），则无须填写声明价值金额，可在本栏内填入"NVD"（No Value Declared，未声明价值）。如本栏空着未填写，则承运人或其代理人可视为货物未声明价值。

8. 供海关用的声明价值（Declared Value for Customs）：国际货物通常要接受目的站海关的检查，海关根据此栏所填数额征税。

9. 保险金额（Insurance Amount Requested）：中国民航各空运企业暂未开展国际航空运输代保险业务，本栏可空着不填。

10. 所附文件（Document to Accompany Air Waybill）：填写随附在货运单上发往目的地的文件，应填上所附文件的名称。例如，活体动物运输托运证明书（Shipper's Certification for Live Animals）。

11. 处理情况（Handling Information）：填写附加的处理要求，如除收货人外的其他被通知人的姓名及地址、货物的特殊包装及搬运要求等。

12. 件数（Number of Packages）：填该批货物的总件数。

13. 实际毛重（Actual Gross Weight）：本栏内的重量应由承运人或其代理人在称重后填入，如托运人已经填上重量，承运人或其代理人必须进行复核。

14. 运价类别（Rate Class）：本栏可空着不填，由承运人或其代理人填写。

15. 收费重量（Chargeable weight）：本栏内的计费重量应由承运人或其代理人在量过货物的尺寸（以厘米为单位），算出计费重量后填入。如托运人已经填上收费重量，承运人或其代理人必须进行复核。

16. 费率（Rate/Charge）：本栏可空着不填。

17. 货物的品名及数量（包括体积或尺寸）［Nature and Quantity of Goods（Incl. Dimensions or Volume）］：填货物的品名、数量、尺寸、体积等。货物中的每一项均需分开填写，并尽量填写详细，如"9 筒 35 毫米的曝光动画胶片（美国制）"。本栏所填写的内容应与出口报关发票和进口许可证上所列明的内容相符。危险品应填写适用的准确名称及级别。

18. 托运人签字（Signature of Shipper）：托运人必须在本栏内签字。

19. 日期（Date）：填托运人或其代理人交货的日期。

20. 货运单号码（No. of Air Waybill）：填本批货物的货运单号码。

第二节　航空运单

一、概念

航空运单（Air Waybill）是承运人签发给发货人表示已收妥货物并接受托运的货运单据，作为航空货物运输的凭证，是订立契约、接收货物和运输条件及关于货物的重量、尺码、包装和件数等的初步证据，但它仅是一种收据，不是货物的物权凭证，是不可转让的运输单据。

航空运单有 3 联正本和 6 份以上的副本。各联用途见表 16-1。

表 16-1　航空运单的构成及其用途

顺序	名称	颜色	用途
1	正本 3	蓝	交托运人，作为承运人收到货物的证明，以及作为承托双方运输合同成立的证明
2	正本 1	绿	交承运人财务部门，除了作为承运人财务部门的运费账单和发票外，还作为承托双方运输合同成立的证明
3	副本 9	白	交代理人，供代理人留存
4	正本 2	粉红	随货物交收货人
5	副本 4	黄	交付联，收货人提货后应签字并交承运人留存，以证明已交妥货物
6	副本 5	白	交目的港机场
7	副本 6	白	交第三承运人
8	副本 7	白	交第二承运人
9	副本 8	白	交第一承运人
10	额外副本	白	
11	额外副本	白	
12	额外副本	白	

二、性质与作用

（一）航空运单的性质

航空运单是承托双方的运输合同，本身不能代表其项下的货物，也不是货物所有权的证明，通常不具有可转让性。

（二）航空运单的作用

1. 是承运人与托运人之间缔结货物运输契约的凭证；
2. 是承运人接收货物的证明文件；
3. 是运费结算凭证和运费收据；
4. 是国际进出口货物办理报关的必备单证；
5. 可作为保险证书；
6. 是承运人组织货物运输的依据。

三、航空运单的具体内容与填制方法

航空运单的编号由航空公司编制，一般由 11 位数字组成，前 3 位和后 8 位之间间隔一定的距离。前 3 位数字为航空公司的代号，如中国国际航空公司的代号是 999，日本航空公司的代号是 131，法国航空公司的代号是 057，德国汉莎航空股份公司的代号是 020。后 8 位数字的前 7 位是顺序号，第 8 位数字为检查号（一般为前 7 位数字除以 7 后的余数）。由这 11 位数字组成的运单号也就是每票货物的编码。航空运单的内容见图 16-2。

DLC 999	8887	5566		999-8887 5566

Shipper's Name and Address 2	Shipper's Account Number 3	Not Negotiable Air Waybill Issued by 1

		Copies 1, 2 and 3 of this Air Waybill are originals and have the same validity
Consignee's Name and Address 4	Consignee's Account Number 5	It is agreed that the goods described herein are accepted for carriage in apparent good order and condition (except as noted) and SUBJECT TO THE CONDITIONS OF CONTRACT ON THE REVERSE HEREOF. ALL GOODS MAY BE CARRIED BY ANY OTHER MEANS INCLUDING ROAD OR ANY OTHER CARRIER UNLESS SPECIFIC CONTRARY INSTUCTIONS ARE GIVEN HEREON BY THE SHIPPER. THE SHIPPER'S ATTENTION IS DRAWN TO THE NOTICE CONCERNING CARRIER'S LIMITATION OF LIABILITY. Shipper may increase such limitation of liability by declaring a higher value for carriage and paying a supplemental charge if required.

Issuing Carrier's Agent Name and City 6	Accounting information 10
Agent's IATA Code 7	Account No. 8	FREIGHT PREPAID

Airport of Departure (Addr of First Carrier) and Requested Routing
DALIAN   9

To NRT	By First Carrier 11	Routing and Destination	To	By	To	By	Currency CNY 14	CHGS Code	WT/VAL		Other		Declared Value for Carriage NVD 16	Declared Value for Customs NCV 17
									PPD X	COLL	PPD X	COLL 15		

Airport of Destination TOKYO 12	Flight/Date FX0070/8,NOV.2003	for carrier use only / Flight/Date 13	Amount of Insurance 18	INSURANCE-If carrier offers insurance and such insurance is requested ih accordance with the conditions thereof. Indicate amount to be insured in figures in box marked "Amount of insurance".

Handing Information
NOTIFY :SAME AS CONSIGNEE ,   19
THIS SHIPMENT CONTAINS NO SOLID WOOD PACKING MATERIALS
(For USA only) These commodities licensed by ultimate destination _____ , Diversion contrary to US law is prohibited.

No. of Pieces RCP 20	Gross Weight 21	Kg lb 22	Rate Class 23 Commodity Item No. 24	Chargeable Weight 25	Rate 26 / Charge	Total 27	Nature and Quantity of Goods (incl. Dimensions or Volume) 28
209 CARTONS	3020	K C	0300	3020	20.61	62 242.20	LIVING ARKSHELL

Prepaid / Weight Charge 29 \ Collect	Other Charger 30
62,242.20	AWC:50.00
Valuation Charge	
Tax	
Total Other Charges Due Agent	Shipper certifies that the particulars on the page hereof are correct and that insofar as any part of the consignment contains dangerous goods. Such part is properly described by name and is in proper condition for carriage by air according to the applicable Dangerous Goods Regulations.
Total Other Charges Due Carrier 31	
50. 00	Signature of Shipper or his Agent 33
Total Prepaid 32 \ Total Collect	8 /NOV /2003 SINOAIR DALIAN COMPANY YAG ....
62292.20	Executed on (date) at (place) Signature of Issuing Carrier or his Agent 34
Currency Conversion Rates / CC Charges in Dest Currency	
For Carrier's Use only At Destination	Charges at Destination \ Total Collect Charges / 999-8887 5567
	AS AGENTS FOR THE CARRIER. AIR CHINA

35   ORIGINAL 3(FOR SHIPPER)A

图 16-2 航空运单

航空运单的填制方法如下。

1. 承运人名称（Carrier's Name）：如果信用证要求空运单据，银行将接受表面标明承运人名称的单据。如在本栏可标明"中国国际航空公司（AIR CHINA）"作为承运人的名称。

2. 发货人名称及地址（Shipper's Name and Address）：信用证项下此栏所填内容必须与受益人的名称及地址一致。托收项下按合同的卖方、地址填写。要求填托运人的全称、街名、城市名称、国名，以及便于联系的电话号、电传号或传真号。

3. 发货人账号（Shipper's Account Number）：为便利双方结算而提供账号，可根据实际情况在必要时填入，一般可不填，所以本栏可留空。

4. 收货人名称及地址（Consignee's Name and Address）：填收货人的全称、街名、城市名称、国名（特别是在不同国家内有相同城市名称时，必须要填上国名），以及电话号、电传号或传真号。航空运单的收货人一般不作指示式，因为航空运单不是物权凭证，只是代表承运人已收到货的收据。航空运单的正本共有3份，其中一份由航空公司留底，一份交发货人，另一份随机带去，货到目的地后承运人按指定的收货人发出到货通知（Notice of Arrival），并将航空运单正本交给收货人。所以，事实上收货人接到通知即可提货。因此，运单上收货人栏一般都是记名式，指明某某人为收货人。具体填法按信用证规定操作。

5. 收货人账号（Consignee's Account Number）：根据实际需要，在必要时可填入收货人账号。没有特别要求时，一般可不填。

6. 签发运单的承运人的代理人名称及城市（Issuing Carrier's Agent Name and City）：如果运单是由承运人的代理人签发的，本栏填写实际的代理人名称及城市名。如果运单直接由承运人本人签发，本栏可不填。

7. 代理人的IATA号（Agent's IATA Code）：填写承运人代理的国际航空运输协会的代号。一般本栏可不填。

8. 代理人账号（Agent's Account No.）：如需要时填写代理人的账号，供承运人结算使用。

9. 起航机场和指定航线（Airport of Departure and Requested Routing）：指该飞机起航机场名称和航线。一般填写起航机场名称即可。

10. 会计结算情况（Accounting Information）：填写与费用结算有关的情况，如运费预付、到付或发货人结算使用信用卡号及其他必要的情况。

11. 转运地〔Airport of Transshipment（to…by…to…by…）〕：填写转运机场所在地。

12. 目的地机场（Airport of Destination）：指运载货物的最终目的机场的英文名称及3字代码，应符合信用证或合同规定的目的地名称，且与标签所示一致。不知道机场名称时，可填写城市名称，如果某一城市名称用于一个以上国家时，应加上国名。例如，"LONDON UK"（伦敦，英国）、"LONDON KY US"（伦敦，肯达基州，美国）、"LONDON TO CA"（伦敦，安大略省，加拿大）。

13. 航班、日期（仅供承运人使用）〔Flight/Date（for carrier use only）〕：指航班号及该飞机实际起飞日期。但本栏所填内容只能供承运人使用，故本栏所注明的起飞日期不能视为货物的装运日期，一般以航空运单的签发日期作为装运日期。

14. 费用币制及费用代号（Currency and Charges Code）：支付费用使用的币制以货币国际标准电码表示，如人民币以"CNY"表示。费用代码（Chgs. Code）一般可不填。

15. 运费/声明价值费和其他费用（WT/VAL and Other）：声明价值费是指下列第16栏向承运人声明价值时，必须与运费一起交付的声明价值费（Valuation Charge）。如果运费和声明价值费或其他费用是预付的，则在"PPD"栏下填"×"，"PPD"是"Prepaid"的缩写，表示费用已预付。如果费用是待付的，则在"COLL"栏下填"×"，"COLL"是"Collect"的缩写，表示费用待付。如果第10栏已填"Freight Prepaid"或"Freight Collect"，则本栏所填的"PPD"或"COLL"不得与第11栏相抵触。

16. 供运输用的声明价值（Declared Value for Carriage）：填供运输用的声明价值金额，该价值即为承运人负赔偿责任的限额。承运人按有关规定向托运人收取声明价值费，但如果所交运的货物毛重每千克不超过20美元（或其等值货币），无须填写声明价值金额，可在本栏内填"NVD"（No Value Declared，未声明价值）。如本栏空着未填写，则承运人或其代理人可视为货物未声明价值。如在本栏填写声明价值，其币制应与第15栏表示的币值一致。

根据《华沙公约》的规定，托运人在交运货物时有特别声明货物价值者，如果货物因承运人的责任而毁灭、遗失或损坏的，承运人按其声明价值赔偿。如无声明价值，承运人即按统一规定的每千克定额赔偿，但其定额不超过该货到达后的价值。

17. 供海关用的声明价值（Declared Value for Customs）：任何运输方式下的国际贸易货物均需受海关监督和检查，本栏所填的声明价值是海关征税的依据。目前，有的地区以出口货物报关单申报价值或提供商业发票作为征税依据时，本栏可不填。有的还在本栏填写"As per Invoice No…"。如果作为样品等数量极少的货物，无商业价值，可填"NCV"或"N. C. V"，表示"No Commercial Value"（无商业价值）。

18. 保险金额（Amount of Insurance）：中国民航各空运企业暂未开展国际航空运输代保险业务，本栏可空着不填。

19. 处理情况（Handling Information）：可利用本栏填写所需要的内容，如注明下列内容：

（1）被通知人。例如，另请通知（Also Notify）。如托运人希望在货物到达的同时除收货人之外通知他人，请另填写通知人的全名和地址。

（2）货运单所附文件（Document to Accompany Airway Bill）。填写随附在货运单上发往目的地的文件，应填上所附文件的名称。例如，活体动物运输托运证明书（Shipper's Certification for Live Animals）。

（3）包装情况。

（4）发货人对货物在途中的某些特别指示，或对第二承运人的要求等。

20. 件数（No. of Pieces）：正确填写所装载的包装件数，要求填写该批货物的总件数，并注明其包装方法，且应符合信用证的要求。例如，包裹（Package）、纸板盒（Carton）、盒（Case）、板条箱（Crate）、袋（Bag）、卷（Roll）等，如货物没有包装，就注明为散装（Loose）。本栏的"RCP"是"Rate Combination Point"的缩写，即运价

组成点。

21. 毛重（Gross Weight）：填写实际货物毛重。

22. 千克或磅（kg./b.）：指第 21 栏毛重是以千克或以磅为计算单位。

23. 运价分类代号（Rate Class）：运价分类代号有 "M" "N" "Q" "C" "R" "S"。

"M"（Minimum charge）即货物起码的费率。

"N"（Normal under 45 kgs. rate）即 45 千克以下普通货物的费率。

"Q"（Quantity over 45 kgs. rate）即 45 千克以上普通货物的费率。在 45 千克以上又分 100、250、300、500、1000、2000 千克等多个档次。

上述以 45 千克为计算界限，又叫重量分界点（Weight Break Point）。

"C"（Special commodity rate）即特种货物费率。对某些特种货物，在一定航线上规定了特定的费率。

"R"（Reduced class rate, more than normal rate）即减价费率。对某些少数货物，按 "N" 费率减一定的百分比。

"S"（Surcharged class rate, more than normal rate）即加价费率。对某些少数货物，按 "N" 费率加一定的百分比。

运价分类代号可参考航空公司的有关运价材料，按实际填写。范本的运价代号即为 "C"。

24. 商品编号（Commodity Item No.）：属于 "C" 运价分类代号者，标明其商品编号，如填写编号 "0300"。属于 "R" "S" 运价分类代号者，填写其运价减或加的百分比。

25. 计费重量（Chargeable Weight）：此栏填写托运货物毛重及尺码折算重量两者相比较大数值，且经过进位调整。

26. 费率（Rate/Charge）：按实际计费的费率填写。例如，费率是以每千克 20.61 元计算的，即填 "20.61"。如按 "M" 运价代号（起码费率）计费则列出起码费率。

27. 运费总额（Total）：填写计收运费的总额，即 "计费重量×费率＝运费总额"。如 "3020×20.61＝62242.20"，即在本栏填写 "62242.20"。

28. 货物的品名和数量（包括尺寸或体积）[Nature and Quantity of Goods（Incl. Dimensions or Volume）]：本栏填货物的品名、数量、体积、尺寸等。货物中的每一项均需分开填写，并尽量填写详细，如 "9 筒 35 毫米的曝光动画胶片/新闻短片"（美国制）。本栏所填写的内容应与商业发票和进口许可证上所列明的内容一致。危险品应填写适用的准确名称及级别。

29. 以重量计算的运费额（Weight Charge）：本栏有两项，即预付额（Prepaid）和待付额（Collect）。根据实际情况填写，并与第 27 栏金额相同。

30. 其他费用（Other Charge）：例如，在本栏填 "AWC: 50.00"，"AWC" 是 "Air Waybill Charges"（运单费）的缩写，有的填 "AWB"。填 "AW" 或 "AWB FEE" 也可以。

此外，还有危险货物费、起运地仓储费和目的地仓储费等。

31. 由于承运人需要而产生的其他费用总额（Total Other Charges Due Carrier）：如

果除了运单费 50 元外无其他费用，本栏总额填 50 元。

32. 预付费用总额（Total Prepaid）：指预付运费及其他费用总额。例如，本栏填"62242. 20+50. 00 = 62292. 20"。

33. 发货人或其代理人签名（Signature of Shipper or his Agent）：发货人或其代理人在本栏签名即表示保证所托运的货物并非危险品。

34. 承运人或其代理人签字及签发运单日期、地点［Executed on（date）at（place），Signature of Issuing Carrier or his Agent］：正本航空运单必须由承运人或其代理人签名盖章才能生效。代理人代承运人签字或证实时，也必须表明其代理的委托人的名称及身份。本栏所表示的日期为签发本运单的日期，也即货物的装运日期。即使本运单在第13 栏注明了起飞日期，也仍然以本栏所签发的日期作为装运日期。如果信用证规定运单必须注明实际起飞日期，则以此栏所注的实际起飞日期作为装运日期，否则一律以本栏签发日期作为装运日期。本栏所填日期不得晚于信用证规定的装运日期。地点据实填写。

35. 正本（Original）：航空运单正本一般为一式三份。第一份"Original1（For Issuing Carrier）"由航空公司留存；第二份"Original2（For Consignee）"随机转给收货人；第三份"Original3（For Shipper）"交给发货人。虽然正本签发 3 份，但银行允许只交 1 份正本。副本共 9 份，由航空公司根据规定和需要分发。

◇ **同步练习**

1. 航空运单与海运提单最大的区别是什么？采用空运出口货物时，出口商应注意什么问题？

2. 根据下列国际货物托运书（见图 16-3）填写航空运单（见图 16-4）。

国际货物托运书（SHIPPERS LETTER OF INSTRUCTION）

托运人姓名及地址 SHIPPER'S NAME AND ADDRESS	托运人账号 SHIPPER'S ACCOUNT NUMBER	供承运人用 FOR CARRIER USE ONLY	
CHINA LIGHT HOUSEWARE CO.,LTD,BEIJING P.R.CHINA TEL:86(010)64596666 FAX:86(010)64598888		班期/日期 FLIGHT/DAY	航班/日期 FLIGHT/DAY
		CA921/30 JUL,2002	
收货人姓名及地址 CONSIGNEE'S NAME AND ADDRESS	收货人账号 CONSIGNEE'S ACCOUNT NUMBER	已预留吨位 BOOKED	
NEW YORK LIGHT HOUSEWARE IMPORTERS,NEW YORK,U.S.A TEL:78789999		运费 CHARGES 　　　　　CHARGES PREPAID	
代理人的名称和城市 ISSUING CARRIER'S AGENT NAME AND CITY KUNDAAIR FRIGHT CO.,LTD		ALSO NOTIFY	
始发站 AIRPORT OF DEPARTURE CAPITAL INTERNATIONAL AIRPORT			
到达站 AIRPORT OF DESTINATION JOHN KENNEDY AIRPORT(JFK)			

托运人声明价值 SHIPPER'S DECLARED VALUE		保险金额 AMOUNT OF INSURANCE ×××	所附文件 DOCUMENT TO ACCOMPANY AIR WAYBILL 1 COMMERCIAL INVOICE
供运输用 FOR CARRIAGE NVD	供海关用 FOR CUSTOMS NCV		

处理情况(包括包装方式、货物标志及号码)
HANDING INFORMATION (INGL METHOD OF PACKING IDENTIFYING AND NUMBERS)

KEEP UPSIDE

件数 NO.OF PACKAGES	实际毛重 ACTUAL GROSS WEIGHT(KG.)	运价种类 RATE CLASS	收费重量 CHARGEABLE WEIGHT	费率 RATE/ CHARGE	货物品名及数量(包括体积或尺寸) NATURE AND QUANTITY OF GOODS (INCL.DIMENSIONS OR VOLUME)
4	58.3		58.3	18.00	DIMS: (80×30×25)CM×4

图 16-3　国际货物托运书（第十六章同步练习 2）

999 | | | 999—

Shipper's Name and Address	Shipper's Account Number		NOT NEGOTIABLE

ISSUED BY:

Copies 1, 2 and 3 of this Air Waybill are originals and have the same validity.

Consignee's Name and Address	Consignee's Account Number

It is agreed that the goods described herein are accepted in apparent good order and condition （except as noted） for carriage SUBJECT TO THE CONDITIONS OF CONTRACT ON THE REVERSE HEREOF. THE SHIPPER'S ATTENTION IS DRAWN TO THE NOTICE CONCERNINC CARRIER'S LIMITATION OF LIABILITY. Shipper may increase such limitation of liability by declaring a higher value for carriage and paying a supplemental charge if required.

ISSUING CARRIER MAINTAINS CARGO ACCIDENT LIABILITY INSURANCE

Issuing Carrier's Agent Name and City	Accounting Information
Agent's IATA Code	Account No.	

Airport of Departure（Addr. of First Carrier）and Requested Routing

to	By First Carrier	Routing and Destination	to	by	to	by	Currency	CHGS Code	WT/VAL		Other		Declared Value for Carriage	Declared Value for Customs
									PPD	COLL	PPD	COLL		

Airport Destination	Flight/Date	For Carrier Use only	Flight/Date	Amount of Insurance	INSURANCE if carrier offers insurance, and such insurance is requested in accordance with conditions on reverse here of, indicate amount to be insured in figure in box marked amount of insurance.

Handling Information

(for USA only) Those commodities licensed by U.S. for ultimate destination...Diversion contray to U.S. law is prohibited.

No. of Pieces RCP	Gross Weight	Kg Lb	Rate Class Commodity Item No.	Chargeable Weight	Rate / Charge	Total	Nature and Quantity of Goods (incl. Dimensions or Volume)

Prepaid	Weight Charge	Collect	Other Charges
	Valuation Charge		AWA: 50
	Tax		

	Total Other Charges Due Agent
50	

Shipper certifies that the particulars on the face hereof are correct and that insofar as any part of the consignment contains dangerous goods, such part is properly described by name and is in proper condition for carriage by air according to the applicable Dangerous Goods Regulations.

	Total Other Charges Due Carrier

....
Signature of Shipper or his Agent

Total Prepaid	Total Collect

Currcency Conversion Rates	CC Charges in Dest. Currency

....
Executed on (date)   at (place)   Signature of Issuing carrier or its Agent

For Carrier's use only at Destination	Charges at Destination	Total Collect Charges

999—

图 16-4　航空运单（第十六章同步练习 2）

　　3. 北京机械进出口公司空运出口一批工具样品至悉尼。货物装在 2 个纸箱中，总重量 40 千克，每箱尺码为 30 厘米×30 厘米×20 厘米，试根据下面的运价表（见表 16-2）填制航空运单。

表 16-2　货物运价表

城市名称	M	N	45	100	300	1000
沙迦	380	48.64	37.69	32.68	32.68	32.68
新加坡	280	36.66	27.50	27.50	23.46	23.46
悉尼	480	54.72	41.04	35.57	32.83	32.83
台北	280	31.32	23.49	23.49	23.49	23.49
东京	280	37.51	28.13	18.80	18.80	18.80

第十七章　陆运制单

DI-SHIQI ZHANG LUYUN ZHIDAN

◇ **知识目标**

了解铁路运单与公路运输单据的主要内容。
熟悉陆运单证的填制规范。

◇ **能力目标**

掌握陆运单证的基本内容。

第一节　铁路运单

一、概述

国际铁路货物联运运单是参加国际铁路货物联运的铁路与发货人、收货人之间缔结的运输合同。它体现了参加联运的各国铁路和发货人、收货人之间在货物运送上的权利、义务、责任和豁免，对铁路和发货人、收货人都具有法律效力。

国际铁路货物联运运单的组成如下：

第 1 张运单正本，记载了货物运送全程的费用，以便收货人了解或支付有关部分。它随同货物至到站，并连同通知单和货物一起交给收货人。

第 2 张运行报单，是参加联运的各铁路办理货物交接、划分运送责任，以及清算运送费用、统计运量和运输收入的原始依据。它随同货物至到站，并留存于到达路。

第 3 张运单副本，在运送契约缔结后交给发货人，发货人可凭此副本向收货人结算货款，作为变更运输要求及在货物和运单正本全部灭失时，凭以向铁路提出赔偿要求的依据之一。

第 4 张货物交付单，作为货物已交付给收货人的凭证，它随同货物至到站，并留存于到达路。

第 5 张货物到达通知单，记载了货物在运送全程所发生的滞留、编制商务记录等情况。它随同货物至到站，并同运单正本和货物一起交给收货人。

运单第 1、3 张背面均详细记载向发、收货人核收运杂费的事项，而第 4、5 张背面则供铁路在货物运输过程中填写各种必要的记载事项。

发货人应对其在运单中所记载和声明的事项的正确性负责。由于记载和声明的事项不完备、不正确、不真实，以及由于未将上述事项记入运单相应栏内而发生的一切后果，均由发货人承担。铁路有权检查发货人在运单中记载的事项是否正确，如发现运单所载内容不正确，发货人必须重新填制运单。

此外，还有为发送路和过境路准备的必要份数的补充运行报单。我国铁路补充运行报单分为带号码和不带号码两种：带号码的补充运行报单是为发送路准备的，一般填写一式三份，一份留站存查，一份报自局，一份随同货物至出口国境站截留；不带号码的补充运行报单是为过境路准备的，而且每过境一个国家的铁路要填制一份。运单和补充运行报单分慢运和快运两种，慢运单据不带红边，快运单据则带有红边。

国际铁路货物联运运单样本与实例分别见图 17-1、图 17-2。

运单正本 – Орнгинал накладной

(给收货人) – (для получателя)

发送路简称（Сокра-щенное назве-нование дороги отправления）	**1** 发货人，通信地址 – Отправитель，почтовый апрес
中铁 КЖД **1**	**5** 收货人，通信地址 – Получатель，почтовый апрес
	6 对铁路无约束效力的记载 – Отметки，необязательные для железной дороги
	7 通过的国境站 – Пограничные станции перехода
	8 到达路和到站 – Дорога и станция назначения

批号 – Отправка N

25 (检查标签 – контрольная этикетка)

运输号码

2 合同号码 – Договор N

3 发　站　Станция отправления

4 发货人的特别声明 – Особые заявления отправителя

26 海关记载 – Отметки таможни

27 车辆 – Вагон / **28** 标记载重(吨) Подъемная сила(т) / **29** 轴数 – Ось
30 自重 – Вес тары / **31** 换装后的货物重量 – Масса груза после перегрузки

27	28	29	30	31

慢运 – скоростью малой

国际货协 – 运单　СМГС – Накладная

9 记号·标记·号码 Знаки，марки，номера	10 包装种类 Род упаковки	11 货物名称 Наименование груза	50 附件第2号 прил. 2	12 件数 Число мест	13 发货人确定的重量(公斤) Масса(т кг)определяет отправитель	32 铁路确定的重量(公斤) – Масса(т кг)определяет железной дорогой

14 共计件数（大写） – Итого мест прописью	15 共计重量（大写） – Итого масса прописью	16 发货人签字 – Подпись отправителя

17 互换托盘 – Обменные поддоны

数量 – Количество

集装箱/运送用具 – Контейнер /Перевозочные средства

18 种类 – Вид 类型 – Категория	19 所属者及号码 Владелец N

20 发货人负担下列过境铁路的费用 – Отправителем принять платежи за следующие транзитные дороги	21 办理种别 – Род отправки 整车－повагонная¹) 零担¹)мелкая¹) 大吨位集装箱 Крупнотоннажного Контейнера¹)	22 由何方装车 – Погружено 发货人¹) отправителем 铁路¹) железной дорогой¹)	33
	¹) 不需要的划掉 – Ненужное зачеркнуть		34
	24 货物的声明价格 Объявленная ценность груза	声布 руб	35
23 发货人添附的文件 – Документы，приложенные отправителем			36
	45 封印　Пломбы		37
	个数 Количество	记号 – Знаки	38
			39
			40

46 发货日期戳 – Календарный штем-пель станции отправления	47 到站日期戳 – Календарный штем-пель станции назначения	48 确定重量方法 Способ определения массы	49 过磅站戳记·签字 – Штемпель станции взвешивания，подпись	41
				42
				43
				44

图 17-1　国际铁路货物联运运单样本

运 单 正 本 — Оригинал накладной
（给收货人）—（для получателя）

发送路简称（Сокращенное наименование дороги отправления）

中铁 КЖД **1**

国际货协—运单 CMГC—Накладная 慢运 малой скорости

25 批号—Отправка No（检查标签—контрольная этикетка）
03 9162
运输号码

2 合同号码—Договор No

1 发货人，通信地址—Отправитель，почтовый адрес
Henshui skyline Import and export Corp. Ltd
NO.717 center Ave Henashui City Hebei China
中国外运河北唐山公司

3 发 站 Станция отправления
唐山南

4 发货人的特别声明。—Особые заявления отправителя

5 收货人，通信地址—Получатель，почтовый адрес
ООО ТД. этэрс
РФ. 445030. Самарская обл. г.Тольятти ул.хх хх Tel.(8482) 28.3-45

6 对铁路元约束效力的记载—Отметки，необязательные для железной дороги
Оформление ДКД, ДПО по КЭХ через АО Акцепт Терминал договор
№0000015/2009/0428 от 30.03.2009 г."

7 通过的国境站—Пограничные станции перехода
中哈边境车站阿拉山口，多斯德克"0550" 托泉尔 816400
Алашанькоу Достык код "0550"，Тюбыкэл код 816400

8 到达路和到站—Дорога и станция назначения
Станция Тольятти Куйбышевской ж/д код 637301

26 海关监管货物 随附关封1份

27 车种 **28** 标记载重（吨）Подъемная сила（т）**29** 轴数—Оси
30 自重—Масса тары **31** 换装后的货物重量 Масса груза после перегрузки

27	28	29	30	31

9 记号、标记、号码 Знаки，марки，номера	**10** 包装种类 Род упаковки	**11** 货物名称 Наименование груза	**50** 附件号码 прил. **12** 件数 число мест	**13** 发货人确定的重量（公斤）Масса（в кг）определен отправителем	**32** 铁路确定的重量（公斤）Масса（в кг）определен железной дорогой
N/M		焦亚硫酸钠 Метабисульфит HS CODE:28321000	2400pcs	N.W 60000 G.W 60600	

14 共计件数（大写）—Итого мест прописью

15 共计重量（大写）—Итого вес прописью

16 发货人签字—Подпись отправителя

17 互换托盘—Обменные поддоны 数量—Количество

集装箱/送运用具—Контейнер/Перевозочные средства

18 种类—Вид 类别—Категория

19 所属者及号码—Владелец и №

20 发货人负担下列过境铁路的费用—Отправителем приняты платежи за следующие транзитные дороги
Оплата по КЭХ ТОО вагон Транс код （ЕТС 1000920296）ОАО "РЖД"

21 办理种别—Род отправки
整车—повагон 零担—мелкая 大吨位集装箱—Крупнотоннажного Контейнера
*）不需要者划消—Ненужное зачеркнуть

22 由何方装车—Погружено
发货人—отправителем 铁路—железной дорогой

23 发货人添附的文件—Документы，приложенные отправителем
箱单 1份
发票 2份
厂检单 1份

24 货物的声明价格—Объявленная ценность груза
卢布 руб

45 铅封—Пломбы
个数 Количество 记号—Знаки

46 发货日期截—Календарный штемпель станции отправления

47 到站日期截—Календарный штемпель станции назначения

48 确定重量方法 Способ определения Массы 标定

49 过磅站截记、签字—Штемпель взвешивания，подпись
IP:039162 XH:0 CH:3104412 ID:00667
1103311991

33
34
35
36
37
38
39
40
41
42
43
44

图 17-2 国际铁路货物联运运单实例

二、陆运单证的填制方法

运单正面未画粗线的各栏由发货人填写，填写说明如下。

1. 发货人，通信地址：填写发货人的名称及其通信地址。发货人只能是一个自然人或法人。

由中国、朝鲜、越南发货时，准许填写这些国家规定的发货人及其通信地址的代号。

2. 合同号码：填写出口单位和进口单位签订的供货合同号码。

3. 发站：填写运价规程中所载发站全称。

4. 发货人的特别声明：发货人可在该栏中填写自己的声明，例如，关于对运单的修改及易腐货物的运送条件等。

5. 收货人，通信地址：注明收货人的名称及其通信地址，收货人只能是一个自然人或法人。从《国际货协》参加国路段向未参加《国际货协》的铁路发货而由站长办理转发时，则在该栏填写"站长"。

6. 对铁路无约束效力的记载：发货人可以对该批货物做出记载，该项记载仅作为对收货人的通知，铁路不承担任何义务和责任。

7. 通过的国境站：注明货物应通过的发送路和过境路的出口国境站。如有可能从一个出口国境站通过邻国的几个进口国境站办理货物运送，则还应注明运送所要通过的进口国境站。根据发货人注明的通过国境站确定经由路。

8. 到达路和到站：在斜线之前，应注明到达路的简称；在斜线之后，应用印刷体字母（中文用正楷粗体字）注明运价规程上到站的全称。运往朝鲜的货物，还应注明到站的数字代号。运往未参加《国际货协》国家的货物而由站长办理转发时，记载《国际货协》参加路最后过路的出口国境站，并在该站站名后记载"由铁路继续办理转发送至××铁路××站"。

9. 记号、标记、号码：填写每件货物上的记号、标记和号码。货物如装在集装箱内，则还要填写集装箱号码。

10. 包装种类：填写包装的具体种类，如纸箱、木桶等，不能笼统地填"箱""桶"；如用集装箱运输，则填"集装箱"。

11. 货物名称：货物名称应按《国际货协》规定填写，或者按发送路和到达路现行的国内运价规程品名表的规定填写，但需注明货物的状态和特征。两国间的货物运送，可按两国商定的直通运价规程品名表中的名称填写。

在"货物名称"字样下面专设的栏内填写通用货物品名表规定的 6 位数字代码。

填写全部事项时，如篇幅不足，则应添附补充清单。

填写第 9~11 栏时，可不受各栏间竖线的严格限制。但是，有关货物事项的填写顺序，应严格符合各栏的排列次序。

12. 件数：注明一批货物的件数。

用敞车类货车运送不盖篷布或盖有篷布而未加封的货物，其总件数超过 100 件时，或运送仅按重量不按件数计的小型无包装制品时，注明"堆装"，不注件数。

13. 发货人确定的重量（公斤）：注明货物的总重量。

14. 共计件数（大写）：用大写形式填写第 12 栏中所载的件数。

15. 共计重量（大写）：用大写形式填写第 13 栏中所载的总重量。

16. 发货人签字：发货人应签字证明列入运单中的所有事项正确无误。发货人的签字也可用印刷的方法或加盖戳记处理。

17. 互换托盘：该栏内的记载事项仅与互换托盘有关。注明托盘互换办法，并分别注明平式托盘和箱式托盘的数量。

18. 种类、类型：在发送集装箱货物时，应注明集装箱的种类和类型。使用运送用具时，应注明该用具的种类。

19. 所属者及号码：运送集装箱时，应注明集装箱所属记号和号码。对不属于铁路的集装箱，应在集装箱号码之后注明大写字母"P"。

使用属于铁路的运送用具时，应注明运送用具所属记号和号码。使用不属于铁路的运送用具时，应注明大写字母"P"。

20. 发货人负担下列过境铁路的费用：如发货人负担过境铁路运送费用，填写所负担过境铁路名称的简称。如发货人不负担任何一个过境铁路的运送费用，填写"无"字。

21. 办理种别：办理种别分为整车、零担、大吨位集装箱，并将不需要者画销。

22. 由何方装车：发货人应在运单该栏内注明由谁装车，将不需要者画销。

23. 发货人添附的文件：注明发货人在运单上添附的所有文件的名称和份数。

24. 货物的声明价格：用大写形式注明以瑞士法郎表示的货物价格。

第 27~30 栏用于记载使用车辆的事项，只有在运送整车货物时填写。至于各栏是由发货人填写还是由铁路车站填写，则视由何方装车而定。

25. 封印个数和记号：填写车辆或集装箱上施加的封印个数和所有记号。至于铅封的个数和记号，则视由何方施封而定，并由发货人或铁路车站填写。

26. 确定重量方法：注明确定重量的方法。例如，"用轨道衡""按标准重量""按货件上标记重量"等。由发货人确定货物重量时，发货人应在该栏注明确定重量的方法。

三、承运货物收据

（一）概念

与国际铁路货物联运不同，我国港澳地区铁路运输使用的运输单据是承运货物收据（Cargo Receipt）。由于对港澳出口的运输是一种特定的运输方式，内地铁路部门承运供港货物后，只负责发站至深圳北站（或广州南站）这段国内运输，货抵深圳后，由深圳外运代表发货人向铁路办理租车，然后过轨去香港，由深圳外运在香港的代理港中旅继续办理港段运输。因此，对港澳的出口运输实质上是两票运输，运单不能作为结汇的凭证。根据这种情况，各地外运公司以货运代理的身份向各进出口公司（或工贸公司）签发经深圳中转香港货物的承运货物收据，作为向银行结汇的凭证。承运货物收据相当于海运提单或国际联运运单副本，它既代表货物所有权，又是收货人的提货凭证。

承运货物收据见图 17-3。

承运货物收据　　　　运编号 No. ＿＿＿＿＿＿＿

发票号 No. ＿＿＿＿＿＿＿

第一联（凭提货物）　　合约号 No. ＿＿＿＿＿＿＿

1. 委托人		2. 收货人	
		3. 通知	
4. 起运地　　　目的地　　　经由地			
5. 发货日期 　　装运日期		6. 运单号/车号	
7. 标记	8. 件数	9. 货物名称	10. 附记
11. 运费缴付地点		12. 请向下列地点接洽提货	
13. 押汇银行签认		14. 收货人签认	
			15. 承运人签章:

图 17-3　承运货物收据

（二）承运货物收据的内容及填制方法

1. 委托人：同提单发货人，一般为信用证的受益人或合同的卖方。

2. 收货人：同提单收货人（包括背书）。通常为空白抬头（To order），押汇银行指示抬头（To order of issuing bank），收货人指示抬头（To order of Consignee）或直接填写收货人名称等。收货人可能是开证人或合同的买方。

3. 通知：通常填开证人或合同的买方。

4. 起运地、目的地和经由地：起运地应为装车地，通常是受益人或卖方所在地。目的地如是香港，可填香港或九龙；如是澳门，可填澳门。如是去香港，则经由地填深圳；去澳门，则填广州。

5. 发货日期、装运日期：应同于或早于签发收据的日期。

6. 运单号或车号：只填一个即可，通常填运单号。

7. 第 7~10 栏，按承运货物收据的一般格式，起运地和目的地下方应填写唛头、件数、货物名称、附记等内容。唛头应与信用证或发票相符，货名应填总称，件数应有大小写且大小写应一致；附记中一般填重量，有包装的货物应填毛重，无包装的货物应填净重，并加"Net Weight 或 N. W."，除信用证另有规定外，其他内容一律免填。

8. 运费：此栏内通常印妥"Freight Prepaid in"，后面应填起运地，表示运费已在起运地预付。

9. 接洽提货地点：应填香港中国旅行社。

10. 押汇银行签认：有些出口到港澳地区的货物，是向银行办理押汇的，故在货主向银行归还货款之前，货物的所有权属于银行。在货主向银行办理信用提货手续时或过账之后，银行在此栏内签字盖章确认，货主即可凭以提货。

11. 收货人签认：收货人提货时或提货前应在此栏内签章并加日期表示货物已收妥，这样才能提货。

12. 承运人签章：加盖外运公司图章，无须签字。

除以上正面条款外，承运货物收据背面是承运责任条款，主要内容包括不知悉条款、承运人免责条款、延期车租或费用条款、承运人赔偿条款及承运货物收据挂失等条款。

第二节　陆路运输载货清单

一、内地海关与香港海关陆路进/出境载货清单

（一）概述

内地与香港作为不同的关境，长期以来一直分别使用不同格式的载货清单，对陆路运输工具进行监管。由于粤港两地间陆路贸易运输规模庞大且进出频繁，运输企业向两地海关分别填报和递交载货清单的作业显得相对烦琐。粤港两地政府和经贸业界对通关效率提出了更高的要求，减少通关手续、加快通关速度的呼声不断高涨。

为此，海关总署广东分署根据总署的工作部署，与香港海关就统一两地陆路货运载货清单事宜进行了探讨和磋商，并根据《内地与香港关于建立更紧密经贸关系的安排》（CEPA）项下关于贸易便利化的精神做了进一步的修改完善，共同确认了载货清单的格式和内容。经过一段时间的过渡，于2005年1月1日起正式使用。

新版的载货清单为一式六联，其中第一、二联交内地海关，第三至五联交香港海关，第六联为司机留用副本。

该清单采用"一次填报，共同使用"的方式，即运输企业在过关时不再分别填写出境载货清单和进境载货清单，而是一次完成清单填制。清单启用后，海关通过核对进出境载货清单的有关内容便可以进行有效监管，运输企业车辆的拖头、拖架和集装箱可自由组合，分开进出境。这节省了运输企业及承运人办理通关手续的时间和通关成本。

两地海关统一载货清单好处明显，既可以形成有关申报信息资源的共享，形成合力，共同加强对进出口货物的监管，有利于打击商业瞒骗和走私活动，同时由于采用一式多联的形式填报载货清单，避免了企业在两地的重复申报，进一步方便了两地间贸易，提高了通关效率。

内地海关及香港海关陆路进/出境载货清单见图17-4。

内地海关及香港海关陆路进/出*境载货清单

内地载货清单编号：

香港载货清单编号：

车牌号码：(内地车牌：_____ 香港车牌：_____)

进/出境*日期：_____ 装货地点：_____ 卸货地点：____ 此联载货清单共____ 页

项目	货物名称及规格	标记及编号	包装方式及数量	重量/净重*（公斤）	价格（币种）	付货人或货物转运代理名称及地址	收货人名称及地址	第一联
								进境地／启运地海关存
总件数：_____ 总重量/总体积*：_____ 货柜箱数量/规格/编号：_____ （如果是冷藏柜，要注明）								

承运公司声明：兹证明，上列货物由_____公司委托承运，保证无讹。

(香港/内地*) 承运公司名称：_____ 地址及电话：_____ 内地运输公司（盖章）：

司机姓名：(正楷)：_____ 签名：_____ 日期：_____

内地适用	合同(协议)号		海关关锁号（条形码）NO		香港适用	转运货物	是/否*
	监管方式					进/出口*许可证编号：	
	原产国(地区)/最终目的国(地区)		(进境地/启运地)海关批注、签章：	(指运地/出境地)海关批注、签章：		提单/空运*提单或空运托运单编号：	
	车辆海关编号						
	进(出)境地/指(起)运地*		关员签名：日期：	关员签名：日期：		香港货柜车拖架号码：	

*请删去不适用者

图 17-4 内地海关及香港海关陆路进/出境载货清单

（二）填制方法

内地海关及香港海关陆路进/出境载货清单填制方法如下。

1. 内地载货清单编号：该编号为 13 位数字的条形码。为便于电子数据的传输及查询，进入内地的货物应选择清单编号第一位数字为 1 至 4 的载货清单（如 1000000000011、3000000000052），出口到香港的货物应选择清单编号第一位数字为 5 至 9 的载货清单（如 6000000000005、8000000000007）。

2. 车牌号码：本栏目分别填写内地和香港的货运车辆车牌号码。

3. 进/出境日期：第一、二联的"进/出境"与第三至六联的"出/进境"相对应，应根据货物进出境的情况删去不适用的部分。以进入内地的货物为例，在第一联上删去"出"字，则第三至六联的"进"字也应同时被删去，表明该车由香港出境到内地，反之亦然。本栏目填写的进出境日期以午夜 0 时为界。如车辆跨午夜 0 时过境，需注明。如在午夜 0 时之前向香港海关递单，午夜 0 时之后向内地海关递单，必须在向内地海关递交的单证上注明不同的日期。

4. 装货地点：本栏目填写本车次装载货物的地点，如生产工厂、货物包装地、远洋海运转陆运的码头等。

5. 卸货地点：本栏目填写本车次卸载货物的地点，如工厂、陆运转海运码头等。

6. 此联载货清单总页数：本栏目填写每一联的页数，如果其中一联有清单或附页，则需填写该联与清单或附页的总页数。如此份载货清单有 2 页货运清表，则此栏目填写"此联载货清单共 3 页"，清单的每一联后面都必须附两页货运清表。

7. 项目：一个货柜车载运两种以上的货物时，货物名称必须分别填写。此栏填写阿拉伯数字，即"1、2……"，按顺序填写。

对加工贸易企业货物，本栏目填写货物在加工手册备案时的序号。

如多票货物拼装于同一运输工具内，而栏目空间不足，则按商品的类别和实际成交价格（或货值）从高至低依次填写前 6 项，并随附货运清表（装箱明细表或装箱清单），并需在载货清单总页数上注明。

8. 货物名称及规格：为便于内地海关与香港海关对进出境商品名称的认可，此栏目必须填写规范的中文商品名称，禁止使用本地方言填写，同时必须填写货物的规格或型号。商品名称及规格型号应据实填写，并与商业发票相符。

9. 标记及编号：本栏目填写货物包装上的标记或唛头及编号，包括除图形以外的文字、数字。

10. 包装方式及数量：本栏目按实际外包装方式填写，数量按包装的数量填写。

11. 重量/净重（公斤）："重量（公斤）"指货物及其包装材料的重量之和（毛重），计量单位为公斤，不足 1 公斤的填写时保留 3 位小数。"净重（公斤）"指货物的毛重减去外包装材料后的重量，即商品本身的实际重量，计量单位为公斤，不足 1 公斤的填写时保留 3 位小数。应同时填写毛重和净重。

12. 价格（币种）：本栏目按项目逐一填写货物实际成交的商品总价，无实际成交价格的，本栏目填报货值，同时删去栏目标题中不适用的部分。

13. 付货人或货物转运代理名称及地址：本栏目填写交付货物给运输公司的企业的名称及地址。进入内地的货物，付货人不需盖章；出口香港的货物，付货人必须盖章。本栏目内一行填写空间不足的，可逐行填写。

14. 收货人名称及地址：本栏目填写最终收取货物的企业的名称及地址。进入内地的货物，收货人必须盖章；出口香港的货物，收货人不需盖章。本栏目内一行填写空间不足的，可逐行填写。

15. 总件数：本栏目填写有外包装的货物的实际件数，使用中文大写，并用阿拉伯数字附注。特殊情况，如为托盘装入集装箱的，可填写托盘数；散装货物填写为"1"。

16. 总重量/总体积：本栏目填写所载货物的毛重之和，单位为公斤，使用中文大写，并用阿拉伯数字附注。总体积填写货物的实际体积数，单位为立方米，使用中文大写，并用阿拉伯数字附注。同时删去栏目标题中不适用的部分。

17. 货柜箱规格、编号：本栏目填写集装箱号（集装箱箱体两侧标示的全球唯一的编号）及规格。如果是冷藏货柜，必须注明。一车载运多个集装箱时，集装箱号之间使用"；"分隔。

18. 承运公司名称、地址、电话：填写承运该批货物的内地陆路运输公司（该公司必须在内地海关登记备案并具有运输海关监管货物的资格）的详细名称、地址、电话。

19. 合同（协议）号：本栏目填写进出口货物合同（协议）的全部字头和号码。加工贸易货物填写合同手册号。

20. 监管方式：本栏目根据实际情况，并按内地海关规定的监管方式代码表选择填写相应的监管方式。

21. 原产国（地区）/最终目的国（地区）："原产国（地区）"填写进口货物的生产、开采或加工制造国家（地区）。"最终目的国（地区）"填写已知的出口货物的最终实际消费、使用或进一步加工制造国家（地区）。

22. 进（出）境地/指（启）运地："进（出）境地"填写进、出境货物的进出境口岸海关，"指（启）运地"填写进、出境货物转关运输的内陆海关。

23. 车辆海关编号：填写车辆备案时海关提供的司机簿上的条形码的编号。

24. 填写的栏目不得涂改。

二、我国与哈萨克斯坦的陆路运输单据

（一）概述

为进一步加强与邻国海关的有效合作，方便两国贸易往来，促进经济发展，我国海关与哈萨克斯坦海关协调并简化了有关监管模式，共同制定了统一的载货清单作为相关承运人向两国海关申报的单证，并分别于 2007 年 12 月 15 日及 2009 年 12 月 15 日起在相关口岸试行（我国的都拉塔口岸、哈萨克斯坦的卡勒加特口岸）。中哈载货清单见图 17-5。

载 货 清 单 Манифест

编号№＿＿＿＿＿＿＿＿＿

中国车牌号Номер транспортного средства КНР:				哈国车牌号Номер транспортного средства РК:				
拖车号Номер прицепа:				集装箱编号Номер контейнера:				
装货地点Место погрузки:				卸货地点Место разгрузки:				
出境日期Дата вывоза:				此载货清单共 3 联Данный Манифест составлен в 3-х экземплярах.				
编 号 №.	货物名称及规格Наименование и описаниетовара	唛头及编号 Маркировка иномер	包装方式及件数 Форма упаковки, количество мест	净重（千克）Вес нетто（в кг.）	价格（币种）Стоимость с указанием валюты	发货人Отправитель	收货人Получитель
合计 Итого							

（承运人名称Название перевозчика） 声明：上列货物由本承运人承运，并负责向海关承担责任。责任的真实性
достоверность заявленных сведений в настоящем Манифесте возлагается на перевозчика承运车辆进出境许可证号码(номер разрешительного документа перевозчика)

驾驶员姓名Ф.И.О. водителя: ＿＿＿＿＿ 签名подпись водителя ＿＿＿＿＿ 日期 дата: ＿＿＿

合同号№ Контракта	海关关锁号Таможенная пломба №	
海关监管方式Таможенный режим	起运国海关批注、签章	指运国海关批注、签章
□过境транзит □其他прочее	Штамп и печать таможни страны отправления	Штамп и печать таможни страны получения
备注Примечание:	关员签名Подпись таможенника 日期Дата:	关员签名Подпись таможенника 日期Дата:

图 17-5 中哈载货清单

（二）填制方法

中哈载货清单为一式三联，其中第一联交出境地海关，第二联交入境地海关，第三联由承运人留存。两个单据填制方法相似，这里仅就中哈载货清单填制作介绍。

1. 载货清单编号：该编号为12位英文字母与数字组合。第一位为国别代码（自中方出境，代码为"C"），第二、三位为年份，第四至七位为关区代码，第八至十二位为流水号。

如"C07940600001"，表示伊宁海关（9406）2007年出口哈方的第一份载货清单。

2. 中国车牌号、哈国车牌号：本栏目分别填写货运车辆的中国车牌号码和哈萨克斯坦车牌号码。

3. 拖车号：本栏目填写拖挂在头车后的拖车号码。

4. 集装箱编号：本栏目填写车辆承载的集装箱的编号。一车载运多个集装箱时，集装箱号以"；"分隔。如为厢式货车，可不填本栏目。

5. 装货地点：本栏目填写本车次装载货物的地点，如生产工厂、货物包装地、海关监管场站等。

6. 卸货地点：本栏目填写本车次卸载货物的地点，如工厂、海关监管场站等。

7. 出境日期：第一联的"出境"与第二联的"进境"相对应。本栏目填写的进出境日期以午夜0时为界。如在午夜0时之前向哈方海关递单，午夜0时之后向中方海关递单，必须在向中方海关递交的单证上注明不同的日期。

8. 编号：一辆货运车载运两种以上的货物时，货物名称必须分别填写。此栏填写阿拉伯数字，即"1、2……"，按顺序填写。

如多票货物拼装于同一运输工具内，栏目空间不足的，按商品的类别和实际成交价格（或货值）从高至低依次填写前6项，并随附货运清表（装箱明细表或装箱清单），并需在备注栏内注明。

9. 货物名称及规格：此栏目填写规范的中俄双语商品名称，同时必须填写货物的规格或型号。商品名称及规格型号应据实填写，并与商业发票相符。

10. 唛头及编号：本栏目填写货物包装上的唛头或标记及编号，包括除图形以外的文字、数字。

11. 包装方式及件数：本栏目按实际外包装方式填写，数量按包装的数量填写，使用阿拉伯数字。散装货物填写"1"。

12. 净重（千克）：净重指货物的毛重减去外包装材料后的重量，即商品本身的实际重量，使用阿拉伯数字填写，计量单位为千克，不足1千克的填写时保留2位小数。

13. 价格（币种）：本栏目按商品项目逐一填写货物实际成交的商品总价，使用阿拉伯数字填写。无实际成交价格的，本栏目填报货值，同时写明币种。

本栏目由承运人或其代理人自愿填写。

14. 发货人：本栏目填写向运输公司交付货物的企业的名称及地址。本栏目内容一行填写空间不足的，可逐行填写。

15. 收货人：本栏目填写最终收取货物的企业的名称及地址。本栏目内容一行填写空间不足的，可逐行填写。

16. 合计：填写有外包装的货物的实际件数，使用中文大写，并用阿拉伯数字附注。特殊情况，如为托盘装入集装箱的，可填写托盘数；散装货物填写为"1"。

填写所载货物的净重之和，单位为千克，使用中文大写，并用阿拉伯数字附注。

填写所载货物的总价值，使用中文大写，并用阿拉伯数字附注，写明币种。

17. 承运人声明：本栏目填写承运人正式全称，表明向海关承担相关责任。

18. 承运车辆进出境许可证号码：本栏目填写本车辆此次运输使用的有效的国际道路运输许可证号码。

19. 驾驶员姓名、签名、日期：姓名栏以正楷中文和俄文印刷字体填写驾驶员全名，签名栏由驾驶员本人填写其惯用签名，日期栏填写签名日期。

20. 合同号：本栏目填写进出口货物合同（协议）的全部字头和号码。加工贸易货物填写合同手册号。

21. 海关监管方式：本栏目根据实际情况，选择"过境"或"其他"，并在方格中标记"√"。

22. 备注：本栏目用于填写必要的相关信息，如因商品项目较多随附货运清表的，在此填写"随附××页货运清表"。

23. 各栏目填写后不得涂改。

三、中蒙两国电子化通关

为进一步深化中国和蒙古国两国海关间的联合监管合作，便利两国贸易往来，促进双边经济发展，两国海关决定运用信息化手段开展载货清单数据的传输工作，以电子化单证作为相关承运人向两国海关申报的单据凭证，并自 2018 年 12 月 1 日起在我国的二连浩特口岸、蒙古国的扎门乌德口岸试点启用，2019 年 1 月 1 日正式开始在中蒙双方口岸传输电子载货清单数据。我国海关从承运人向海关申报的进出境公路运输工具、货运舱单电子数据及发货人或其代理人向海关申报的报关单电子数据中提取相关数据作为载货清单的电子申报数据。其中，载货清单的"货物价格"数据从出口货物报关单的价格信息中提取。我国海关从进出境公路运输工具、货运舱单及报关单电子数据中提取的电子载货清单数据将作为中蒙海关联合监管交换数据在运输工具离境时向蒙古国海关传输。

◇ **同步练习**

1. 简述铁路运单的性质与作用。

2. 铁路运单采用哪两个国家的文字缮制？

3. 在本环节海、陆、空各种运输单证中哪些单证是可以用来提取货物、具有物权凭证性质的单证？对于非物权凭证单证，发货人在进出口业务操作中应注意哪些问题？对于物权凭证单证，货运代理人在办理业务时应注意哪些问题？

客服岗

KEFUGANG

客服部介于客户与其他部门之间，主要负责维护客户及协调客户与其他部门的工作，使客户真正体验并认可公司的服务宗旨和理念。

　　客服部负责两部分客户：一是公司分配的客户；二是其他部门业务员分配的客户。客服人员应认真对待公司的每一位客户，发挥自身的能动性，与客户勤沟通，以期建立良好的合作关系，并依托公司的平台以最好的服务吸引客户最终成为公司稳定的 VIP 客户资源。

　　在与客户沟通交流中必须做到态度认真，业务熟练，及时将公司的优势介绍给客户，同时做到掌握客户半月或本月内的出货计划，并坚持长期跟踪和维护。客户出货计划及寻单需在寻货日志中详细记载，以便跟踪及维护。

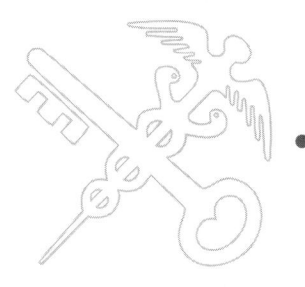

第十八章　熟悉岗位

DI-SHIBA ZHANG SHUXI GANGWEI

◇ **知识目标**

了解货运代理公司客服岗位的工作职责及素质标准。

了解国际货运代理的性质与作用。

了解国际货运代理的法律地位。

◇ **能力目标**

能够利用所学的知识分析货运代理行业的典型案例。

第一节　客服部工作人员的素质要求与工作职责

一、客服部工作人员的素质要求

客服岗位的工作人员是货代公司与客户打交道最多的人员。这里讲到的客户，包括国内、国外两个市场的客户。客服的工作质量直接关乎货代公司的整体形象。

除了良好的气质、标准的普通话、流利的英语及诚挚的服务意识这些基本素质要求外，客服人员还应对货运代理业务有较为全面的了解，并对与货运代理业务相关的法律法规有基本的了解，这样才能抓住机遇，为客户提供更为全面的服务，并在可能发生的业务纠纷中，表述严谨，有理、有利、有节地维护公司的利益。

二、客服部工作人员的工作职责

作为货代公司的客服人员，应时刻牢记自己代表着公司的形象。在工作中应牢记以下工作职责：

1. 接到客户的委托书要认真审核，确认是否有委托章，是否标明海运费及其他杂费，是否明确了委托事项（如是否需要陆路运输等），起运港、目的港是否正确。

2. 审核后将委托书交给相应的操作人员，并将客户的要求向操作人员交代清楚，避免发生疏漏，给客户及公司造成损失和不利影响。

3. 接单后客服人员要随时注意跟踪，包括客户是否在最短的时间内得到入货通知或调箱单、对公司的操作人员是否满意、工作中是否有需要改进的方面等。

4. 当货物操作完毕，提单回到财务部后，客服人员负责领取提单，做到开船后第二天安排将提单寄至或送至客户处。

5. 当客户是操作部或其他部门分配的客户时，要注意与相关人员协调，并告知相关人员其客户有货物出运，确认提单的领取方式，开船后第二天负责从财务部领取提单并及时安排寄至或送至客户处。

6. 客服部安排寄送提单给客户时，必须将发票随附提单一起寄出，并必须随附提单发票签收单，要求客户签字回传，然后转交单证部人员入卷留档。若不需正本提单，或情况特殊而致发票不能随提单寄出，也要在第一时间将发票寄到客户处，并随附发票签收单。不可因忘记寄发票导致收费延长时间。

7. 客服部负责向其维护的客户收款。做到提前与客户对账，提前核对发票是否收到，账期内将款项收回。如出现客户有欠款等情况，要注意做到与客户在开船之前协商解决，避免因欠款扣单延长客户取提单时间，给客户造成损失。

8. 报关核销单退回后，前台人员在报关单据登记本上及时登记，详细登明取回日期及接收人员。之后将核销单转至财务部，财务部负责将其取回并将送出日期输入系统，客服人员应随时注意查看信息，以免耽误客户领取时间。寄送核销单必须随附核销单签收单，并要求客户签字回传，然后转交财务部相关人员留档备查。

总之，客服的主要作用是协调客户和操作部之间的工作，维护客户、跟踪服务，反馈客户对公司的意见和建议，协助操作部做好各项工作，使客户真正体会到货代公司的优质服务。

第二节　了解自我

一、国际货运代理的定义

"国际货运代理"一词来源于英文的"Freight Forwarder"和"Forwarding Agent"两个词组。因各国货运代理业的历史发展、管理体制和法律文化等各不相同，对于货运代理的称谓、定义也有所不同。

据国际货运代理协会联合会（FIATA）对货运代理的定义，货运代理是"根据客户的指示，为客户的利益而揽取货物的人，其本人并非承运人"。货运代理也可以从事与运送合同有关的活动，如储货、报关、验收、收款。

在我国，"货运代理"一词具有两种含义：一是指货运代理业；二是指货运代理人。

据《中华人民共和国国际货物运输代理业管理规定》第二条，"国际货物运输代理业"是指接受进出口货物收货人、发货人的委托，以委托人的名义或者以自己的名义，为委托人办理国际货物运输及相关业务并收取服务报酬的行业。而所谓"国际货运代理人"是指从事上述行业的企业。

二、国际货运代理的性质

与概念相对应，对于国际货运代理的性质，也可以从国际货运代理业和国际货运代理人两个角度来解释。

1. 国际货运代理业的性质。国际货运代理业是一个相对年轻的行业，作为服务行业，在社会产业结构中属于第三产业，服务于除了农业、采矿业、加工制造业以外的第四个物质生产部门——交通运输业，属于运输辅助行业。

2. 国际货运代理人的性质。国际货运代理人本质上属于货物运输关系人的代理人，是联系发货人、收货人和承运人的货物运输中介人。其既代表货方，保护货方的利益，又协调承运人进行承运工作。也就是说，在以发货人和收货人为一方、承运人为另一方的两者之间起着桥梁作用。

三、国际货运代理的作用

国际货运代理企业通晓国际贸易环节，精通各种运输业务，熟悉有关法律、法规，业务关系广泛，信息来源准确，并与各种承运人、仓储经营人、保险人、港口、机场、车站、堆场、银行等相关企业，海关、进出口管制等有关部门存在着密切的业务关系。因此，无论是对于进出口货物的收、发货人而言，还是对于承运人和港口、机场、车站、仓库经营人而言，国际货运代理公司都起着重要的桥梁和纽带作用，它不仅可以促进国际贸易和国际运输事业发展，而且可以为国家创造外汇来源，对于本国国民经

济发展和世界经济的全球化都有重要的推动作用。仅对委托人而言，国际货运代理可以发挥以下作用。

（一）专业协调作用

凭借丰富的运输知识及其他相关知识，国际货运代理人不仅可以组织运输活动，设计运输路线，选择运输方式和承运人（或货主），还可以协调货主、承运人及其与仓储保管人、保险人、银行、港口、机场、车站、堆场经营人和海关、进出口管制等有关部门的关系，很好地完成"门到门"运输的组织和协调。这可节省委托人大量时间，减少许多不必要的麻烦，使其专心致力于主营业务。

（二）专业服务作用

国际货运代理人的本职工作是利用自身专业知识和经验，为委托人提供货物的承揽、交运、拼装、集运、接卸、交付服务，接受委托人的委托，办理货物的保险、通关、进出口管制等手续，甚至有时要代理委托人支付、收取运费，垫付税金和政府规费。国际货运代理人通过向委托人提供各种专业服务，可以使委托人不必在自己不够熟悉的业务领域花费太多的心思和精力，使不便或难以依靠自己力量办理的事项得到恰当、有效的处理，有助于提高委托人的工作效率。

（三）沟通控制作用

国际货运代理人拥有广泛的业务关系、发达的服务网络、先进的信息技术手段，可以随时使货物运输关系人之间、货物运输关系人与其他有关企业、部门之间保持有效的沟通，对货物运输的全过程进行准确跟踪和控制，保证货物安全、及时运抵目的地，顺利办理相关手续，准确送达收货人，并应委托人的要求提供全过程的信息服务及其他相关服务。

（四）咨询顾问作用

国际货运代理人通晓国际贸易环节，精通各种运输业务，熟悉有关法律、法规，了解世界各地的有关情况，信息来源准确、及时，可以就货物的包装、储存、装卸和保管，货物的运输方式、运输路线和运输费用，货物的保险、进出口单证和价款的结算，领事、海关、进出口管制等有关部门的要求等向委托人提出明确、具体的咨询意见，协助委托人设计、选择适当的处理方案，避免或减少不必要的风险、周折和浪费。

（五）降低成本作用

国际货运代理人掌握货物的运输、仓储、装卸、保险等市场行情，与货物的运输关系人、仓储保管人、港口、机场、车站、堆场经营人和保险人有着长期、密切的友好合作关系，拥有丰富的专业知识和业务经验、有利的谈判地位及娴熟的谈判技巧，通过国际货运代理人的努力，可以选择货物的最佳运输路线、运输方式，最佳仓储保管人、装卸作业人和保险人，争取公平、合理的费率，甚至可以通过集运效应使所有相关各方受益，从而降低货物运输关系人的业务成本，提高其主营业务效益。

（六）资金融通作用

国际货运代理人与货物的运输关系人、仓储保管人、装卸作业人及银行、海关等相互了解、关系密切、长期合作、彼此信任，国际货运代理人可以代替收、发货人支付有关费用、税金，提前与承运人、仓储保管人、装卸作业人结算有关费用，凭借自己的实力和信誉向承运人、仓储保管人、装卸作业人及银行、海关提供费用、税金担保或风险担保，可以帮助委托人融通资金，减少资金占压，提高资金使用效率。

四、国际货运代理的法律地位

（一）结合相关法律及制度分析货运代理的法律地位

根据货代在办理国际货运业务时使用名义的不同，货代的法律地位可以分为以下两种情况：

1. 以委托人名义为托运人办理国际货物运输及相关业务。这是货代最原始的状态，他以单纯的托运人代理身份出现，产生的法律关系实际上就是民法上最普遍的直接代理，各当事方地位简单清楚。其法律关系如下所示：

托运人 —委托→ 国际货代 —以代理人身份→ 第三人（承运人）
（被代理人）（代理人）

但在适用民法有关代理制度的规定时，应注意到民法和商法的冲突。例如，禁止双方代理的规定并不适用于货代业务，特别是考虑到提单流通性和标准化的特点，法律在认定此法律关系效力时应做变通解释。

2. 以自己的名义为托运人办理国际货物运输及相关业务。这时货代能以自己的名义与第三人订立合同，其前提是他和托运人之间存在合同关系，依据该合同性质，是委托合同还是运输合同，可以具体分为以下两种情况：

（1）托运人与货代订立的是委托合同。

托运人 —委托合同→ 国际货代 —运输合同→ 第三人（承运人）

如上所示，国际货代根据自己与托运人的委托合同，经由托运人授权，以自己的名义办理货运。这里根据货代在与第三人交易时是否披露自己作为受托人的身份，又可以分为：①货代以自己的名义办理货运，但表明其代理人身份。这时只要货代公开了自己的法律地位，无论是否披露委托人是谁，根据英国代理法专家鲍斯泰德的观点，"只要第三人在进行商事活动时意识到有一个被代理人的存在，而不认为自己是单独和代理人打交道，被代理人的身份就算是公开的。至于被代理人究竟是谁，被代理人的姓名是否告知第三人，第三人能否查清被代理人的姓名都无关紧要"，均可以构成代理关系，其法律地位仍等同于民法中一般意义的代理人。②货代以自己的名义办理货运，但不表明自己代理人的身份。这种情况构成英美法系的未披露本人的代理，与民法中一般意义上的代理不同的是，在因第三人或委托人的原因致使货代无法向对方履行义务时，货代才有义务披露该法律关系，并产生第三人的选择权、委托人的介入权，但并不因此而排除货代履行其他合同义务和承担责任。

（2）托运人与货代订立的是运输合同。

如下所示，这时货运过程中存在两个运输合同：

托运人 $\xrightarrow{\text{运输合同A}}$ 国际货代 $\xrightarrow{\text{运输合同B}}$ 第三人（实际承运人）

在运输合同 A 中，货代对托运人而言充当了承运人的角色；在运输合同 B 中，货代对实际承运人而言又充当了货主的角色。两个合同形成一个关系链，货代在其中分别处于不同的法律地位，承担不同的法律责任。如果发生纠纷，首先要确定争议存在于哪一个合同中，再确定货代的角色与责任。这种法律关系特别是在货代充当无船承运人或多式联运经营人时更为常见。

此外，货代在实务中还可能以实际承运人（如在多式联运的部分区段实际承运货物）的身份出现，此时货代的法律地位已经突破了代理，成为当事人，不再由民法代理制度或合同法的委托制度调整，这里不做分析。

（二）结合货运代理行业实践分析货运代理的法律地位

货代参与不同业务的经营，处于不同法律关系时，其法律地位有很大差异，可以分为狭义代理（传统意义上的代理）、独立经营人及综合服务提供者三种情况，其业务性质与作用也相差甚远。

1. 传统意义上的货代的法律地位

"货运代理"一词虽然在国际上尚没有形成统一的定义，但在很多权威机构、国内立法、法律辞典的定义解释中，均体现了传统意义上货代的法律地位，即货主的代理人、连接货主与承运人的中间人，并不参与实际运输。这也是货代的基本性质所在。

传统意义上的货代主要义务是接受托运人指示，就有关货物的运输及相关环节提供服务，合理谨慎地代理托运人安排运输、选择承运人，只要履行了这项义务，就无须对所安排运输的货物的货损、货差承担任何责任。此时，货主与货代的关系受民法和合同法有关代理、委托制度的调整，是单纯的代理人与被代理人、委托人与被委托人的法律关系。

2. 作为独立经营人的货代的法律地位

信息化的发展和客户需求的不断提高，使得传统货代纷纷拓展业务范围，使其由"中间人"向独立经营人转变。《中华人民共和国国际货物运输代理业管理规定实施细则》第二条规定，国际货代可以作为独立经营人从事国际货代业务。作为独立经营人的"货运代理"已经突破了民法中"代理"的本意，处于相对独立于货主的地位，一方面接受货主的指示，为实现货主的利益而服务；另一方面在履行委托义务时也会为自己的利益而打算。一般来说，作为独立经营人的货代应具备以下法律特征：一是接受进出口货物收货人、发货人或代理人的委托；二是可以签发运输单证；三是有义务履行运输合同，承担承运人责任；四是收取运费及服务费。

作为独立经营人的货代，因业务经营范围的不同，法律地位也会有所差异。

（1）作为无船承运人的货代。

随着巨型集装箱船大量应用，货运业务量增长，传统意义上的货代利用自己不经营船舶，以及在经营投入、管理成本、风险负担及揽货能力等方面的竞争优势，承担了责任转化器的功能，发展成为无船承运人。从业务经营特征来看，无船承运人通过拼箱拆箱，将不同托运人的货物组合成货物组（通常为集装箱），与实际承运人签订运输合同，将货物交付运输。

作为无船承运人时的货代，是托运人和实际承运人之间特殊类型的中间人。对于托运人来说，是承运人，签发运输单证（货代提单，House B/L），承担运输责任，并按照自己的运价本向托运人收取运费；对于实际承运人来说，是托运人，接受实际承运人签发提单，并按照实际承运人的运价本支付运费。此时，在货物运输中存在着两个运输合同：货代和托运人之间的运输合同与货代和实际承运人之间的运输合同。这种背靠背式的合同简化了当事人的法律关系，也使法律责任的承担更为直接。

在责任承担上，货代此时作为双角色的扮演者，一方面对货运中的货损、货差或延迟交货，会首先依据自己与承运人签订的运输合同追究实际承运人的责任，再对托运人承担有关责任；另一方面，就托运人的基本义务内容向实际承运人负责，例如，保证提供或申报货物的基本情况，提供货物规定的包装，及时交付运费等。

（2）作为多式联运经营人的货代。

实践中，作为独立经营人的货代更多出现在多式联运经营中，充当契约承运人，甚至是实际承运人，此时货代与承运人已经没有太大区别。特别是在由船公司、航空公司、铁路运输部门设立的货运代理，实际承运人和货代实质上已融为一体。如果说作为无船承运人的货代突破了单纯代理的身份，作为多式联运人的货代则由单纯的代理人、兼负代理人和经营人的双重身份正式发展为独立承担运输责任的当事人。此时货代已不再是托运人或参加联运承运人的代理，而是多式联运的当事人，是一个独立的法律实体。

对于托运人来说，此时货代是货物的承运人，以国际多式联运经营人的身份同货主订立多式联运合同，签发联运单证，收取全程运费，负责货物"门到门"的全程运输；对于区段分承运人来说，货代是货物的托运人，与分承运人订立运输合同，接受分提单，向各区段承运人支付运费。托运人与区段承运人并不存在任何合同关系。

作为多式联运经营人的货代，无论是否拥有自己的运输工具，是否实际参与运输，都要适用海商法关于多式联运经营人的规定，承担多式联运经营人的责任：一方面负有合理谨慎选择和监督区段承运人的责任；另一方面需要照管运输期间的货物，履行多式联运合同，负责全程运输。

3. 从事综合业务经营时货代的法律地位

以混合身份从事综合业务活动的货代，在业务的不同阶段、不同环节，处于不同的法律地位，享有不同的权利，承担不同的义务和责任。有时作为代理人，有时作为承运人，有时作为仓储保管人或其他独立经营人从事经营活动。业务范围已不再局限于传统的进出口货运，而是最大限度地根据客户要求提供服务，可能涉及多种法律关系。实践中通常表现为从事物流业务的货代，如我国最大的货运代理企业——中国对外贸易运输（集团）总公司这类从货代业务做起的企业已经基本形成一个以货物运输为主业，运贸、运工、运技相结合，集专业化、多功能、综合性为一体的大型企业集团，实行一业为主，多种经营。

这时货代的法律地位是当事人，而不是其他服务提供者的代理。服务的内容发展为集运、存货管理、分拨服务、加贴商标、订单实现、属地交货、分类和包装等，已经完全突破货物运输，还为客户提供所需要的综合服务。如果再使用"货代"一词似应做扩大解释，如将货代服务定义为"各类与运输、拼装、积载、管理、包装或分拨、国际快递、仓储、物流配送相关的服务，以及相关的辅助和咨询服务"。

此时货代承担的责任应当结合具体行为的性质、活动身份和业务情况，按照各行业相应的法律规范综合加以确定。

五、国际货运代理业风险细分

（一）操作风险

操作风险主要有选择承运人不当；选择集装箱不当；未能及时搜集、掌握相关信息并采取有效措施；对特别货物未尽特殊义务；工作不认真，操作失误；遗失单据；单据缮制有误等。这些行为都有可能给客户带来损失，导致索赔风险。

（二）信用欺诈

目前，很多货运代理人为了承揽生意，吸引货主，往往采取垫付运费及其他相关费用的方式，而这一点恰恰被个别货主钻了空子。个别货主往往在前几票业务中积极付费，表现出具有良好信誉的假象，在获取货运代理人的信任后，在随后的某一大票业务中由货运代理人垫付巨额费用后，人去楼空。

货主为了逃避海关监管，可能会虚报、假报进出口货物的品名及数量，当货运代理人（包括报关行）代其报关后，经海关查验申报品名、数量与实际不符时，货运代理人可能首当其冲，受到海关的调查和处罚。

在集装箱运输方式下，由于货物不便查验，货主可能会实际出运低价值的货物，而去申报高价值的货物，并与收货人串通（或者收货人就是该货主或其关联企业）伪造出具假发票、假信用证、假合同，当货物到达目的地，通过各种手段骗取无单发货后，发货人凭正本提单向货运代理人索要高于出运货物实际价值的赔偿。

（三）提单风险

倒签、预借提单现象比较普遍，凭保函签发清洁提单或无单放货的情况更是普遍，船公司为了规避自己的风险，一般在货主提出上述要求时，要求货主出具保函。但经常由于货主远在异地或者货主的资信不能得到船公司的信任和认可，船公司会要求货运代理人出具保函以保证承担由此引起的一切责任，或要求货运代理人在货主出具的保函上加盖公章，承担连带担保责任。

有的货运代理人为向货主表现自己"优质"的服务质量，随意地按照船公司的要求出具保函。货运代理人此时仅是货主的代理人，出具保函的行为是超越代理范围的自身行为，因此货运代理人所承担的风险责任也远远超越了其应当承担责任的范围。

(四) 法律适用风险

货运代理人在作为国际多式联运经营人时，由于货物运输可能同时采取几种运输方式，货物运输的路段也会涉及几个国家，每一种运输方式所适用的法律不同，其规定的责任区间、责任限额、责任大小都不尽相同，而不同国家的具体法律规定又是不同的，这就有可能导致法律适用问题，从而给货运代理人造成风险损失。

由于各地的海关监管及其他相关监管的法律法规的规定不尽相同，而且货运代理人又不能完全熟悉掌握，尤其是对一些最新出台的法规，货运代理人缺少信息追踪及相关信息调研部门，极有可能会触犯这些规定，从而招致处罚，轻则罚款，重则有可能被吊销当地的经营资格。

(五) 职员个人行为风险

企业的经营活动是通过其职员完成的，但并不是所有的职员都忠实可靠，他们的个人行为往往以公司职务行为为掩护，让货运代理企业无法辨别，误认为其个人行为为公司行为，当个人攫取利益逃之夭夭后，又无从向其原单位索赔，从而导致经济损失。

例如，个别职员长期负责领取提单、支票等，货运代理企业往往会对其放松警惕，该职员在与原单位解除劳动关系后，仍然冒名领取提单或骗取支票，事后由于该职员没有原单位的书面明确授权，货运代理企业往往自食其果。又如，个别职员在某单位从事订舱工作，其在做公司正常业务的同时又承揽私人的业务，"公务"和"私务"交杂在一起，货运代理企业很难区分，往往会造成不必要的麻烦。

◇ **同步练习**

1. 讨论货代公司客服岗位工作人员应具备哪些素质，思考自己是否适合从事这项工作并说明理由。

2. 案例学习。

某国际货运代理企业经营国际集装箱拼箱业务，由于它签发自己的提单，所以它是无船承运人（以下称为无船承运人）。某年9月15日，该无船承运人在自己的集装箱货运站将分别属于六个不同发货人的拼箱货装入一个20英尺的集装箱，然后向某班轮公司托运。该集装箱于9月18日装船，班轮公司签发给无船承运人CY/CY交接的FCL条款下的主提单一套；然后，无船承运人向不同的发货人分别签发了CFS/CFS交接的LCL条款下的分提单共六套，所有的提单都是清洁提单。9月23日，载货船舶抵达提单上记载的卸货港。第二天，无船承运人从班轮公司的堆场提取了外表状况良好和铅封完整的集装箱货物，并在卸货港自己的集装箱货运站拆箱，拆箱时发现两件货物损坏。9月25日，收货人凭无船承运人签发的提单前来提货，发现货物损坏。

请问：

（1）收货人向无船承运人提出货物损坏赔偿的请求时，无船承运人是否要承担责任？为什么？

（2）如果无船承运人向班轮公司提出集装箱货物损坏的赔偿请求，班轮公司是否要承担责任？为什么？

（3）无船承运人如何防范这种风险？

第十九章 熟知业务

DI-SHIJIU ZHANG SHUZHI YEWU

◇ **知识目标**

熟悉租船运输的相关知识。

了解新舱单系统。

熟练掌握货代常用英语单词及术语。

◇ **能力目标**

能够读懂租船合同。

能够通过新舱单系统查询到港货物状况。

能够读懂货代英语文书。

◇ **情境设置**

A物流有限公司客服王小姐在日常工作中，常常遇到一些新老客户为降低物流成本，加速货物运输而向其广泛咨询货运代理业务的情况。这使王小姐深感自身必须多学习一些专业知识和技能才能胜任工作。

第一节 租船运输

天津S国际贸易公司的宋先生致电王小姐，咨询一批设备的租船出口业务，为了更好地回答这个问题，王小姐查找了大量参考资料并向前辈认真学习了租船运输知识。

一、租船合同概述

租船是通过租船市场进行的。在租船市场上，船舶所有人是船舶的供给方，而承租人则是船舶的需求方。随着通讯技术越来越发达，双方当事人从事的租船业务绝大多数是通过电话、电传、电报或传真等现代通讯手段洽谈的。

在国际租船市场上，租船交易通常都不是由船舶所有人和承租人亲自到场直接洽谈，而是通过租船经纪人代为办理并签约的。租船经纪人非常熟悉租船市场行情，精通租船业务，并且有丰富的租船知识和经验，在整个租期交易过程中充当桥梁和中间人的角色，对顺利成交起着十分重要的作用。

一个完整的租船合同从洽谈到签订，通常要经过询价（又称"询盘"）、报价（又称"发盘"）、还价（又称"还盘"）、接受订租（又称"受盘"）、签订订租确认书、签署租船合同等几个环节。

订租确认书（Fixture Note）的签订即表示一项租船业务成交。订租确认书无统一格式，但其内容应详细列出船舶所有人和承租人在洽租过程中双方承诺的主要条款。当事人双方签署订租确认书后，各保存一份备查。

正式的租船合同实际是在合同关系已经确立后才开始编制的。双方签认的订租确认书实质上就是一份供双方履行的简式租船合同。签订订租确认书后，船东按照已达成协议的内容编制正式的租船合同，通过租船经纪人送交承租人审核。如果租船人对编制的合同没有异议，就可签字。

（一）航次租船合同

航次租船合同是指船舶出租人向承租人提供船舶或者船舶的部分舱位，装运约定的货物，从一港运至另一港，由承租人支付约定运费的合同。

航次租船中，根据承租人对货物运输的需要，采取不同的航次数来约定航次租船合同。航次租船合同类别主要包括单航次租船合同（Single Trip or Single Voyage Charter）、往返航次租船合同（Return Trip or Return Voyage Charter）、连续单航次租船合同（Consecutive Single Voyage Charter）、连续往返航次租船合同（Consecutive Return Voyage Charter）等。

在航次租船中，目前以"金康"格式应用最为普遍。"金康"是"统一杂货租船合同"的租约代号。

(二) 定期租船合同

定期租船合同是指船舶出租人向承租人提供的，约定由出租人配备船员的船舶，由承租人在约定的期间内按照约定的用途使用，并支付租金的合同。

国际上通常使用的定期租船标准合同范本主要有以下几种：

1. 统一定期租船合同 (Uniform Time Charter)，代号为"巴尔的摩"(BALTIME)，由波罗的海国际航运公会 (The Baltic and International Maritime Council, BIMCO) 于1909年制定。该范本在很多条款上对出租人比较有利。

2. 定期租船合同 (Time Charter Party)，代号为"土产格式"(Produce Form)，由美国纽约土产交易所 (New York Produce Exchange, NYPE) 于1913年制定。因此，航运界也称此格式为"NYPE"或"纽约格式"。该格式经过1921年、1931年、1946年、1981年和1993年5次修订。该范本的条款对双方比较公平，是目前常用的一种格式。

3. 定期租船合同 (Time Charter Party)，由中国租船公司制定，代号为"中租1980"(SINOTIME 1980)，该范本在条款上对承租人比较有利。

二、租船合同条款

(一) 航次租船的主要合同条款

航次租船合同也称为"程租船合同"，其主要条款包括：

1. 合同当事人。航次租船的当事人应该是船舶所有人和承租人。合同中需要列明船舶所有人和承租人的名称、地址等详细信息。

2. 船舶概况。一般合同中对于船舶概况的规定包括船舶的各种参数指标，如船名、船籍、船级、船舶的吨位等。

3. 装卸港口。在航次租船合同中，有关装货港和卸货港的规定也是合同的重要规定。这个条款的制订情况一般有两种：一是具体列明装货港和卸货港的名称；二是不具体列明港口名称，只规定一个大致的范围，由租船人选择。在第二种情况下，租船人选定港口后，应及时通知船东。为避免争议，合同中一般均写明租船人应何时通知船东，如"船过某某海峡（港口）之前租船人应告知船东所选港口"。另外，选港一经确定，租船人就不能任意更改。

4. 船舶受载期及解约日。受载期是指所租船舶到达指定装货港或地点并已做好装货准备，随时接收货物装船的期限。受载期可以具体定在某一天，但习惯上规定为一个期限（如5~10天），以适应海上船舶航行和货运活动的实际情况与要求。解约日是指指定船舶未能在受载期限抵达指定装货港或地点，按合同规定承租人行使解除与出租人的合同关系的日期。解约日通常定在受载期限的最后一天。

5. 货物种类及数量。货物条款是航次租船合同的条件条款。其内容包括货物的品名、种类、数量及包装形态等方面。运送不同种类和性质的货物，对船舶的结构、设备及管理上有不同的要求，而且与船舶的经营管理和经济利益密切相关。因此，货物条款是航次租船合同中关乎船东及租船人双方切身利益的重要内容。

6. 运费及支付办法。运费的计收方法通常有按运费率和整船包干运费两种。按运费率，即按所载货物的每单位重量或单位容积所表明的金额（如30美元/公吨）计收；整船包干运费，即按提供的船，定一笔整船运费，多适用于泡货。

在运费的支付时间上，运费可以预付，即在签发提单时支付，也可以到付，即在船到目的港后支付。

7. 装卸费分担条款。

（1）班轮条款（Liner Terms），是指由船舶所有人负责雇佣装卸工人，并负责支付装卸及堆装费用。具体地讲，在装货港，承租人只负责将货物送至码头、船边，并置于船舶吊钩之下，船舶所有人则在船舶吊钩所及之处接收货物；在卸货港，船舶所有人负责在船舶吊钩之下交付货物，承租人则在船舶吊钩之下接收货物。至于费用的划分也完全以此为标准。

在航运实践中，有人误认为只要合同中订立了班轮条款，则此种运输就完全应按照班轮运输的条件来进行，实则不然。所谓的班轮条款，仅仅是在装卸费的分担问题上仿效了班轮的做法，即由船舶所有人承担装卸费用，而不涉及其他的权利和义务。

（2）船舶所有人不负担装货费用条款（Free In，FI），又称"舱内收货条款"。在这一条款之下，船舶所有人在装货港只负责在舱内收货，装货费用由承租人负担，而在卸货港所发生的费用则由船舶所有人负担。

（3）船舶所有人不负担卸货费用条款（Free Out，FO）。按照该条款，在装货港由船舶所有人支付装货费，在卸货港船舶所有人只负责舱内交付货物，而卸货费则由承租人负担。

（4）船舶所有人不负担装卸费用条款（Free In and Out，FIO），又称"舱内收、交货条款"。在此种条款下，船舶所有人只负责在舱内收、交货物，在装卸两港由承租人雇佣装卸工人，并承担装卸费用。

（5）船舶所有人不负担装卸、积载及平舱费用条款（Free In and Out，Stowed and Trimmed，FIOST），又称"舱内收、交货并负责积载费用条款"。该条款与班轮条款完全相反，船舶所有人不负责有关装卸的所有费用，所有雇佣装卸工人及有关的装卸费用均由承租人负担。

8. 装卸时间条款。装卸时间是指"合同当事人双方约定的船舶出租人使用船舶并且保证船舶适于装卸货物，无须在运费之外支付附加费的时间"，也可以说是承租人和船舶所有人约定的，承租人保证将合同货物在装货港全部装完和/或在卸货港全部卸完的时间。

（1）装卸时间的规定方法。

①不规定装卸日数。在英美法中，如果租船合同中未提及装卸时间，那么其法律地位就如同按装卸港口习惯尽快装卸（CQD）。

②订明装卸时间。订明装卸时间是指在租船合同中规定允许承租人装或卸货物的具体时间。例如，合同规定装货时间为4个晴天工作日，卸货时间为2个晴天工作日。

在租船合同中，装卸的时间往往是用天数来表示的，随着各种各样租船合同的订立，对于天数的表述也是多种多样的。航次租船合同中需要以一个具有一定含义的

"日"的概念来表示和计算装卸时间。

A. 日（Day）。根据《1993 年航次租船合同装卸时间解释规则》（以下简称《1993 年规则》），"日"是指从午夜零点至午夜 24 点连续 24 小时的时间。不足一天按比例计算。

B. 连续日（Running Day or Consecutive Day）。根据《1993 年规则》，"连续日"是指一天紧接着一天的日数，即每一天，连续经过、中间不存在中断，包括所有的日子，如周六、周日和假日等。英美判例法的不断发展，确认了连续日的含义与日（day）完全相同，即不论是由于天气原因不能装卸货物，还是因为节假日不能装卸货物，装卸时间都连续计算，不做任何扣减。

C. 工作日（Working Days）。根据《1993 年规则》，工作日是指没有被装卸时间明确排除在外的日数。

D. 晴天工作日（Weather Working Days）。根据《1993 年规则》，晴天工作日、24小时晴天工作日和连续 24 小时晴天工作日 3 个术语的含义是一致的，即除去天气不良影响船舶装卸任何时间之外的连续 24 小时晴天工作日。

为了明确周日、节假日排除在晴天工作日之外，避免争执，租船实务中通常又在晴天工作日之后加上不同的表述：

WWDSHEX（WWD Sunday and Holiday Excepted），即晴天工作日，周日和节假日除外；

WWDSHEXUU（WWD Sunday and Holiday Excepted, Unless Used），即晴天工作日，周日和节假日除外，除非已使用，但仅按照实际使用时间计算；

WWDSHEXEIU（WWD Sunday and Holiday Excepted, Even if Used），即晴天工作日，周日和节假日除外，即使已使用。

③规定一定的装卸定额。租船合同中有时并没有规定具体的时间，仅规定一定的装卸定额，装卸时间则是根据所装货物的具体数量除以一定的装卸率得出的。租船实务中规定一定的装卸定额的方法有 3 种：每天装卸多少吨；每天每舱装卸多少吨；每天每工作舱装卸多少吨。

（2）装卸时间的起算、中断和终止。

①装卸时间的起算。对于装卸时间的起算，需要船舶满足以下 3 个条件：船舶抵达租船合同规定的装卸地点；船舶已经备妥可装卸货物；在第一装港或第一卸港，船长要递交装卸准备就绪通知书（NOR）。当然，真正起算还可能要经过一个通知时间（Notice Time）。

A. 船舶抵达。在泊位租约中，若想起算装卸时间，船舶必须已抵达泊位，此时港口拥挤的风险是由船舶所有人承担的，所以在泊位租约中往往可以看到"无论船舶靠泊与否（Wheter in Berth or Not）"字样，这样一个条款就可以使一个泊位合同变成一个港口合同，但是这种说法仅仅表示如果是泊位被其他船舶占着而使本船无法靠泊，可以起算装卸时间；而如果是泊位空着，由于天气不好等其他外在原因使船舶不得驶入，是不得起算装卸时间的。

在港口租约中，船舶必须要到达指定的港口才算到达。这是一个明示的责任，船舶所有人必须无条件地遵守。倘若遇到港口严重拥堵，在等待进港时的时间损失完全由船舶所有人承担。这时船舶所有人为了保护自己的利益都会加上一条"无论进港与否（Whether in port or not）"，这样就可以起到一定的保护作用。

B. 备妥可装卸货物。这主要是指船舶在各方面做好装货或卸货的准备，即在配备船员，使机器的各个转动部分、装卸工具随时处于可供使用状态，以及使船舶随时处于可立即进行装卸货物的状态等方面都已为装卸货物做好准备。

C. 递交装卸准备就绪通知书。在船舶完成上述事项之后，船长就可以向承租人递交装卸准备就绪通知书，通常在租船合同中都会规定，递交装卸准备就绪通知书需要在承租人的办公时间内进行递交，并规定递交装卸准备就绪通知书之后一段时间起算装卸时间。如上午递交，13 时起算；下午递交次日 6 时起算。这一规定时间被称作通知时间。

②装卸时间的中断。在租船合同中，如果订明了装卸时间，那么无论是直接写明还是需要通过复杂的计算最终得出，承租人都有严格执行的责任，要在规定的装卸时间内装卸完货物，否则就是违约，从而导致滞期费的索赔。在普通法下，是没有中断装卸时间的规定的。但是在英美法中有默认的原因可以中断装卸时间，即由于船舶所有人的过失或者错误导致承租人不能继续进行装卸作业，这段时间是可以从允许的装卸时间中扣减的。因此，在一般情况下，要想中断事由，装卸时间的计算，除了船舶所有人的错误外，必须在租船合同中有专门的约定，对中断均要按照租船合同中规定的事项进行，换句话说，这种中断必须是租船合同中专门针对装卸时间的、单独的除外免责条款。租船合同中泛泛的免责条款是不能中断装卸时间的计算的。租船实务中装卸时间的中断事由通常包括坏天气、节假日、移泊时间、罢工、船舶所有人的过错、装卸设备故障等。

③装卸时间的终止。装卸时间是在装卸作业完成的一刻结束的，即将船舶在港内等待开航的时间从装卸时间当中予以扣减。当然在租船合同中如果有其他的约定，则要按照租船合同的规定执行。在租船合同中往往会有一条适航平衡条款，主要是要求承租人在装货或卸货完毕之后，要使船舶处于适航的状态，以便开到第二个装港或卸港进行装卸作业。

（3）装卸时间的计算方法。

在航次租船合同中，装卸时间的计算方法有分别计算和装卸时间统算等方法，作为滞期费或速遣费的核算基础。

①装卸时间的分别计算。装卸时间分别计算是指航次租船合同中对装货港的装货和卸货港的卸货分别规定一定的时间，单独计算，不能将装货时间和卸货时间加在一起计算，也不能用一个作业中节省的时间抵消另一作业中超用的时间的一种用语。在通常情况下，如果航次租船合同没有特别规定，对装货港和卸货港的装卸时间是分别给予规定和单独核算的。

②装卸时间的统算。关于装货港和卸货港的装卸时间的统算，主要有 3 种约定方法。

A. 装卸共用时间（All Purposes）。装卸共用时间，是一种表明装货港和卸货港的装卸时间统一合起来使用的一种用语。例如，租船合同中规定"装卸时间共用时间为 9WWDSHEXUU"。

以这种用语表明的装卸时间统算，一般来说无须装货港或卸货港单独计算装卸时间，可以合并在一起计算。只要装卸港实际使用的装卸总时间未超过合同规定的合计时间，只会产生速遣时间而不会产生滞期时间。反之，如果装卸港实际使用的装卸总时间超过合同规定的合计时间，则只会产生滞期时间而不会产生速遣时间。但如果在装货港已将装卸港合计的允许使用时间用完，则在装货港已进入滞期，按照"一旦滞期，永远滞期"的原则，当船舶抵达卸货港后，立即连续计算滞期时间。

B. 可调剂使用装卸时间（Reversible Laytime）。可调剂使用装卸时间又称"装卸时间抵算"，是指承租人有权选择将约定的装货时间和卸货时间加在一起计算。它是一种可以用卸货港的允许使用时间调剂或抵算发生在装货港的速遣时间或滞期时间的一种装卸时间统算方法。

按照这种约定，承租人可将装货港的速遣时间计入卸货港的允许使用时间，而使卸货港的允许使用时间增加，或将装货港的滞期时间在卸货港的允许使用时间中扣除，而使卸货港的允许使用时间减少。

C. 装卸时间平均计算（Right to Average Laytime）。装卸时间平均计算又称"装卸时间均算"，是指分别计算装货时间和卸货时间，用一个作业中节省的时间抵消另一作业中超用的时间。它与"可调剂使用装卸时间"不同，虽然也分别单独编制装货时间计算表和卸货时间计算表，但并不以装货港的节省时间和滞期时间来调整原规定的卸货港的可用时间，而是单独根据卸货港的时间表，计算出卸货港产生的滞期时间或节省时间，再以装货港的节省时间或滞期时间来抵补卸货港的滞期时间或节省时间。

9. 滞期速遣条款。滞期费（Demurrage）是指，在规定的装卸期限内，租船人未完成装卸作业，给船方造成经济损失，租船人对超过的时间向船方支付一定的罚金。速遣费（Dispatch Money）是指，在规定的装卸期限内，租船人提前完成装卸作业，使船方节省了在港开支，船方向租船人支付一定的奖金。按惯例，速遣费一般为滞期费的一半。

滞期费的计算方法有两种：滞期时间连续计算和滞期时间非连续计算。前者是指从进入滞期的时刻开始，滞期时间一直连续计算至装/卸完毕，所跨过时间的任何一分一秒都计入滞期时间，也就是连续满24小时为滞期1天。后者是指从进入滞期的时刻开始，滞期时间计算至装卸完毕，滞期时间的计算方法同航次租船合同中对于装卸时间"日"的规定一致。

速遣费的计算方法也有两种：节省全部时间和节省全部工作时间。节省全部时间，是指从装/卸货完毕时起，速遣时间计算至可用装卸时间用完为止，所经历的所有时间都计入速遣时间；节省全部工作时间，是指用可用的装卸时间减去已用的装卸时间，结果即为速遣时间。

从合理的角度来讲，滞期费应该连续计算，而速遣费应按节省的全部工作时间计算，即非连续计算。实践中也多采用上述计算方法，而具体采用何种计算方法应以租约规定为准。装卸时间计算方法中的装卸时间统算，是出于公平并保护承租人利益的角度考虑的，但实际中，它并不能一定使承租人受益，这要视装卸的具体情况而定。但是装卸时间统算方法中的装卸时间均算，与装卸时间分别计算相比，确会使得承租人受益。

◇ **案 例**

某船于 6 月 5 日星期五上午 10 时抵达装货港并递交装卸准备就绪通知书，然后自星期六开始装货，直至 6 月 8 日星期一上午 6 时结束并起航驶往卸货港，该船于 6 月 24 日星期五上午 11 时抵达卸货港并递交装卸准备就绪通知书，然后自星期六开始卸货，直至 6 月 27 日星期一上午 6 时结束，在装卸过程中未发生过任何装卸间断。租船合同规定"装货时间为 1WWDSHEXUU，卸货时间为 3 WWDSHEXUU，星期天 13 时至星期一上午 6 时即使使用了也不计算；装卸准备就绪通知书在 12 时以前递交，装卸时间从当日 13 时起算；12 时后递交，装卸时间从次日早 6 时起算，滞期费费率为每天 3000 美元，速遣费费率为每天 1500 美元"。请回答下列问题。

1. 按装卸时间分别计算滞期费和速遣费。

2. 按装卸时间统算的 3 种方法计算滞期费或速遣费。

解： WWDSHEXUU 表示晴天工作日，星期天、法定节假日除外，除非已使用，但仅计算实际使用的时间。

1. 按装卸时间分别计算。

装货港：星期五 13 时起算，星期六 13 时进入滞期，共计滞期 1 天 17 小时。

承租人应支付滞期费 =1.71（天）×3000=5130（美元）。

卸货港：星期五 13 时起算，到星期日 13 时，使用了 2 天，即速遣 1 天。

船舶出租人应支付速遣费 =1×1500=1500（美元）。

2. 按装卸时间统算。

（1）按装卸共用时间计算。

根据合同规定，装卸共用时间为 4WWDSHEXUU。

实际装卸共用时间为 4 天，总体上既没有滞期也没有速遣。

（2）按可调剂使用装卸时间计算。

装货港滞期 1 天 17 小时，合同规定的卸货港的时间为 3 天，所以卸货港实际可用时间为 1 天 7 小时，因此卸货港从星期六 20 时开始进入滞期，滞期时间为 1 天 10 小时。

承租人应支付滞期费 =1.42（天）×3000=4260（美元）。

（3）按装卸时间平均计算。

装货港滞期 1 天 17 小时，卸货港速遣 1 天，总体滞期 17 小时。

因此，承租人要支付滞期费 =0.71（天）×3000=2130（美元）。

（二）定期租船的主要合同条款

1. 租船合同的当事人。在定期租船合同的开头，要把合同当事人船东和租船人两方的名称和地址清楚地列明。

2. 船舶说明。船舶说明中主要包括船名、船旗、建造年份、船级、登记吨、载重吨、吃水、载货容积、船速、耗油量等项目。

对租船人来说，船舶是否性能良好，是否符合货运的需要是至关重要的，因此，要求船舶所有人对船舶进行准确的描述。在实践中，有时使用专门的船舶规范技术表作为合同的附件。

3. 租期。租期就是租赁期限，即租船人使用船舶的时间，或者说是从交船时开始到还船时结束。定期租船合同中大致有下列 3 种约定方法：

（1）默示伸缩性规定，如"约 1 年"或"约 9 个月"。有时即便合同双方没有在租期前加上"大约"这个字眼，法庭在解释时仍会"默示"地给予一个伸缩期限。

（2）明示伸缩性规定，即在订明租期的同时，规定伸缩期及其选择权。如"约 1 年，25 天伸缩，由租船人选择"，即租期为 1 年，由租船人选择提前或顺延 25 天。这 25 天补充期限是租期的极限，不得超过。

（3）订明租期的最长最短期限，如"最少 3 个月，最多 6 个月"。这里最长、最短的期限就是严格规定的，一天都不能超出最长的期限，一天也不能少于最短的期限。否则，就以租船人违约论处。

原则上，租船人应在约定的租期届满之时，将船舶还给船东。但现实中，在很多情况下，船舶的最后航次结束之日不是租期的届满之日，而是延后了一段时间，因而就存在最后航次是否合法的问题，它可能涉及船东和租船人的经济利益，特别是在租期内租船市场行情起伏较大的情况下。如果最后航次是非法的，船东有权指令船长不予执行或要求租船人赔偿损失。即使在最后航次合法的情况下，如果租船人还船的时间超出了合同规定的租期，租船人也仍需负超期责任。

4. 航行范围。合同中一般会规定航行区域，即地理上的界限，也有规定为"世界范围"的，但往往有条件限制，如不得驶往战争地区、冰冻港口和不安全港口等。

5. 交船港及交船期。船舶所有人在合同约定的时间和地点，将合同中指定的船舶交给租船人使用的行为称为"交船"。交船通常会规定一定的期限，如果船舶所有人未按照合同约定的日期到达交船港交付船舶，租船人有权解除合同。而且，交船时船舶应该具备一定的条件，如船舶应适航，装货条件已准备就绪，货舱清扫干净适于装货等。

有关交船地点的规定，合同中一般有以下几种做法：

（1）在指定港口交船。在这种情况下，船舶只要进入指定港口的港区，就算抵达交船地点。

（2）指定码头或泊位交船。在这种情况下，租船人有一项默示义务，即指定的码头或泊位是可靠泊的。如果码头或泊位拥挤，造成船舶延损而导致租金损失，甚至过了销约期，租船人应对此负责。

（3）在指定港口的引水站交船。

（4）在指定港口领航员登船时交船。

（5）在航行途中某地点作为交船地点。

（6）在列名数港中由租船人选择。

6. 租金。租金率一般有两种规定方法：一种是每日若干美元，另一种是每载重吨每月 30 日若干美元。在签订合同时双方可从其中选择一种。租金从交船之日开始起算，到还船之时为止，交船日、还船日或合同终止日的时间均以格林尼治时间计算。

租船人使用船舶需要支付租金，定期租船合同中一般是规定整船每天若干金额。通常租金预付半月或一月，租船人按时支付租金是其一项绝对义务，在出现上次租金到期而应付租金还未付到的情况，或租船人所付金额少于应付金额时，船舶所有人有权撤船。也就是说，如果租船人在租期内未能按合同的规定，按期准时支付租金，船舶所有人就可以在不给租船人任何警告的情况下，把船舶从租船人那里撤回。这种权力习惯上被称为船舶所有人的撤船选择权。

租金的"准时"支付以"付到"为准，即按合同规定付到船舶所有人手里或者付到船舶所有人指定的收款银行和账户。租船人必须按时付租金。只有在以下3种情况下租船人可以停付租金：合同规定由于该种原因可以停付租金，如停租条款中规定的事项；由于船舶所有人方面的原因造成的船舶时间损失；船舶灭失。

7. 还船。还船是指租船人在合同约定的租期届满时，将船舶还给船舶所有人的行为。还船条款一般会规定还船日期和还船地点，另外还船也应该满足一定的条件：如抵达合同规定的还船港口或地点等。还船时船舶应具有与交船时同样良好的状态，但正常损耗除外。

8. 转租。明确租船人在整个租期的任何一段时间内，租船人有转租该船的自由，但租船人仍然有义务履行原来的租船合同。

9. 停租。停租是指在租期内，由于合同中约定的原因使租船人不能有效地使用船舶，因此在这段停止使用期间，租船人可以停付租金。

停租事项主要有船舶供应不足，船员不足或船员过失或罢工，火灾，船体、主机及设备的故障或损坏，搁浅等。

如果租船人认为应该停租，必须向船舶所有人发出"停租声明"，由于租金大多数情况下都是提前预付的，此停租期间的租金应从下次支付的租金中予以扣除。

停租时间是否应包括在租期内，要根据合同而定。如果合同中没有明确的规定，则一般认为停租时间不应算在租期内，即停租时间可以相应地延长租期；如果合同中有明确规定，则应依合同规定办理。

除了上述条款，定期租船合同中还有留置权，共同海损，罢工、战争、冰冻等条款，规定相关状况出现时双方的权利义务及相应的处理方法。

三、租船操作流程

经过学习，王小姐掌握了租船运输的基本知识，并穿针引线，协助天津S国际贸易公司的宋先生完成了租船出口业务。王小姐很高兴地意识到她的努力既扩大了自己的知识面，又巩固了A物流有限公司与客户的关系。事后，王小姐将宋先生这笔业务的办理过程记录了下来。

（一）业务背景

天津S国际贸易公司通过A物流有限公司向埃塞俄比亚航运公司（ETHIOPIA SHIPPING LINES）就100件、1080立方米、826.40吨的设备FOB出口，洽订租船协议，准备将该批货物运往印度孟买，采用信用证结算，装期2013年3月25日，货物可以叠放，接受放甲板。

（二）业务综述

租船合同是承租人以一定的条件向船东租用船舱货舱运输货物时，就相互间的权利和义务做出明确规定的协议。租船方式不同，合同范本和内容也不一样。在租船市场上，租船一般是通过经纪人进行的。从承租人提出租船要求到最后与船东签订租船合同，工作流程见图19-1。

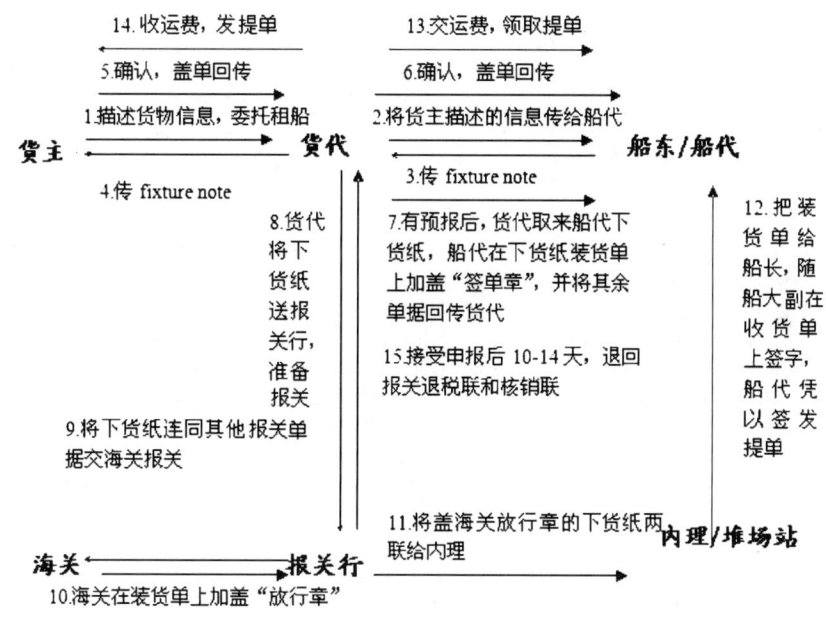

图19-1 租船操作流程图

（三）业务流程

1. 天津 S 国际贸易公司将需运输的这批设备的具体信息通过打电话的方式向 A 物流有限公司进行描述，即将运输的时间、是否可以放在甲板上、是否可以叠放等信息告诉 A 物流有限公司（2013 年 3 月 25 日装到船上，并且是可以放在甲板上的）。

2. A 物流有限公司再将天津 S 国际贸易公司描述的相关信息告诉船公司。

3. 船公司接受租船之后，出具一份订租确认书交货代确认信息。订租确认书内容见图19-2。

FIXTURE NOTE

DD：2013/03/20

1. ACCOUNTEE：TIANJIN A LOGISTICS CO.,LTD.

OWNERS：ETHIOPIA SHIPPING LINES

PERFORMING VESSEL：

MV NETSANET CRX 12. 5TS（OR TWO X35TS GEMINI）+2 DERR * 25TS +HL OF 125TS 5PD 14. 5 KN ON 27. 3 ML OF IFO 180 + 4 MGOS.

ADA WOG

2. CARGO：TT 1080 CUBIC METER, 826. 4MT 100PCS EQUIPMENT. 5%MOLCO MAX WEIGHT@ 34MT ZPCS IF CARGO ACTUAL WEIGHT/MEASUREMENT IS MORE THAN AS THE DBSCRIBED. OWNERS HAVE RICHT CHARGE FREIGHT BASIS ON THE ACTUAL WEIGHT/MEASUREMENT（CONFIRMED BY MEASURE SU）.

3. LOADING PORT：ISBP TERMINAL NO 1 TIANJIN CHINA DISCHARGING PORT：ISBP MUMBAI, INDIA.

4. LYCN：3. 25 MAR.

5. LOADING/DISCHARGING TERMS：FLT.

6. L/S/D IF ANY TBF OWNS ACCT.

7. FREIGHT××× W/M FLT.

8. 100% OCEAN FREIGHT TB PATD IN USD TO WENER NOMINATED BANK ACCOUNT WITHIN 3（THREE） BANKING DAYS AFTER COMPLETION OF LOADING THE ORIGINAL B/L WILL BE ISSUED/RELEASED ALWAYS AFTER OWNER'S BANK CONFIRMS RECEIPT OF FREIGHT FREIGHT DEEMED EARNED UPON COMPLETION OF LOADING DISCOUNTLESS AND NON. RETURNABLE WHETHER SH/P A/O CGO LOST OR NOT LOST.

9. L/D RATE：CQD BENDS BUT IN THE CGO/DOCUMENTS NOT READY UPON VSL ARRIVAL AT BONDS BUT NOT LIMITED TO LDG/DISCHG FACILITY SUCH AS FLOAING CRANE BARGE. BARGE TRUCK WAREHOUSE NOT AVAILABLE AT BENDS THE CHTRS SHALL PAY DETENTION CHARGE DETENTION：USD8000 PLPR, DE-TENTION IF ANY TB SETTLED W/N 3 DAYS AFTER COMPLETION OF LOADING/DISCHARGE AGAINST SUP-PORTING DOCUMENTS , AT LDG PORT DETENTON TO BE SETTLED TOGETHER WITH FRT BEFORE S/R OF BSL

10. THE CARGO SHALL BE RELEASD AGAINST ORIGINAL B（S）/L, CONGEN BILL TO APPLY.

11. MASTER TENDER THE NOR BY TLX/FAX/CBL UPON VSL/SARVL WWWW.

12. CARGO TO BE DELIVERED/RECEIVED F $ SHINC AS FAST AS VESSEL CAN LOAD/DISCH OTHERWISE DETENTION TO APPLY TIME OF WAITING FOR TRUCK TO RECEIVE CARGO AT LDG/DISCHG PORT APPLY AS DETENTION.

13. ALL CARGO TO BE DELIVERED/RECEIVED IN SEAWORTHY CONDITION（PACKED FOR OCEAN SHIP-MENT）WITH SUFFICIENT AND SUTTABLE LIFTING/LASHING POINTS & LUGS. SHOWING CENTER OF GRAVTY WHERE APPLICABLE, ALL OF WHTCH TO BE CLEAPLYY MARKED.

14. SHIPMENT：UNDER DECK：CARGO IS FULLY STACKABLE.

SPRCIAL EQUIPMENTS. IF REQUIRED, SUCH LIKE LIFTING SPRTADER, BEAMS AND/OR WIRE SLINGS FOR LOADING/DISCHARGING HEAVY LIFTS ARE TO BESUPPLIED BY SHIPPLIED BY SHIPPERS AND RECEIV-ERS AT BOTH EJDS.

15. SHIPSIDE TALLY TBF WOS ACCT. DOCKSIDE TALLY TBF CHTRS ACCT.

16. OWRS AGENT AT BOTH ENDS.

17. COMBINE CARGO ALLOWED AGAINST REASONABLE STOWAGE PLAN.

18. IF ANY DUES/TAXES ON VESSEL/FREIGHT TBF OWRS ACCT. IF ANY DUES. /TAXES ON CGO TO BE FOR CHTRS ACCOUNT.

19. LIGHTERAGE / LIGHTENING：IF ANY. SHALL BE AT THE ARRANGEMENT AND EXPENSES OF THE CHARTERERS.

20. O. A. P；IF ANY, TBF CHTRS ACCOUNT.

21. ARBITRATION, IF ANY , AT BEIJING AND CHINESE LAW TO APPLY.

22. G/A IF ANY TB ADJUSTED AS PER YORK. ANTWERP RULES 1974 IN BEIJING.

23. OTHER DETAILS AS PER GENCON 94.

ON BEHALF OF CHARS ON BEHALF OF OWNER.

TIANJIN A LOGISTICS CO.,LTD. ELKEM CHARTERING, A/S.

图 19-2　订租确认书

4. A 物流有限公司收到船东或船代的订租确认书，修改运费等信息后，将这份订租确认书传给天津 S 国际贸易公司，请其确认信息。

5. 天津 S 国际贸易公司将收到的订租确认书核对无误之后，在上面加盖公司章，并确认签字回传给 A 物流有限公司。

6. A 物流有限公司收到天津 S 国际贸易公司的确认信息之后，同时自己也向埃塞俄比亚船东确认。

7. 有预报后，自船东处领取"船代下货纸"。船代首先在装货单上加盖"签单章"，将一联留底，凭做舱单，其余全部返回给 A 物流有限公司。

8. A 物流有限公司将下货纸交给报关行准备报关。

9. 报关行将下货纸连同其他报关单证交海关。报关之后，海关在装货单上加盖"放行章"，并将装货单退给报关行。

10. 此时报关行再将下货纸中的两联交内理/堆场站。内理交外理船上理货。

11. 外理出具理货报告，并让船长（Master/Chief Officer）在收货单上签字，船代凭以签发提单。

12. 由于此笔业务为见款放单，此时货代缴纳运费即可领取提单。

13. 同时 A 物流有限公司会要求天津 S 国际贸易公司缴纳运费，就可以领取提单。

14. 报关行接受申报后 10~14 天，就会退回报关退税联和核销联。天津 S 国际贸易公司凭以核销退税。

这样便完成了租船运输的租船、装船、签发提单的大致流程，掌握了班轮运输的租船订舱环节，即可完成散杂货物的租船运输。

◇ **知识链接**

现以一个订租确认书为蓝本，简要解释有关航次租船订租确认书的主要条款。

Fixture Note
订租确认书

It is on this date that mutually agreed between the undersigned parties on the terms and conditions asf：

经双方友好协商于本日达成如下条款：

1. Performing Vessel：Mv ××× or sub.

Pan. flag, blt 2002, loa/bm 106/17m, dwt/dft 6644mt, on 7. 745m, grt/nrt 3905/2905, g/b capa 8778/8205cbm, 2ha/2ho, sid, derriks 12mt×4.

1. 执行船舶：Mv ××× or sub。

巴拿马旗，2002 年造，船长/型宽：106/17m，载重吨/吃水：6644mt、7. 745m，总吨/净吨：3905/2905mt，散装舱容/包装舱容：8778/8205cbm，2 船舱/2 舱口，单甲板，吊杆 12mt×4。

【注释：这些是程租合同里常见的船舶资料，有时根据承运的货物情况和租家的要求还会适当增加其他相关的资料，例如，装载特殊规格货物时，租家会要求在合同中注明舱口尺寸，以确定货物可以装进船舱。船东负有正确陈述船舶详情的义务，如果其有意或无意中因疏忽而误述了有关资料，可能会给自身带来额外的麻烦和损失。如有的贸易合同里要求负责租船的卖方必须找船龄 20 年以下的船舶来承运合同货物，结果船东为了迎合租家的需要，谎报船龄，不料后来东窗事发，被收货人察觉并为此拒绝收货，致使卖方遭受重大损失，那么船东是不是应该负起赔偿责任呢？所以船东千万不要抱有侥幸心理。】

2. Cgo：5000mt cotton seed meal in bulk, 5% moloo, s. f. 1. 8.

2. 货物：5000mt 散装棉籽粕，5%增减由船东选择，积载因数 1.8。

【注释：在货物详情条款里，除了约定本航次装载的货物品名外，通常还要注明货物的包装情况，如散装、裸装、袋装或木箱装，规格多大等，并且要订明是由谁来选择货量的增减幅度。争取到货量选择权的一方就握有主动权，在装货时可以根据自己船舶的载货能力或备货情况、销售需要等决定要多装或少装。一般船东在船舶载货能力许可的条件下，总是希望尽可能多装货，以增加运费收入，提高经济效益；而租船人究竟要装多少，一看合同和 L/C 规定，二看自己备货的情况，当然也是以自己的利益为优先考量的。积载因素对于轻货来讲尤为重要，这关系到货物能否装得下，也直接影响到船东的运费收入。因而船东都希望租家能正确提供货物的积载因素，并做出保证，而租家习惯上喜欢在积载因素后加上"WOG"（without guarantee），这和船东习惯在船舶资料后加上"ADA"（all details about）是一样的道理，都是企图逃避严格保证的责任。】

3. L/P：1SBP Yangzhou, China.

3. 装港：中国扬州 1 个安全港口 1 个安全泊位。

4. D/P：1SBP Inchon, Korea.

4. 卸港：韩国仁川 1 个安全港口 1 个安全泊位。

【注释：1SBP（one safe berth, one safe port）是实务中常用的一个术语，表示租家应提供一个安全港口的一个安全泊位，那么如果港口或泊位不安全时，是不是租家就必须承担起赔偿责任呢？如果合同里采用的是本例的表达方式，那么安全港的责任应该由船东承担，因为根据航运惯例和我国的司法实践，列名港口的安全责任由船东负责，非列名港口的安全责任由租家负责，而泊位的安全一般由租家负责，除非泊位事先也在租约中指定。安全港问题其实是一个复杂并且还存在着很多争议的问题，一个港口可能因为吃水不够，或缺少大负荷能力的岸吊，或缺少拖轮、导航灯标，或进港航道的桥梁净高不够等各种原因而成为不安全港，这里所说的"安全"并不单指港口在政治上没有暴乱、没有战争、没有罢工等状况。】

5. LYCN：8th—18th/oct. 2012.

5. 受载期：8th—18th/oct. 2012。

【注释：所谓受载期是指船舶到达装港并做好装货准备的期限。根据航运惯例，受载期通常是规定一段期限，大约在 5~15 天，如果船舶不能在这个期限内赶到装港装货的话，即视为船东违约，租船人有权解除合同并索赔损失。有不少从事外贸的人会误解受载期的含义，以为租家只要在这个期限内备好货物就可以了，事实上其应该在受载期开始前备妥所有货物，并办好报关手续。否则船因到港无货可装或必须等待货物

通关而产生的船期损失可向租家追讨回来。】

6. L/D Rate：CQD bends.

6. 装卸效率：按港口习惯速度尽快装卸。

【注释：CQD 条款是最常用的装卸效率规定方法，它意味着要由船东来承担装卸过程中的船期损失风险。假如在扬州装棉籽粕这种货物的习惯装卸速度是一天 500mt，那么这票货至少要装上 10 天以上，船东也不能向租家抗议装货进度太慢，更不能要求租家付滞期费，因为在 CQD 下没有滞期费这个概念。所以当船东了解到港口的装卸效率比较低的时候，或者是装一些特殊的货物，如水泥，特别怕水湿，一下雨就要停工，而且装水泥本身效率就很低时，船东就要坚持让租家提供一个比较高的装卸效率，例如，2000mt/WWD，这样一来租家不能在约定的时间内完成装卸作业时，船东就可以有理有据地向租家收取滞期费了。】

7. Detention charges at the rate of USD 2500 per day or pro-rata, if time lost in waiting for cargo and/or documents at both ends.

Detention charges incurred at loading port, if any, to be settled together with freight payment and which incurred at discharging port, to be settled before commence of discharging.

7. 滞留损失：如果船舶在双边港口因货物和/或单证未备妥而遭受船期损失，租船人应每日支付 2500 美元，不足一天的按比例计算。

滞留损失费在装港发生的话，连同运费一起支付；若在卸港发生，则在卸货开始前支付。

【注释：上文说到在 CQD 下是没有滞期费这个概念的，此处为何又出现"滞留损失"呢？它和滞期费有何区别？仔细研究本条款，应该发现这种滞留损失特指的是船舶到达装卸两港后因货方未备好货物或单证而被迫在港等待所产生的时间损失，而不是因为装货或卸货进度太慢造成的滞期，这种情况是由于租家的过失导致的，租家应当赔偿因此给船东带来的损失。如果在装卸效率条款里订明了装卸效率而不是采用 CQD 的话，那么就要紧接着来一条滞期费费率条款，而不是滞留损失条款（因为没有这个需要）；反之，采用的是 CQD 条款的话，则必须要跟上 Detention 条款，否则会给船东带来难以预计的损失。】

8. Freight：usd9/mt, FIOSR, basis 1/1.

8 运费：usd9/mt, FIOSR（船东不管装、卸、理舱、平舱），一装一卸。

【注释：运费条款通常和装卸费用分担条款联系在一起，报价时也要注意说明是 FIO、FIOST、LIFO、FILO，还是 LINER TERMS。因为如果租家希望由船东来负责装卸的话，船东所报的运费单价里就要包含货物装卸费用在内，它比起纯粹的海运费（FIOST 条款）当然就要高出许多。

LINER TERMS：由船东负责装卸。

FIO（Free in and Out）：船东不管装、不管卸。

FIOST（Free in and Out, Stowed, Trimmed）：船东不负责装卸及理舱、平舱。

FILO（Free in Liner Out）：船东不管装管卸。

LIFO（Liner in Free Out）：船东管装不管卸。】

9. Full freight wb paid to owrs nominated bank acct w/i 2 bankdays acol n s/r bs/l which

marked 'frt prepaid'. Full freight to be deemed as earned with discountless and non-returnable on cargo shipped on board whether ship and/or cargo lost or not lost.

9. 所有运费在装完货并签发预付运费提单后 2 个银行工作日内付至船东指定账号。所有运费在装完货后即视为已赚取，不得扣减，无须返还，无论船舶和/或货物灭失与否。

【注释：本条是运费支付条款，对船东能否如期收回运费起着至关重要的作用。租船运费支付与集装箱班轮付款赎单的做法有所不同，一般租家都要求先签发运费预付提单再支付运费，但这样一来对船东就缺乏保障。因为托运人一旦拿到提单可以顺利结汇的话，他们往往就不急着付运费了，而船可能马上甚至都已经到卸港准备卸货了。如果此时再不收回运费，那么以后船东去向租家追讨运费就难上加难，手上失去可以制衡租家的利器，往往陷于被动。我们常常看到船东在情急之下宣布扣货，姑且不论扣货这一行为本身是否合法，事实上也不是在任何港口、任何时候船东都能有效地留置货物的，如在日本或韩国要扣货就很不容易，很难取得代理的协助，有时客观条件也不允许。更何况如果起初船东签发的是运费预付提单，根据法律，船东在实际没有收到运费的情况下并没有权利去留置属于收货人的货物（当提单在善意收货人手上时）。船东要改变这种被动的局面，有两种做法：一是尽可能缩短运费支付的时限，例如，本例是从扬州到仁川，航程非常短，如果支付时间太长，可能船都卸完货了还没到付运费的截止期，租家就可以冠冕堂皇地拖着不付运费了；二是船东可将本条款改为所有运费在签提单后 2 个银行工作日内支付，这实际上是一种变相地留置提单的做法，变成了租家先付款船东再放单，如此一来对船东就大有保障了。

我们还应该注意到本条款的第二句话，这是对运费的法律地位进行了重新定位，也是"金康94"与"金康76"相比最显著的变化，它极力地维护船东的利益。按照英国普通法的精神，运费应以到付为原则，因为英国人认为，运输是一种服务行为，只有在服务结束时才有权利主张报酬，所以哪怕船东签发的是运费预付提单，也只是改变了运费支付的时间而没有改变运费的法律地位，因而"金康94"中特意加上此内容，声称预付运费不得扣减，也不退还，无论后来船舶或货物是否灭失损坏。再如，假设某轮船装货后签发了运费预付提单，刚开航船舶就触礁沉没，货物全损，此时租家若还未支付运费，那么根据合同里的约定，租家仍然需要支付运费，否则船东有权索赔；若租家已付完所有运费，则无权去向船东主张退还运费。】

10. Owrs agent bends.

10. 两边港口由船东指定代理。

【注释：船舶代理一般来说应该由船东指定，因为他是受船东的委托来处理船舶在港期间相关业务的，并且港口使用费和代理费也是由船东支付的，但是租约是本着"契约自由"的原则订立的，所以租船人时常也会参与代理指定条款。毋庸讳言，作为船东，当然希望自己来安排装卸港口的代理，他可以选择自己比较信任的、代理费用比较便宜而且服务又好的船代，而接受租家指定代理的话，他就失去了选择权，只能由租船人说了算，这样一来，他与代理谈港口使用费、代理费时就很难压价，而且由于该代理是因租家而获得本航次代理业务的，若船货双方发生争议或产生利益冲突时，他可能很难站在船东的立场甚至连中立的立场都无法坚持。】

11. L/S/D if any chtr's acct.

11. 捆扎/加固/垫舱费如有发生，由租船人承担。

12. Lighterage/Lightering if any chtr's acct.

12. 驳船费/过驳费如发生由租船人承担。

13. Shipside /Dockside tally tbf owr's/chtr's acct.

13. 船边理货/岸边理货分别由船东/租船人承担。

14. Taxes/dues on cgo/frt tbf chtr's/owr's acct.

14. 关于货物/运费的税费分别由租船人/船东承担。

【注释：上述条款属于一般常规性条款，在这些方面双方当事人较少有争议。】

15. Fumigation：Fumigation if any to be for chtr's acct. Owr allow 24hrs for fumigation, chtr should compensate owr USD1500 for crews hotel/traffic/accomodation charges.

15. 熏舱：如果需要熏舱的话，由租船人承担熏蒸费用。船东允许熏舱24小时，租船人需补偿船东1500美元，作为船员食宿交通费用。

【注释：装载粮食等农副产品或易生虫子、易携带病菌的货物，商检、动植检部门会要求强制熏蒸，取得检验合格证书后才能放行。熏舱涉及费用和船期损失，作为船东自然要将这些都转嫁给租家。】

16. Dispute to be settled by arbitration in Beijing and Chinese law to be applied.

16. 如有争议，在北京仲裁并适用中国法。

【注释：双方当事人可以自由约定解决争议的方式，根据有仲裁无诉讼，无仲裁可诉讼原则，如果在租约里订明了仲裁条款，那么任何一方当事人都无权再向任何法院提起诉讼。在司法实践中，选择诉讼地点或仲裁地点以及适用法律是非常关键的，直接关系到能否胜诉，所以当事人都力争选择对自己最有利的地点作为仲裁地，不过最终结果往往是选择一个双方都能接受的第三地来仲裁。】

17. Comm.：3.75%.

17. 佣金：3.75%。

18. Others as per gencon c/p 94.

18. 其余细节条款参照1994年版金康合同。

【注释：金康合同现有1976年版和1994年版，新旧两个版本目前在实务中都有应用，但1994年版有逐渐普及的趋势，它对1976年版做了较大幅度的修改，而且更加维护船东的利益，所以船方都倾向于接受1994年版。】

End.

For and on behalf of owrs 船东签章

For and on behalf of chtrs 租船人签章

金康合同的相关内容如下述资料一、二、三所示。

资料一：金康合同样本（部分）

金康合同英文版格式示例（部分）

1. Shipbroker	RECOMMENDED THE BALTIC AND INTERNATIONAL MARITIME COUNCIL UNIFORM GENERAL CHARTER (AS REVISED 1922, 1976 and 1994) (To be used for trades for which no specially approved form is in force) CODE NAME: "GENCON" Part I
	2. Place and date
3. Owners/Place of business (Cl. 1)	4. Charterers/Place of business (Cl. 1)
5. Vessel's name (Cl. 1)	6. GT/NT (Cl. 1)
7. DWT all told on summer load line in metric tons (abt.) (Cl. 1)	8. Present position (Cl. 1)
9. Expected ready to load (abt.) (Cl. 1)	
10. Loading port or place (Cl. 1)	11. Discharging port or place (Cl. 1)
12. Cargo (also state quantity and margin in Owners' option, if agreed; if full and complete cargo not agreed state "part cargo") (Cl. 1)	
13. Freight rate (also state whether freight prepaid or payable on delivery) (Cl. 4)	14. Freight payment (state currency and method of payment; also beneficiary and bank account) (Cl. 4)
15. State if vessel's cargo handling gear shall not be used (Cl. 5)	16. Laytime (if separate laytime for load. and disch. is agreed, fill in a) and b). If total laytime for load. and disch., fill in c) only) (Cl. 6)
17. Shippers/Place of business (Cl. 6)	a) Laytime for loading
18. Agents (loading) (Cl. 6)	b) Laytime for discharging
19. Agents (discharging) (Cl. 6)	c) Total laytime for loading and discharging
20. Demurrage rate and manner payable (loading and discharging) (Cl. 7)	21. Cancelling date (Cl. 9)
	22. General Average to be adjusted at (Cl. 12)
23. Freight Tax (state if for the Owners' account) (Cl. 13 (c))	24. Brokerage commission and to whom payable (Cl. 15)
25. Law and Arbitration (state 19 (a), 19 (b) or 19 (c) of Cl. 19; if 19 (c) agreed also state Place of Arbitration) (if not filled in 19 (a) shall apply) (Cl. 19)	
(a) State maximum amount for small claims/shortened arbitration (Cl. 19)	26. Additional clauses covering special provisions, if agreed

It is mutually agreed that this Contract shall be performed subject to the conditions contained in this Charter Party which shall include Part I as well as Part II. In the event of a conflict of conditions, the provisions of Part I shall prevail over those of Part II to the extent of such conflict.

Signature (Owners)	Signature (Charterers)

Printed by The BIMCO Charter Party Editor

资料二：金康合同英文版条款（部分）

金康合同英文版条款（1994年版）（部分）

PART II

"Gencon" Charter (As Revised 1922, 1976 and 1994)

1. It is agreed between the party mentioned in Box 3 as the Owners of the Vessel named in Box 5, of the GT/NT indicated in Box 6 and carrying about the number of metric tons of deadweight capacity all told on summer loadline stated in Box 7, now in position as stated in Box 8 and expected ready to load under this Charter Party about the date indicated in Box 9, and the party mentioned as the Charterers in Box 4 that: 1-5

The said Vessel shall, as soon as her prior commitments have been completed, proceed to the loading port(s) or place(s) stated in Box 10 or so near thereto as she may safely get and lie always afloat, and there load a full and complete cargo (if shipment of deck cargo agreed same to be at the Charterers' risk and responsibility) as stated in Box 12, which the Charterers bind themselves to ship, and being so loaded the Vessel shall proceed to the discharging port(s) or place(s) stated in Box 11 as ordered on signing Bills of Lading, or so near thereto as she may safely get and lie always afloat, and there deliver the cargo. 6-14

2. Owners' Responsibility Clause 15

The Owners are to be responsible for loss of or damage to the goods or for delay in delivery of the goods only in case the loss, damage or delay has been caused by personal want of due diligence on the part of the Owners or their Manager to make the Vessel in all respects seaworthy and to secure that she is properly manned, equipped and supplied, or by the personal act or default of the Owners or their Manager. 16-21

And the Owners are not responsible for loss, damage or delay arising from any other cause whatsoever, even from the neglect or default of the Master or crew or some other person employed by the Owners on board or ashore for whose acts they would, but for this Clause, be responsible, or from unseaworthiness of the Vessel on loading or commencement of the voyage or at any time whatsoever. 22-27

3. Deviation Clause 28

The Vessel has liberty to call at any port or ports in any order, for any purpose, to sail without pilots, to tow and/or assist Vessels in all situations, and also to deviate for the purpose of saving life and/or property. 29-31

4. Payment of Freight 32

(a) The freight at the rate stated in Box 13 shall be paid in cash calculated on the intaken quantity of cargo. 33-34

(b) *Prepaid*. If according to Box 13 freight is to be paid on shipment, it shall be deemed earned and non-returnable, Vessel and/or cargo lost or not lost. 35-36

Neither the Owners nor their agents shall be required to sign or endorse bills of lading showing freight prepaid unless the freight due to the Owners has actually been paid. 37-39

(c) *On delivery*. If according to Box 13 freight, or part thereof, is payable at destination it shall not be deemed earned until the cargo is thus delivered. 40-41

Notwithstanding the provisions under (a), if freight or part thereof is payable on delivery of the cargo the Charterers shall have the option of paying the freight on delivered weight/quantity provided such option is declared before breaking bulk and the weight/quantity can be ascertained by official weighing machine, joint draft survey or tally. 42-46

Cash for Vessel's ordinary disbursements at the port of loading to be advanced by the Charterers, if required, at highest current rate of exchange, subject to two (2) per cent to cover insurance and other expenses. 47-49

5. Loading/Discharging 50

(a) *Costs/Risks* 51

The cargo shall be brought into the holds, loaded, stowed and/or trimmed, tallied, lashed and/or secured and taken from the holds and discharged by the Charterers, free of any risk, liability and expense whatsoever to the Owners. 52-54

The Charterers shall provide and lay all dunnage material as required for the proper stowage and protection of the cargo on board, the Owners allowing the use of all dunnage available on board. The Charterers shall be responsible for and pay the cost of removing their dunnage after discharge of the cargo under this Charter Party and time to count until dunnage has been removed. 55-59

(b) *Cargo Handling Gear* 60

Unless the Vessel is gearless or unless it has been agreed between the parties that the Vessel's gear shall not be used and stated as such in Box 15, the Owners shall throughout the duration of loading/discharging give free use of the Vessel's cargo handling gear and of sufficient motive power to operate all such cargo handling gear. All such equipment to be in good working order. Unless caused by negligence of the stevedores, time lost by breakdown of the Vessel's cargo handling gear or motive power - pro rata the total number of cranes/winches required at that time for the loading/discharging of cargo under this Charter Party - shall not count as laytime or time on demurrage. 61-69

On request the Owners shall provide free of charge cranemen/winchmen from the crew to operate the Vessel's cargo handling gear, unless local regulations prohibit this, in which latter event shore labourers shall be for the account of the Charterers. Cranemen/winchmen shall be under the Charterers' risk and responsibility and as stevedores to be deemed as their servants but shall 70-74

always work under the supervision of the Master. 75

(c) *Stevedore Damage* 76

The Charterers shall be responsible for damage (beyond ordinary wear and tear) to any part of the Vessel caused by Stevedores. Such damage shall be notified as soon as reasonably possible by the Master to the Charterers or their agents and to their Stevedores, failing which the Charterers shall not be held responsible. The Master shall endeavour to obtain the Stevedores' written acknowledgement of liability. 77-82

The Charterers are obliged to repair any stevedore damage prior to completion of the voyage, but must repair stevedore damage affecting the Vessel's seaworthiness or class before the Vessel sails from the port where such damage was caused or found. All additional expenses incurred shall be for the account of the Charterers and any time lost shall be for the account of and shall be paid to the Owners by the Charterers at the demurrage rate. 83-88

6. Laytime 89

* (a) *Separate laytime for loading and discharging* 90

The cargo shall be loaded within the number of running days/hours as indicated in Box 16, weather permitting, Sundays and holidays excepted, unless used, in which event time used shall count. 91-93

The cargo shall be discharged within the number of running days/hours as indicated in Box 16, weather permitting, Sundays and holidays excepted, unless used, in which event time used shall count. 94-96

* (b) *Total laytime for loading and discharging* 97

The cargo shall be loaded and discharged within the number of total running days/hours as indicated in Box 16, weather permitting, Sundays and holidays excepted, unless used, in which event time used shall count. 98-100

(c) *Commencement of laytime (loading and discharging)* 101

Laytime for loading and discharging shall commence at 13.00 hours, if notice of readiness is given up to and including 12.00 hours, and at 06.00 hours next working day if notice given during office hours after 12.00 hours. Notice of readiness at loading port to be given to the Shippers named in Box 17 or if not named, to the Charterers or their agents named in Box 18. Notice of readiness at the discharging port to be given to the Receivers or, if not known, to the Charterers or their agents named in Box 19. 102-108

If the loading/discharging berth is not available on the Vessel's arrival at or off the port of loading/discharging, the Vessel shall be entitled to give notice of readiness within ordinary office hours on arrival there, whether in free pratique or not, whether customs cleared or not. Laytime or time on demurrage shall then count as if she were in berth and in all respects ready for loading/discharging provided that the Master warrants that she is in fact ready in all respects. Time used in moving from the place of waiting to the loading/discharging berth shall not count as laytime. 109-116

If, after inspection, the Vessel is found not to be ready in all respects to load/discharge time lost after the discovery thereof until the Vessel is again ready to load/discharge shall not count as laytime. 117-119

Time used before commencement of laytime shall count. 120

* *Indicate alternative (a) or (b) as agreed, in Box 16.* 121

7. Demurrage 122

Demurrage at the loading and discharging port is payable by the Charterers at the rate stated in Box 20 in the manner stated in Box 20 per day or pro rata for any part of a day. Demurrage shall fall due day by day and shall be payable upon receipt of the Owners' invoice. 123-126

In the event the demurrage is not paid in accordance with the above, the Owners shall give the Charterers 96 running hours written notice to rectify the failure. If the demurrage is not paid at the expiration of this time limit and if the vessel is in or at the loading port, the Owners are entitled at any time to terminate the Charter Party and claim damages for any losses caused thereby. 127-131

8. Lien Clause 132

The Owners shall have a lien on the cargo and on all sub-freights payable in respect of the cargo, for freight, deadfreight, demurrage, claims for damages and for all other amounts due under this Charter Party including costs of recovering same. 133-136

9. Cancelling Clause 137

(a) Should the Vessel not be ready to load (whether in berth or not) on the cancelling date indicated in Box 21, the Charterers shall have the option of cancelling this Charter Party. 138-140

(b) Should the Owners anticipate that, despite the exercise of due diligence, the Vessel will not be ready to load by the cancelling date, they shall notify the Charterers thereof without delay stating the expected date of the Vessel's readiness to load and asking whether the Charterers will exercise their option of cancelling the Charter Party, or agree to a new cancelling date. 141-145

Such option must be declared by the Charterers within 48 running hours after the receipt of the Owners' notice. If the Charterers do not exercise their option of cancelling, then this Charter Party shall be deemed to be amended such that 146-148

资料三：金康合同条款中译

金康合同条款中译（1994 年版）

1. 兹由第 3 栏所列的下述船舶所有人与第 4 栏所指的承租人，双方协议如下

船舶名见第 5 栏，总/净登记吨见第 6 栏，货物载重量大约吨数见第 7 栏，现在动态见第 8 栏，根据本租船合同做好装货准备的大约时间见第 9 栏。

上述船舶一旦完成前个合同，应驶往第 10 栏所列的装货港口或地点，或船舶能安全抵达并始终浮泊的附近地点，装载第 12 栏所列的货物，满舱满载（如协议装运甲板货，则由承租人承担风险。承租人应提供所有垫船用席子和/或木料及所需隔板。如经要求，船舶所有人准许使用船上任何垫舱木料）。承租人约束自己装运该货，船舶经此装载后，应驶往第 11 栏所列的、在签发提单时指定的卸货港口或地点，或船舶能安全抵达并始终浮泊的附近地点，交付货物。

2. 船舶所有人责任条款

船舶所有人对货物的灭失、损坏或延迟交付的责任限于造成灭失损坏或延迟的原因是船舶所有人或其经理人本身未谨慎使船舶各方面适航并保证适当配备船员、装备船舶和配备供应品，或船舶所有人或其经理人本身的行为或不履行职责。船舶所有人对由于其他任何原因造成的货物灭失、损坏或延迟，即使是由于船长或船员或船舶所有人雇佣的船上或岸上人员的疏忽或不履行职责（如无本条规定，船舶所有人应对他们的行为负责），或由于船舶在装货或开航当时或其他任何时候不适航所造成的，亦概不负责。

3. 绕航条款

船舶有权为任何目的以任何顺序挂靠任何港口，有无引航员在船均可航行，在任何情况下拖带和/或救助他船，亦可为拯救人命和/或财产而绕航。

4. 运费支付

（1）运费应按第 13 栏规定的费率，按所装货物的数量计算以现金支付。

（2）运费预付。如按第 13 栏规定运费应预付，则运费视为已挣得，无论船舶/货物是否灭失，不得返还。除非运费已支付给船东，否则船东或其代理无须签发运费预付提单。

（3）运费到付。如按第 13 栏规定运费或部分运费为到付，则运费直到货物卸完才视为挣得。不论第（1）款如何规定，如运费或部分运费为到付，租家有权在开舱前选择按卸货重量/数量支付运费，且该重量/数量可由官方计量器或联检或理货确定。如经要求，承租人应现金垫付船舶在装货港的经常费用，而按最高兑换率折合并附加 2% 抵偿保险费和其他费用。

5. 装卸

（1）费用/风险。承租人负责把货物送至舱内，装船、积载和/或平舱，绑扎和/或加固，并从舱内提取和卸货，船舶所有人不承担任何风险、责任和费用。如要求并为保护所装货物，承租人应提供并放置所有垫舱物料，船东允许在船上使用所有有用的垫料。承租人根据本租约负责在卸货后移走所有垫料，并计入装卸时间。

（2）船吊。除非船舶无船吊或双方同意并在第 15 栏中记载不使用船舶装卸设备，船舶应在整个装/卸货物的过程中提供该装卸设备，并提供足够的动力。所有该设备应处于良好工作状态，除非由于装卸工人的疏忽，所有因船舶装卸设备或动力不足引起的时间损失（根据本租约规定的船吊/温车数量按比例计算）不得计入装卸时间或滞期时间。

应要求船舶所有人提供船员充当船吊/温车司机，如当地法律禁止，则承租人应负责岸上的劳工费用。船吊/温车司机由承租人负责风险和责任，装卸工人视为其雇佣人员，但由船长监督工作。

（3）装卸工人损害。承租人负责装卸工人造成的对船舶的损害（除正常的损耗）。该损害应由船长尽可能快地通知承租人或其代理和装卸工人，否则承租人不负责任。船长应尽力取得装卸工人的书面责任证据。

承租人必须在航次结束前修复装卸工人所造成的对船舶的损害，但如该损害有损船舶的适航则应在造成或发现损害的港口起航前修复，所有额外费用由承租人负责，时间损失按滞期费率由承租人支付给船东。

6. 装卸时间

（1）装货和卸货分别计算时间。如天气许可，货物应在第 16 栏规定的连续天/小时数内装完，星期日和节假日除外，除非已使用，否则只计算实际使用的时间。

（2）装货和卸货混合计算时间。如天气许可，货物应在第 16 栏规定的总的连续天/小时数内装卸完毕，星期日和节假日除外，除非已使用，否则只计算实际使用的时间。

（3）装卸时间的起算。如装卸准备就绪通知书在中午 12 点之前（包括 12 点）递交，装卸时间从下午 13 时起算；如通知书在 12 点以后递交，装卸时间从下一个工作日上午 6 时起算。在装货港，通知书应递交给第 17 栏中规定的托运人。如未指定则递交给第 18 栏中的承租人或其代理。在卸货港，通知书应递交给收货人，如未知，则递交给第 19 栏中的承租人或其代理。

如船舶到达装/卸港而无泊位，则船舶有权在到达后在办公时间内递交通知书，无论检疫与否，无论清关与否，且如船长保证船舶在各方面均准备完毕，如已靠泊并在各方面做好装/卸准备一样，装卸时间或滞期时间开始计算。从等泊位置移到装/卸泊位的时间不计入装卸时间。

如经检验发现船舶未准备就绪，从发现之时起至再次准备就绪的时间不得计入装卸时间。

装卸时间起算前已实际使用的时间计为装卸时间。协议选择第（1）款或第（2）款，并填入第 16 栏。

7. 滞期费

滞期费用由承租人按第 20 栏中规定的每日费率，不足一日者按比例计算，按日支付，并在收到船东的发票后支付。

如未按上述规定支付，船东应书面通知承租人在 96 小时内支付，如其仍未在此期限内付清，且船舶在装港，则船东有权在任何时候中止本租约并向其索赔由此引起的任何损失。

8. 留置权条款

船舶所有人得因未收取的运费、亏舱费、滞期费和滞留损失和所有应付费用包括为取得该笔收入所花的费用而对货物和该批货物的转租运费有留置权。

9. 解约条款

（1）如船舶未能在第21栏规定的解约日做好装货准备（不论靠泊与否），承租人有权解除本合同。

（2）如船东预计虽谨慎处理仍无法在解约日前准备装货，则应立即通知承租人其预计准备好的日期，并询问是否解约或同意新的解约日。

承租人应在收到该通知后48小时内宣布，如承租人未行使其解约权，则本租约视为修改如下：船东在通知中宣布的准备完毕日期后的第七天为新的解约日。

（3）上述第（2）款规定只能适用一次，如船舶再次延误，则承租人可选择按本条第（1）款解除本租约。

10. 提单

船长或如船东给其代理书面授权后由船东代理，按所呈上的1994年版"Congenbill"格式在不损害本租约的利益下签发提单，给承租人一副本。如承租人所签发的提单加重了船东在本租约下的责任和义务，则应向船东赔偿由此引起的损失。

11. 互有责任碰撞条款

如有船舶由于他船疏忽及本船船长、船员、引水员或承运人的雇佣人员在驾驶或管理船舶中的行为疏忽或不履行职责而与他船相撞，则本船货主应就他船亦即非本船货物所有人所载货物的船舶或该船舶所有人所受的一切损害或所负一切责任给予本船承运人赔偿，但此种赔偿应以上述损害或责任是指已由或应由他船亦即非本船货物所有人所载货物的船舶或该船舶所有人付与上述货主所受灭失或损害或其提出的任何要求的数额为限，并由他船亦即非本船货物所有人所载货物的船舶作为其向所载船舶或承运人提出的索赔的一部分，将其冲抵、补偿或收回。

上述规定在非属碰撞船舶或物体，或在碰撞船舶之外的任何船舶所有人、经营人或主管人，在碰撞、触碰、搁浅或其他事故中犯有过失时，亦应适用。

12. 共同海损和新杰森条款

共同海损按《1994年约克—安特卫普规则》和其任何修订版本在伦敦进行理算，除非第22栏另有规定，即使共同海损费用是由船舶所有人的雇佣人员的疏忽或不履行职责所致，货主还应支付其中货物的分摊数额（参见第2条）。

如共同海损根据美国的法律和实践进行理算，则适用如下条款："如果在航次开始以前或以后，由于不论是疏忽与否的任何原因而引起的意外、危险、损害或灾难，而根据法令、契约或其他规定，承运人对此类事件或其后果都不负责，则货物托运人、收货人或货主应在共同海损中与承运人一起分担可能构成或可能发生的具有共同海损性质的牺牲、损失或费用，并应支付关于货物方面所发生的救助费用或特殊费用，如救助船舶为本承运人所有或经营，则其救助费用应当犹如该救助船舶系第三者所有一样，全额支付。承运人或其代理人所认为足以支付货物方面的预计分摊款额及其救助费用和特殊费用的保证金，如有需要，应由货方、托运人、收货人或货主在提货之前给予承运人。"

13. 税收和使费条款

（1）关于船舶，船东支付所有对船舶征收的使费、费用和税。

（2）关于货物，承租人支付所有对货物征收的使费、费用和税。

（3）关于运费，承租人支付所有对运费征收的税，除非第23栏另有规定。

14. 代理

在任何情况下，装货港和卸货港由船舶所有人指定自己的代理人。

15. 经纪人费用

经纪人的佣金按已收取的运费、亏舱运费和滞期费，以第24栏所规定的费率，支付给第24栏所指定的当事人。合同不履行时，由责任方向经纪人至少支付按估算的运费确定的佣金的1/3，作为经纪人所花费用和工作的补偿。在多航次情况下，补偿的数额由双方协议。

16. 普通罢工条款

（1）当船舶从上一港口准备起航时，或在驶往装货港的途中，或在抵港后，如因罢工或停工而影响全部或部分货物装船，船长或船舶所有人可以要求承租人声明同意按没有发生罢工或停工的情况计算装卸时间。如承租人未在24小时内以书面（必要时以电报）做出声明，船舶所有人有解除合同的选择权。如果部分货物已经装船，则船舶所有人必须运送该货物（运费仅按装船的数量支付），但有权按自己的利益在途中揽运其他货物。

（2）当船舶抵达卸货港或港外之时或之后，如由于罢工或停工而影响货物的卸载，并且在48小时内未能解决时，收货人可选择使船舶等待到罢工或停工结束，并在规定的装卸时间届满后，支付半数滞期费，或者指示船舶驶往一没有因罢工或停工而延误和危险的安全港口卸货。这种指令应在船长或船舶所有人将影响卸货的罢工或停工情况通知承租人后48小时内发出。在这种港口交付货物时，本租船合同和提单中的所有条款都将适用，并且，船舶应和在原目的港卸货一样，收取相同的运费，但当到替代港口的距离超过100海里时，在替代港所交付的货物运费应按比例增加。

（3）除了上述规定，承租人和船东对任何罢工或停工而无法或影响货物装卸所引起的后果均不负责任。

17. 战争风险（Voywar1993）

（1）本条定义：①"船东"指船舶所有人、光船租船人、实际承运人、船舶经营人或其他管理人员或船长。②"战争风险"包括任何实际的或预料的战争、敌对行为、军事行动、内战、内乱或革命、破坏活动、海盗行为、侵略行为、敌对或恶意行为、封锁或任何个人、团体、侵略者、政府、交战国或组织宣布为封锁的任何行动（无论是针对所有船舶或某一船旗的船舶，或针对某种货物或船员），且根据船长和/或船东的合理判断，可能或似乎将对船舶、其货物、船员或船上其他人员构成危险。

（2）如在船舶开始装货前的任何时候，根据船长和/或船东的合理判断，发现履行合同或任何部分合同将使船舶或船长和船员或货物在航次任何阶段遭受战争风险，则船舶所有人有权告知承租人解除本租船合同，或拒绝履行部分合同。如果该租约规定了装卸货物港的范围，且承租人指定的港口将使船舶、货物、船员或其他船上人员遭受战争风险，船东应首先要求承租人指定在范围内的其他港口，仅在承租人收到该要求 48 小时后仍未指定安全港时有权解除租船合同。

（3）无论在开始装货后或在卸货结束前的航行的任何阶段，根据船长和/或船东的合理判断，发现船舶、货物（或部分货物）、船员或船上其他人员将遭受战争风险，则不能要求船长继续装货或继续航程或部分航程或签发提单，或通过任何运河或水道，或前往或滞留在任何港口。如发生此种情况，船东应通知承租人指定卸货的安全港口。如在收到该通知 48 小时后，承租人未指定所述港口，船东有权选择在任何安全港口（包括装货港）卸下货物，并视为合同的全部履行。船东有权从承租人那里得到因该卸货的额外支出，如在非装货港卸货，则就像货物运达目的地一样，船东有权收取全部运费，如超过原卸港 100 海里，则按距离收取额外运费，且船东有权因该支出和运费留置货物。

（4）如在装货开始后，根据船长和/或船东的合理判断，发现船舶、货物（或部分货物）、船员或船上其他人员将在正常和习惯航线（包括运河和水道）中遭受战争风险，且有一条至卸货港的较长航线，则船东应通知承租人他将采用该航线，在此情况下，如总的航行距离超过原航线 100 海里，则船东有权按距离收取额外运费。

（5）船舶可以自由：①服从船旗国或根据法律船东应遵守的国家，或其他政府或团体或组织所发出的有关装载、离港、到港、航线、护航、挂港、停航、目的港、地区、水域、卸载、交货或任何其他方面的任何命令、指令或建议。②服从任何个人依据本船的战争险条款有权发出的任何命令、指令或建议。③服从联合国安理会的提议、欧盟指令，或其他任何有权超国家的团体所发出的指令，船东应遵守的国际法和其他强制性命令和指令。④在任何港口卸货或部分货物，该货物可能使船舶因视为走私而被充公。⑤挂靠任何港口以调换船员或部分船员或船上的其他人员，因有理由认为他们可能被埋葬、入狱或受制裁。⑥当根据本条规定未装货或已卸货时，船东为其自身利益装运其他货物，并运至其他港口，无论是向前或返回或与正常或习惯航线相反航行。

（6）如根据本条第（2）~第（5）款规定作为或不作为，都不得视为绕航，而应视为本租约的完全履行。

18. 普通冰冻条款

装货港：

（1）当船舶准备从上一港口开航时，或在航程中的任何时候，或在船舶抵达时，因冰冻而不能进入装货港，或者在船舶抵港后发生冰冻，船长可以因担心船舶被冻结而决定不装运货物离港，本租船合同因此失效。

（2）如在装货过程中，船长因担心船舶被冻结而认为离港更有利时，他可以决定载运已装船的货物离港，并可为船舶所有人的利益将船舶驶往任何其他港口揽载货物运至包括卸货港在内的任何其他港口。根据本租船合同已装船的任何部分货物，在不因此增加收货人额外费用的条件下，由船舶所有人转运至目的港并承担费用，但运费仍应支付，此运费按交付的货物数量计付（若为整笔运费，则按比例支付），所有其他条件按租船合同。

（3）如装货港不止一个，并且其中一个或数个因冰冻而关闭，船长或船舶所有人可选择在不冻港装载部分货物，并按第（1）款规定，为其自身利益而在其他地点揽载货物，或者当承租人不同意在不冻港装载货物时，宣布本租船合同失效。

（4）本冰冻条款不适用春季。

卸货港：

（1）如船舶因冰冻（春季除外）而不能抵达卸货港，收货人可选择使船舶等候至恢复通航，并支付滞期费，或指示船舶驶往一安全并能立即驶入且安全卸货而没有因冰冻而滞留风险的港口。这种指示应在船长或船舶所有人向承租人发出船舶不能抵达目的港通知后48小时做出。

（2）如在卸货期间，船长担心船舶被冻结而认为离港更为有利时，他可以决定载运船上货物离港，并驶往能驶入并能安全卸货的最近港口。

（3）在此种港口交货时，提单上的所有条件应适用，船舶应按其在原目的港卸货一样，收取相同运费，但如到达替代港口的距离超过100海里，则在替代港口交付货物的运费应按比例增加。

19. 法律和仲裁

（1）本租约适用英国法，如有任何争议应提交至伦敦根据1950年和1979年仲裁法以及随着时间增长所做的修订版进行仲裁。除非双方同意独任仲裁，适用3人仲裁庭，双方各指定1名，第3人由该两人选择，他们或其中任何两人的决断是最终的。一方收到另一方已指定1名仲裁员的书面通知后，应在14天内指定另一名仲裁员，否则以指定的那名仲裁员的决断为最终决断。

如争议金额未超过第25栏规定的金额，该仲裁应按伦敦海事仲裁委员会的小额索赔程序进行。

（2）本租约适用美国法典第9条和美国海运法，如有任何争议应提交至纽约的3人仲裁庭，双方各指定1名，第3人由该两人选择，他们或其中任何两人的决断是最终的，为执行该决断，应按法庭规则达成该协议。仲裁应按海事仲裁协会规则进行。

如争议金额未超过第25栏规定的金额，该仲裁应按纽约仲裁协会的简易仲裁程序进行。

（3）本租约引起的任何争议应提交至第25栏指定的地方仲裁，第25栏指定地点的法律适用本租约。

（4）如第25栏未填写，适用本条第（1）款。

第（1）款、第（2）和第（3）款选择其一，并填入第25栏。

*如第1部分第25栏未填，本款无效，但本条其他款仍然全部有效。

第二节　新舱单及运输工具动态管理

一、项目背景

为了规范进出境运输工具舱单的管理，促进国际贸易便利，保障国际贸易安全，海关总署根据《中华人民共和国海关法》等相关的法律、法规，于2008年3月28日公布了《中华人民共和国海关进出境运输工具舱单管理办法》。该管理办法自2009年1

月 1 日起实施，1999 年 2 月 1 日海关总署第 70 号令发布的《中华人民共和国海关舱单电子数据传输管理办法》同时废止。新的管理办法不但包含了舱单，还包含了对运输工具的管理，说明海关系统对舱单的监管不断地加强。

为了配合海关总署对进出境运输工具舱单数据的规范管理，中国电子口岸按照一点接入的原则，开发了新舱单及运输工具动态管理系统（简称"新舱单系统"），新舱单系统实现了电子口岸、船代、货代、码头、堆场和地方海关之间的数据传输。该系统以通关舱单作为物流监控的主线，整合了运输工具动态申报、舱单核注核销、货物堆存、移动、分流、分拨、放行、进出卡口等整个物流链的信息，从而建立了以国际标准格式数据为基础的进出口舱单管理系统。值得注意的是，新舱单系统其实是包含了新舱单系统和运输工具动态系统两个系统，统一简称为"新舱单系统"。

二、舱单与运输工具申报业务流程

（一）海运进口申报流程

1. 海运进口申报流程图

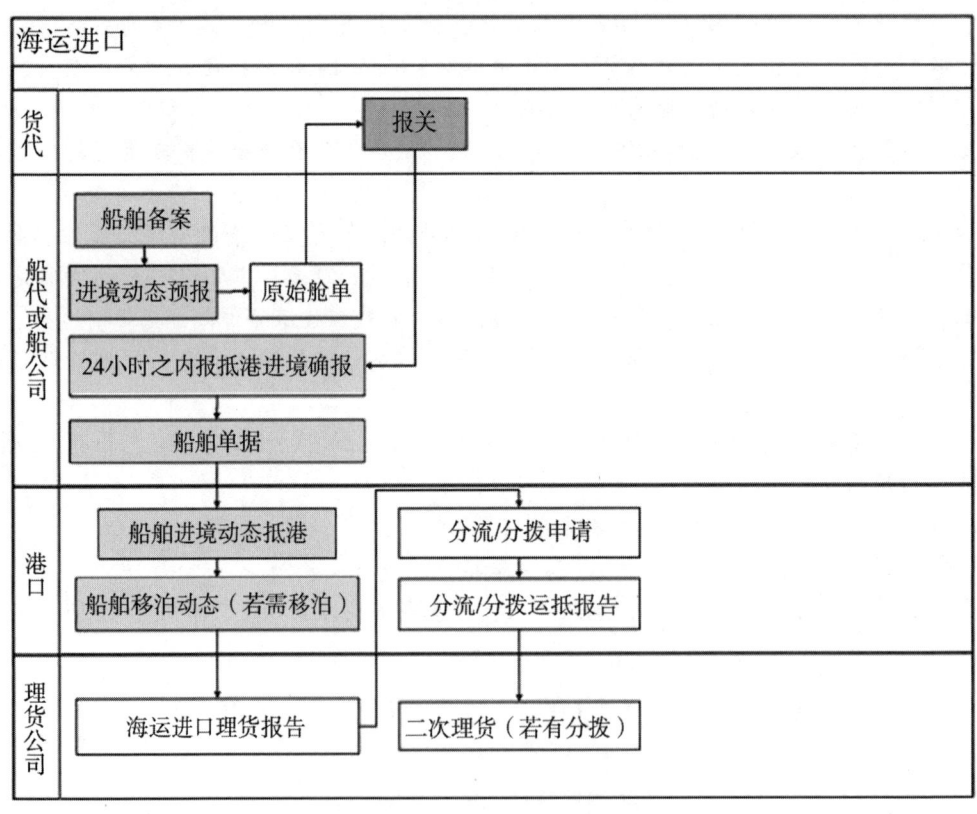

图 19-3　海运进口申报流程图

2. 海运进口申报流程描述

（1）船务公司要先在海关做"企业备案"和"船舶备案"，由海关给出运输工具代码（IMO）后才可进入舱单申报系统进行数据申报。

（2）在原始舱单电子数据传输之前，船务（船代）公司录入"船舶进境动态预报"，并向海关申报，等待海关审批通过回执。

（3）接收到"船舶进境动态预报"海关审批通过回执后，船务（船代）公司向海关申报"海运原始舱单"电子数据。

（4）货运代理公司申报报关单信息，办理进口报关手续。

（5）货物进入中国国境在抵港 24 小时前申报"船舶进境动态确报"电子数据信息。

（6）海关接受原始舱单主要数据传输后，船务（船代）公司方可向海关办理"船舶单据"申报的手续。

（7）港口录入申报"船舶进境动态抵港"信息，如果船舶靠港后没有停靠位置，则还需要申报"船舶移泊动态"信息。

（8）船靠港后，理货公司根据现场理货情况，录入"海运进口理货报告"，向海关申报，海关将理货报告与原始舱单数据进行比对，如校验无误，给予放行；如校验有误，海关将审批不通过的回执同时发给理货公司和船务公司，由理货公司查验理货结果是否正确，如信息有误，需要将之前录入的理货报告信息删除后重新申报，由船务公司核对申报原始舱单信息是否准确，如信息有误，需要将之前录入的原始舱单信息变更后重新申报。

（9）进境货物、物品需要分拨的，港口应当以电子数据方式向海关提出分拨货物、物品申请，经海关同意后方可分拨。货物、物品需要疏港分流的，港口应当以电子数据方式向海关提出疏港分流申请，经海关同意后方可疏港分流。

（10）分拨货物、物品运抵港口时，港口应当以电子数据方式向海关提交分拨货物、物品运抵报告。疏港分流完毕后，港口应当以电子数据方式向海关提交疏港分流货物、物品运抵报告。

（11）需要二次理货的，经海关同意，理货公司可以在运输工具卸载货物、物品完毕后的 24 小时内以电子数据方式向海关提交理货报告。

（12）进口货物、物品和分拨货物、物品提交理货报告后；疏港分流货物、物品提交运抵报告后，海关即可办理货物、物品的查验、放行手续。

（二）海运出口申报

1. 海运出口申报流程图

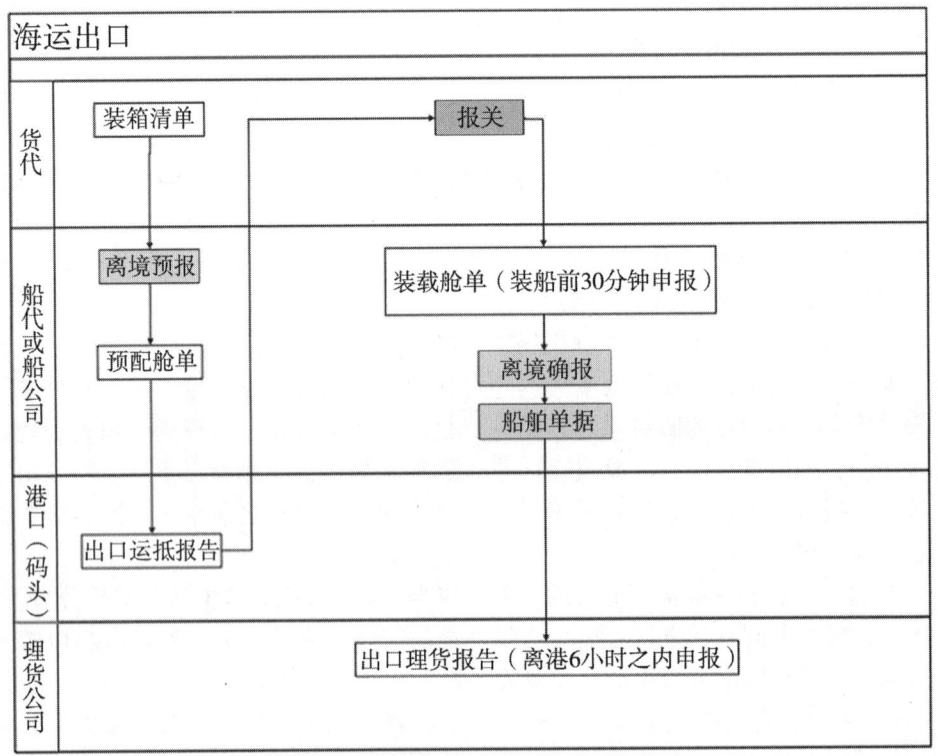

图 19-4 海运出口申报流程图

2. 海运出口申报流程描述

（1）船务公司要需在海关做"企业备案"和"船舶备案"，由海关给出运输工具代码（IMO）后才可进入舱单申报系统进行数据申报。

（2）货运代理公司应当在货物、物品装箱前向海关传输"装箱清单"电子数据。

（3）在预配舱单电子数据传输之前，船务（船代）公司应先向海关申报"船舶离境动态预报"电子数据信息。

（4）接收到"船舶离境动态预报"海关审批通过回执后，船务（船代）公司录入"海运预配舱单"并向海关申报，等待海关审批通过回执。

（5）出境货物、物品运抵港口时，港口方应当以电子数据方式向海关提交"海运出口运抵报告"。

（6）货运代理公司申报报关单，办理出口报关手续。

（7）船务（船代）公司应当在运输工具开始装载货物、物品的30分钟前向海关传输"海运装载舱单"电子数据。

（8）船务（船代）公司应当在运输工具驶离设立海关的地点的2小时前向海关申报"船舶离境动态确报"电子数据。

（9）海关接受原始舱单主要数据传输后，船务（船代）方可向海关办理"船舶单据"申报的手续。

（10）船舶出境驶离装货港的 6 小时以内，理货公司应当以电子数据方式向海关提交"海运出口理货报告"。海关应当将装载舱单与理货报告进行核对，对二者不相符的，以电子数据方式通知负责人。负责人应当在装载货物、物品完毕后的 48 小时内向海关报告不相符的原因。

（三）空运进口申报流程

1. 空运进口申报流程图

图 19-5 空运进口申报流程图

2. 空运进口申报流程描述

（1）航空公司向海关申报"航空器备案"信息和"航班备案"电子数据信息。

（2）航空公司至少在航班到港进境前一天向海关申报"当日飞行计划备案"电子数据信息。

（3）在原始舱单电子数据传输之前，航空公司应先向海关申报"航空器进境预报"电子数据信息。

（4）接收到"航空器进境预报"海关审批通过回执后，舱单传输人向海关申报"空运原始舱单"电子数据信息。

（5）在申报"空运原始舱单"电子数据信息后，企业可以申报报关单信息。

（6）在运输工具抵港之前，航空公司向海关进行"航空器进境确报"信息申报。

（7）海关接受原始舱单主要数据传输后，航空公司方可向海关办理"航空器单据申报"的手续。

（8）运输工具抵达设立海关的地点时，航空公司应当向海关进行"航空器在港动态"申报。

（9）理货部门或者海关监管场所经营人应当在进境运输工具卸载货物、物品完毕后的6小时内以电子数据方式向海关提交"空运进口理货报告"。

（10）进境货物、物品需要分拨的，舱单传输人应当以电子数据方式向海关提出分拨货物、物品申请，经海关同意后方可分拨。货物、物品需要疏港分流的，海关监管场所经营人应当以电子数据方式向海关提出疏港分流申请，经海关同意后方可疏港分流。

（11）分拨货物、物品运抵海关监管场所时，海关监管场所经营人应当以电子数据方式向海关提交分拨货物、物品运抵报告。疏港分流完毕后，海关监管场所经营人应当以电子数据方式向海关提交疏港分流货物、物品运抵报告。

（12）需要二次理货的，经海关同意，可以在运输工具卸载货物、物品完毕后的24小时内以电子数据方式向海关提交理货报告。

（13）进口货物、物品和分拨货物、物品提交理货报告后；疏港分流货物、物品提交运抵报告后，海关即可办理货物、物品的查验、放行手续。

（四）空运出口申报流程

1. 空运出口申报流程图

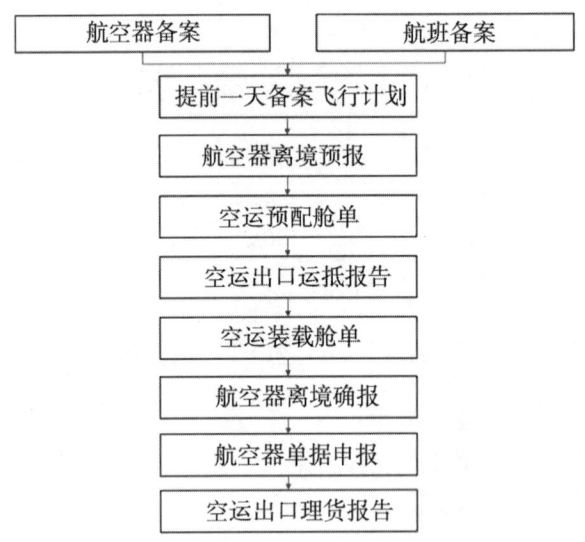

图 19-6 空运出口申报流程图

2. 空运出口申报流程描述

（1）航空公司向海关申报"航空器备案"信息和"航班备案"电子数据信息。

（2）航空公司至少在航班出境前一天向海关申报"当日飞行计划备案"电子数据信息。

（3）在预配舱单电子数据传输之前，航空公司应先向海关申报"航空器离境预报"

电子数据信息。

（4）接收到"航空器离境预报"海关审批通过回执后，舱单传输人向海关申报"空运预配舱单"电子数据信息。

（5）在申报"空运预配舱单"电子数据信息后，企业可以申报报关单信息。

（6）出境货物、物品运抵海关监管场所时，海关监管场所经营人应当以电子数据方式向海关提交"空运出口运抵报告"。

（7）舱单传输人应当在运输工具开始装载货物、物品的30分钟前向海关传输"空运装载舱单"电子数据。

（8）航空公司应当在运输工具驶离设立海关的地点的2小时前向海关申报"航空器离境确报"电子数据。

（9）航空公司应当在货物、物品装载完毕或者旅客全部登机后向海关提交结关申请，经海关办结手续后，出境方可离境。

（10）海关接受离境确报后，企业方可向海关办理"航空器单据申报"的手续。

（11）航空器出境驶离装货港的6小时内，海关监管场所经营人或者理货部门应当以电子数据方式向海关提交"空运出口理货报告"。海关应当将装载舱单与理货报告进行核对，对二者不相符的，以电子数据方式通知负责人。负责人应当在装载货物、物品完毕后的48小时内向海关报告不相符的原因。

三、运输工具及舱单查询功能

（一）运输工具动态查询

运输工具动态查询包括海运回执查询和空运回执查询。

此版块可通过关键字方便地查询到海、空各项运输工具业务的实际状态。下面以空运回执查询为例，展示运输工具动态查询功能。

点击空格键或填写业务类型代码可调出各业务类型，见图19-7。

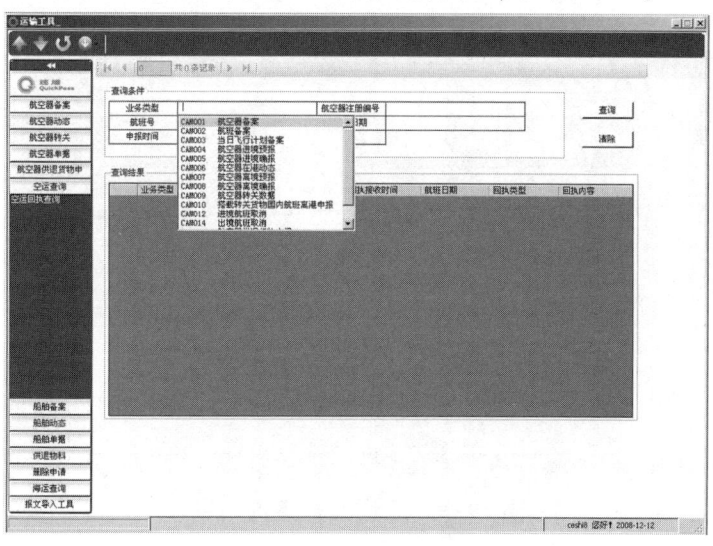

图19-7　空运回执查询选项

若没有相应数据，点击"查询"后，系统弹出提示信息"没有查询到数据"，见图 19-8。

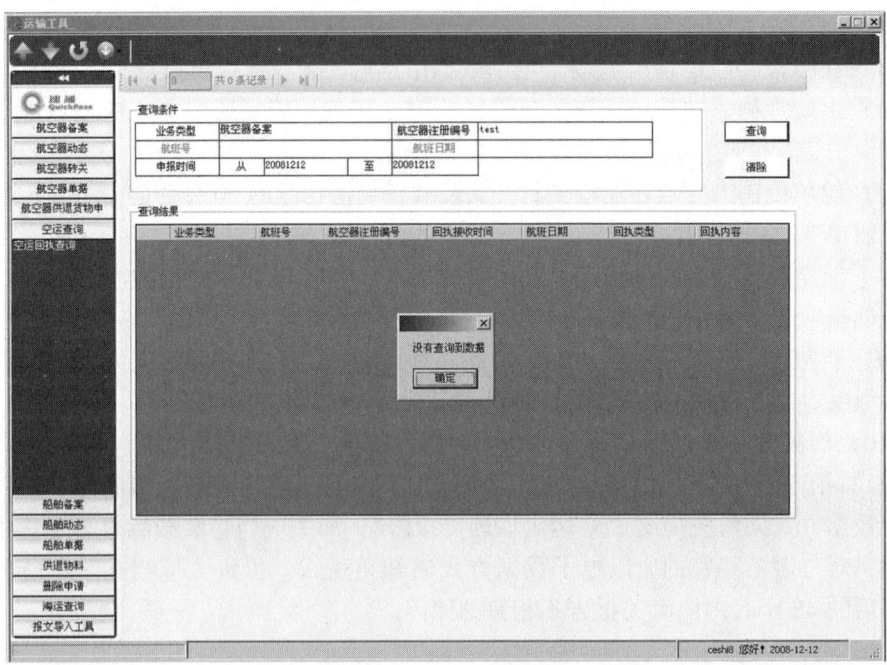

图 19-8　空运回执查询

查询条件录入正确，可查询出所需数据，见图 19-9。

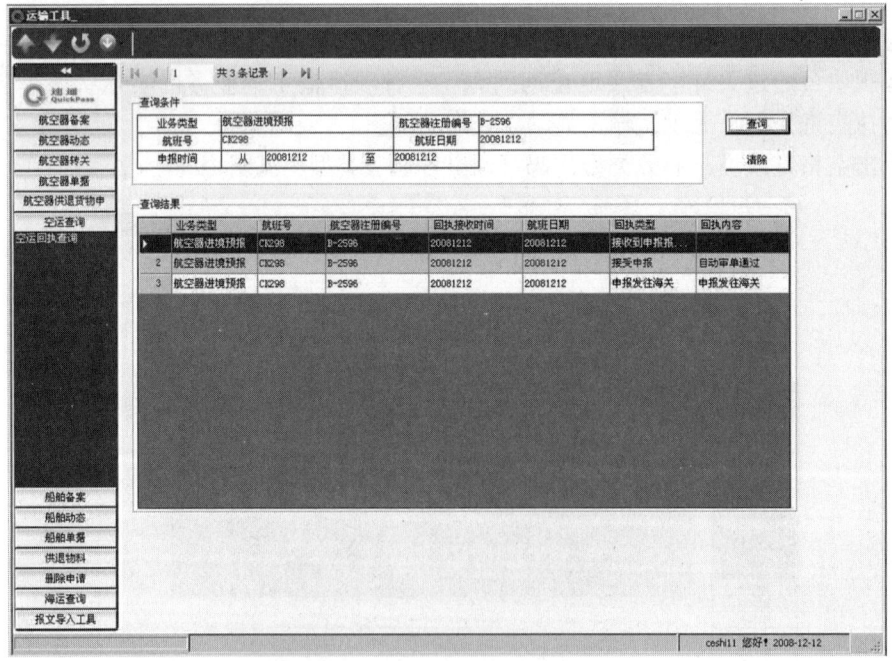

图 19-9　空运回执查询结果

（二）舱单回执查询

1. 单证状态查询

若是通过界面录入数据，则使用"单证状态查询"查询出各业务状态，见图19-10。

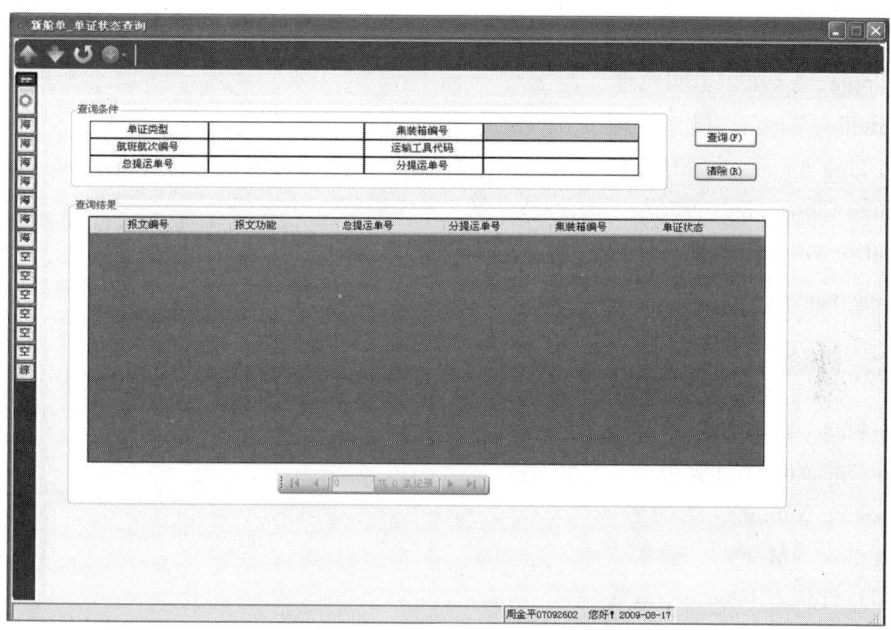

图 19-10　单证状态查询界面

2. 海关回执查询

海关回执查询可查询出最终的海关审批回执。操作界面见图 19-11。

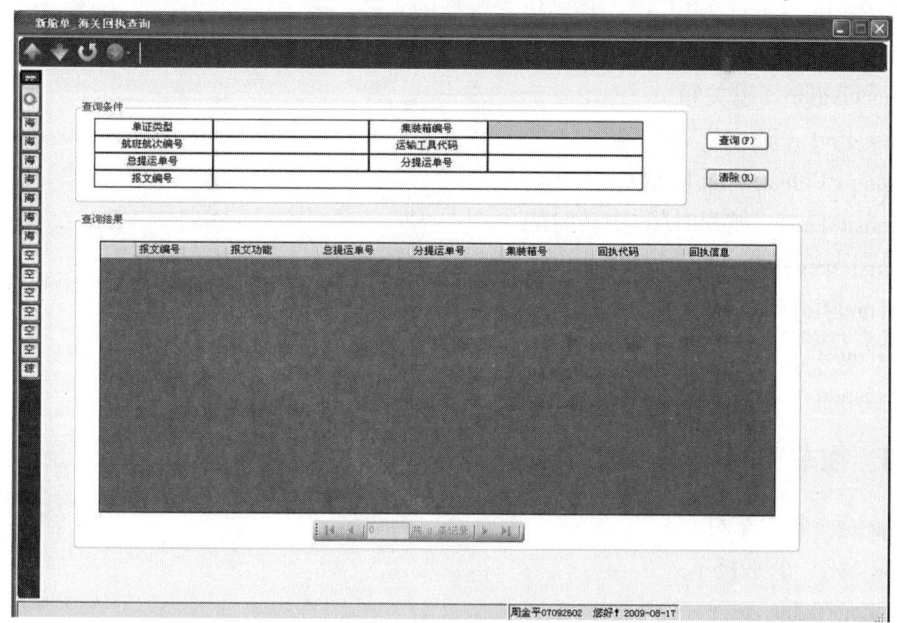

图 19-11　海关回执查询界面

第三节　国际货运代理常用词及词组

一、船代

Shipping Agent　船舶代理

Handling Agent　操作代理

Booking Agent　订舱代理

Cargo Canvassing　揽货

Freight Forwarding Fee（FFF）　货代佣金

Brokerage/Commission（Comm.）　佣金

二、订舱

Booking　订舱

Booking Note　订舱单

Booking Number　订舱号

Manifest（M/F）　舱单

Cable/Telex Release　电放

三、港口

Circular Letter　通告信/通知书

Person in Charge（PIC）　具体负责操作的人员

The said party　所涉及的一方

Cancellation　退关箱

Base Port（BP）　基本港

Prompt Release　即时放行

Transit Time　航程时间/中转时间

Cargo availability at destination in　货物运抵目的地

Second Carrier　（第）二程船

In Transit　中转

Transportation Hub　中转港

四、拖车

Tractor　牵引车/拖头

Low-bed　低平板车

Trailer/Transporter　拖车

Trucking Company　车队（汽车运输公司）

Axle Load 轴负荷

Tire-load 轮胎负荷

Toll Gate 收费口

五、保税

Bonded Area 保税区

Bonded Goods（Goods in Bond） 保税货物

Bonded Warehouse 保税仓库

Caged stored at bonded warehouse 进入海关监管

Fork Lift 叉车

Loading Platform 装卸平台

六、船期

A Friday（Tuesday/Thursday）sailing 周五班

A fortnight sailing 双周班

A bi-weekly sailing 周双班

A monthly sailing 每月班

On-schedule arrival/departure 准班抵离

Estimated（Expected）Time of Arrival（ETA） 预计到达时间

Estimated（Expected）Time of Berthing（ETB） 预计靠泊时间

Estimated（Expected）Time of Departure（ETD） 预计离泊时间

Closing Date 截止申报时间

Cut-off Time 截关日

七、费用

Ocean Freight（O/F） 海运费

Sea Freight 海运费

Freight Rate 运价

Charge/Fee （收）费

Dead Freight 空舱费

Dead Space 亏舱

Additional Charge 附加费

Toll 桥/境费

Charges that are below a just and reasonable level 低于正当合理水平的收费

Market Price Level 市场价水平

Special Rate 特价

Rock Bottom Price 最低底价

Best Obtainable Price 市场最好价

Freight to Collect 到付运费

Freight Payable at Destination　到付运费

Back Freight　退货运费

Fixed Price　固定价格

Rebate　回扣

Drayage Charge　拖运费

General Rate Increase（GRI）　综合费率上涨附加费

Second General Rate Increase（SGRI）　第二次运价上调

General Rate Decrease（GRD）　运价下调

Temporary General Rate Decrease（TGRD）　临时运价下调

Peak Season Surcharge（PSS）　旺季附加费

Wharfage　码头附加费

Terminal Handling Charge（THC）　码头操作费

Chassis Usage Charge（CUC）　车架使用费

Intermodal Administrative Charge（IAC）　内陆运输附加费

Destination Delivery Charge（DDC）　目的港交货费

Origin Accessory Charge（OAC）　始发港杂费

Manifest Amendment Fee（MAF）　舱单改单费

八、货物

For prompt shipment　立即出运

Cargo Supplier　（供）货方

Upcoming Shipment　下一批货

Same Assignment　同一批货

Nomination Cargo　指定（指派）货

Indicated/Nominated Cargo　指装货

Shipments under B/L No. ××× ×××　提单货

Cargo/Freight Volume　货量

Reefer Cargo　冷冻货

High-value Cargo（Goods）　高价货

Miss Description　虚报货名

Agreement Rate　协议运价

Dangerous and Hazardous（D&H）　危险品

九、单证

Shipping Order（S/O）　装货单

Bill of Lading（B/L）　提单

Marine Ocean Bill of Lading　海运提单

Advanced Bill of lading（Advanced B/L）　预借提单

Anti-dated Bill of Lading（Anti-dated B/L）　倒签提单

Open B/L　空白提单

Order B/L　指示提单

Combined Bill　并单（提单）

Separate Bill　拆单（提单）

Straight B/L　记名提单

On Board B/L　已装船提单

Received for Shipment B/L　备运提单

Transhipment B/L　转船提单

Through B/L　联运提单

Shipper（Consignee）Box　发（收）货人栏（格）

Arrival Notice　到货通知书

Batch Filing　批量报备

Manifest Discrepancy　舱单数据不符

Acknowledgement of Manifest Receipt　收到舱单回执

Packing List　装箱单

Cargo Receipt　承运货物收据

Dock Receipt　场站收据

Shipper's Export Declaration（SED）　货主出口申报单

Shipping Advice　装运通知

Manifest Information　舱单信息

Freight Correction Notice（FCN）　舱单更改单（通知）

Surrender O B/L copies for consignment　交回提单副本

Release Note receipt signed by customer acknowledging delivery of goods　货物收讫单

十、检验

Customs Inspection　海关查验

Commodity Inspection　商品检验

Tally　理货

Tally Report　理货报告

Check　查验/检查/核对

Fumigation　熏蒸

Animal/Plant Inspection　动/植物检验

Inspection/Inspector（INSP）　检验/检验员

Certificate of Origin（C/O）　原产地证书

Arbitration　仲裁

Automated Clearing House（ACH）自动清关

Automated Manifest System（for anti-terrorism）（AMS）　自动舱单（反恐）申报系统

Cargo Selectivity System（CSS）　货物抽验

QUOTAs　进口配额

Drawback　退税金额

Customs Fine　海关罚款

Customs Seals　海关关封

Application for inspection　检验申请

To expedite the clearance　加快清关

Pilferage　盗窃/偷窃

To be liable for a penalty of　受到……处罚

Non-fraudulent violation of the regulation　非故意违反规定

To file certifications with Customs　向海关申报有效证明

To follow the current procedure　遵循现行程序

To abide by …rule　遵照……规定

To provide specific language　提供一定说法

To be not authorized　不予认可

十一、集装箱

Carrier's Own Container（Carrier Owned CTN）（COC）船东自有箱

Container Cleaning　洗箱

Inside Dimension（I. D. ）/Inside Measurement　箱内尺码

Tare Weight（TW）　自重

Container Leasing Co.　租箱公司

Equipment Interchange Receipt（EIR）　设备交接单

Repositioning　集装箱回空

Container Leasing（long term/short-term lease）集装箱租赁（长期/短期）

Demurrage　滞箱费

第四节　国际货运代理常见英文缩写

A/W（All Water）　全水路

ANER（Asia North America Eastbound Rate）　亚洲北美东行运费协定

B/R（Buying Rate）　买价

BAF（Bunker Adjustment Factor）　燃油附加费

C&F（Cost and Freight）　成本加海运费

C. C（Collect）　运费到付

C. S. C（Container Service Charge）　货柜服务费

CY（Container Yard）　堆场

CNEE（Consignee）　收货人

CAF（Currency Adjustment Factor）　货币贬值附加费

CFS（Container Freight Station）　集装箱货运站

CFS/CFS 散装交货（起点/终点）

CHB（Customs House Broker） 报关行

CIF（Cost，Insurance，Freight） 成本加保险费加海运费

CIP（Carriage and Insurance Paid To） 运费、保险费付至目的地

COMM（Commodity） 商品

CPT（Carriage Paid To） 运费付至目的地

CTNR（Container） 集装箱

CY/CY 整柜交货（起点/终点）

D/A（Documents Against Acceptance） 承兑交单

D/O（Delivery Order） 提货单

D/P（Documents Against Payment） 付款交单

DAF（Delivered At Frontier） 边境交货

DDP（Delivered Duty Paid） 完税后交货

DDU（Delivered Duty Unpaid） 未完税交货

DEQ（Delivered Ex Quay） 目的港码头交货

DES（Delivered Ex Ship） 目的港船上交货

Doc#（Document Number） 文件号码

EPS（Equipment Position Surcharges） 设备位置附加费

EXW（Ex Works） 工厂交货

F/F（Freight Forwarder） 货运代理

FAF（Fuel Adjustment Factor） 燃油附加费

FAS（Free Alongside Ship） 装运港船边交货

FCA（Free Carrier） 货交承运人

FCL（Full Container Load） 整柜

FMC（Federal Maritime Commission） 联邦海事委员会

FOB（Free On Board） 船上交货

H/C（Handling Charge） 操作费

HBL（House B/L） 货代提单

I/S（Inside Sales） 内销售

IA（Independent Action） 个别调价

L/C（Letter of Credit） 信用证

LCL（Less Than Container Load） 拼箱货

M/T（Measurement Ton） 尺码吨（货物收费以尺码计费）

MB/L（Master Bill of Loading） 总提单

MLB（Minni Land Bridge） 小陆桥

MTD（Multimodal Transport Document） 多式联运单据

N/F（Notify） 被通知人

NVOCC（Non Vessel Operating Common Carrier） 无船承运人

OCP（Overland Continental Point） 货主自行安排运到内陆点

OP（Operation）操作

ORC（Origin Receiving Charges）始发接单费

P. P（Prepaid）预付

PCS（Port Congestion Surcharge）港口拥挤附加费

POD（Port of Destination）目的港

POL（Port of Loading）装运港

SHPR（Shipper）发货人

S/C（Sales Contract）售货合同

S/O（Shipping Order）装货指示书

S/R（Selling Rate）卖价

SC（Service Contract）服务合同

T. R. C（Terminal Receiving Charge）码头收柜费

T/S（Trans-ship）转船，转运

T/T（Transit Time）航程

TTL（Total）总共

TVC/ TVR（Time Volume Contract/Rate）定期/定量合同

VOCC（Vessel Operating Common Carrier）船公司

W/M（Weight or Measurement ton）以重量吨或尺码吨中从高收费

W/T（Weight Ton）重量吨（货物收费以重量计费）

O. W. C（Over Weight Charge）超重附加费